돈의 인문학

돈의 인문학
: 머니 게임의 시대, 부富의 근원을 되묻는다

초판 1쇄 발행 • 2011년 1월 31일
초판 14쇄 발행 • 2024년 3월 8일

지은이 • 김찬호
펴낸이 • 이광호
펴낸곳 • ㈜문학과지성사
등록번호 • 제1993-000098호
주소 • 04034 서울 마포구 잔다리로7길 18(서교동 377-20)
전화 • 02)338-7224
팩스 • 02)323-4180(편집) 02)338-7221(영업)
전자우편 • moonji@moonji.com
홈페이지 • www.moonji.com

ⓒ 김찬호, 2011. Printed in Seoul, Korea.

ISBN 978-89-320-2184-3 03300

* 이 책의 판권은 지은이와 ㈜문학과지성사에 있습니다.
  양측의 서면 동의 없는 무단 전재 및 복제를 금합니다.

돈의 인문학

머니 게임의 시대, 부富의 근원을 되묻는다

김찬호 지음

문학과지성사
2011

• 서문

돈은 물질이 아니다

1980년대 후반에 서울 광화문에서 있었던 일이다. 한국에 주식 투자 열풍이 일기 시작했는데, 일시적으로 주가가 크게 떨어져 많은 투자자들이 손해를 보게 되었다. 당시에는 그런 경우 증권회사에 가서 항의하고 난동을 부리는 사람들도 있었다. 그보다 더 극단적인 시위도 있었는데, 어떤 남자가 분을 참지 못해 호텔 꼭대기에 올라가 천 원짜리 지폐 몇백 장을 삐라처럼 뿌려버렸다(당시 천 원은 지금 오천 원 정도의 값어치를 지닌 돈이었다). 난데없이 지폐들이 쏟아져 내린 거리에서 어떤 일이 벌어졌을까. 행인들 대부분은 발걸음을 멈추고 허겁지겁 지폐를 줍기 시작했다. 한 장이라도 더 손에 넣기 위해 체면을 접어두고 이리저리 뛰어다녔다. 잠시 동안 일종의 '집단 패닉' 상태에 빠진 것이다.

뿌려진 것이 돈이 아니고 음식이었다면 어떠했을까. 가령 어떤 제과 회사가 홍보용으로 과자를 길거리에 쌓아놓고 마음껏 가져가도록 했다면 말이다. 삽시간에 사람들이 몰려들어 한 개라도 더 챙기려 혈안이 되어 좌충우돌했을까. 전쟁이나 재난 상황이 아니라면 그렇게까지 하지는 않을 것이다. 사람이 물질에 대해 갖는 욕심에는 한계가 있다. 요즘처럼 풍요로운 환경에서는 오히려 금욕주의자가 늘어나는 듯도 하다. "밥 조금만 주세요." 줄을 서서 식판에 반찬과 밥을 배급받는 구내식당에서 직원들이 아주머니에게 흔히 건네는 말이다. 이제 배가 터지도록 밥을 먹는 사람은 많지 않다. 식탐을 하는 사람도 대부분 맛을 즐기려는 것이지, 양적인 포만감을 추구하는 것은 아니다.

지금 대부분의 제품들은 공급이 수요를 훨씬 웃돈다. 역사상 처음으로 우리는 물건이 남아도는 시대에 살고 있다. 집집마다 장롱에는 옷들이 가득하고, 아이들의 책상 서랍에는 학용품이 넘쳐난다. 몇 번 사용하지 않은 채 보관만 하고 있는 가전제품도 적지 않다. 이제는 집에 없는 물건이 별로 없기 때문에, 선물이나 기념품을 받으면 오히려 귀찮을 때도 많다. 이러한 상황에서 물건을 하나라도 더 소유하려고 끝없이 탐욕을 부리는 사람은 오히려 이상한 사람 취급을 받을 것이다. 가령 하루에 밥을 열 끼씩 먹는다거나, 신발을 몇백 켤레 구입하여 보관한다면 정신과 진단을 받아보아야 할 것이다.

그런데 돈으로 넘어오면 이야기가 달라진다. 당신에게 필요한 돈은 얼마인가? 답을 내기가 쉽지 않다. 평생 쓸 돈을 계산하기가 어렵기 때문만이 아니다. 의식주비, 교육비, 여가비, 병원비 등 각 영역별로 예상되는 지출을 아주 넉넉히 따져서 나온 액수가 예를 들어 30억 원이라고 치자. 그 돈이 한꺼번에 생긴다면 온 천하를 얻은 듯 황홀할 것이다. 하지만 그 만족감은 오래 가지 못한다. '10억 만들기' 프로젝트가 유행하고 있는데, 그 목표를 이룬 사람들은 곧 20억을 바라보게 되고, 20억을 벌면 50억의 고지가 눈에 들어온다. 돈에 대한 인간의 욕심은 끝이 없다. 자산가들은 외친다. 나는 아직도 배가 고프다고. '배부른 돼지가 되느니 배고픈 소크라테스가 되겠다'는 격언이 있지만, 지금 세상에는 그 어느 쪽도 아닌 '배고픈 돼지'들이 점점 늘어난다.

돈에 대한 욕망은 왜 끝이 없는가. 돈은 물질이 아니기 때문이다. 지갑이나 주머니 속에 있는 돈은 분명히 물질로 만들어졌지만, 그것은 돈의 표시일 뿐 돈 그 자체는 아니다. 돈을 숭배하는 풍조를 가리켜 '물질만능주의'라고 표현하는데, 본질을 놓친 개념이다. 우리가 만일 물질을 추구한다면 음식이나 옷을 끝없이 확보하고 비축해야 하지만, 정상적인 사람은 절대로 그렇게 하지 않는다. 그러나 돈을 '무한히' 축적하는 사람을 가리켜 이 세상 누구도 비정상이라고 하지 않는다. 돈에 대한 욕망은 맹목적이다. 돈은 물질이 아니기 때문이다.

그렇다면 돈의 본질은 무엇인가? 독일의 사회학자 짐멜Georg Simmel은 『돈의 철학Philosophie des Geldes』이라는 책에서 "추상적이고 보편타당한 매개형식"이라는 개념으로 그 핵심을 통찰했다. 인간은 절대로 혼자 살 수 없는 동물로서 어떤 식으로든 타인과 관계를 맺어야 하는데, 익명적인 환경에 살아가는 현대인들은 전혀 알지 못하는 수많은 사람들과 빈번하게 교섭하면서 서로에게 필요한 것을 충족시킨다. 전통사회에서라면 오랫동안 맺어온 교분과 신뢰가 그 바탕이 되겠지만, 현대의 도시에서는 인격적인 관계가 전혀 없이도 교환과 협업이 이뤄진다. 그 매개가 되는 것이 바로 돈이다. 점점 더 많은 상황에서, 그리고 점점 더 많은 사람들 사이에서, 점점 더 많은 것을 돈으로 얻을 수 있다.

돈은 물질이 아니다. 그것은 사람과 사람을 이어주는 미디어다. 개인과 세계를 묶어주는 사회 시스템이다. 근대사회 이후 그 작동의 범위가 급격하게 넓어지면서 돈의 힘이 점점 막강해졌다. 우리는 그 무형의 기호를 통해 유형의 물질을 획득할 수 있다. 돈이 있으면 내가 한 번도 만나보지 못했던 사람조차 내 뜻대로 움직이게 할 수 있고 인간적으로 굴복시킬 수도 있다. 그런 점에서 돈은 인류가 만들어낸 매우 희한한 발명품이다. 그것은 외부 세계에 있는 객관적인 제도이면서, 동시에 인간의 마음과 존재에 심층적으로 얽혀 있는 에너지다. 이 책은 바로 그러한 돈이 우리의 삶 속에서 어떻게 작동하는지를 캐묻고자 한다.

돈에 관한 연구서는 그동안 엄청나게 많이 출간되었다. 서점에 가보면 돈에 관한 책들이 별도의 코너에 가득 진열되어 있다. 재테크 지침서들은 끊임없이 쏟아진다. 다른 한편으로 돈에 관해 새로운 질문을 던지는 책들도 간간이 출간된다. 특히 미국 발 금융위기 이후 글로벌 경제에 대한 비판이 본격적으로 일어나면서, 돈의 실체를 규명하는 작업들이 활발해지고 있다. 현재의 거대한 금융 시스템이 출현하기까지의 과정과 그 작동 원리를 파헤치는 저술에서부터, 화폐 중심의 시장경제에 대한 경제사나 인류학적인 조망, 그리고 돈에 대한 인간의 태도나 반응을 분석하는 행동경제학에 이르기까지 폭넓은 시도들이 이뤄지고 있다.

그러나 인문학에서 돈을 본격적으로 다룬 저술은 아직 미미한 실정이다. 수많은 문학 작품이나 영화에서 돈을 통해 드러나는 인간의 본성을 적나라하게 묘사하지만, 돈과 삶의 관계를 분석하고 성찰하는 철학적 작업은 그다지 활발하지 않았다. 돈이라고 하면 경제학의 연구 대상으로만 여겨지는 경향이 있고, 인문학은 경제학과 늘 일정한 거리를 두어왔다. 그리고 돈 그 자체가 너무나 자명한 것으로 여겨져 그 본질에 대해 새삼 질문을 하기가 쉽지 않다. 학문이 그러할진대 생활세계에서는 더욱 어려울 수밖에 없다.

생각해보면 돈은 사람들에게 가장 공통적인 관심사라고 할 수 있다. 예를 들어 정치는 모든 사람들에게 영향을 끼치는 중대사지만 환멸의 대상이 될 때가 많다. 누구나 죽는다는 것을 알고 있지만 죽음에 대해 심각하게 생각하는 것은 가끔이다. 섹스는 인간의 본능이지만, 성에 전혀 신경을 쓰지 않고 사는 사람이나 그러한 시간은 의외로 많다. 그 외에 종교, 음악, 스포츠 등을 예로 들어도 사람들의 태도는 열광에서 혐오까지 극단의 스펙트럼을 이룬다. 하지만 돈은 다르다. 돈에 신경 쓰지 않고 사는 사람은 거의 없다. 돈을 생각하지 않고 지나가는 날은 거의 없다. 누구나 돈을 좋아한다. 돈이 많으면 많은 대로 없으면 없는 대로 돈은 언제나 커다란 관심사가 된다.

그런데 그토록 중대한 관심사인 돈에 대해 터놓고 이야기하는 것은 쉽지 않다. 돈은 지구를 하나로 엮어내는 거대한 시스템이지만, 동시에 가장 프라이버시가 중시되는 대상이다. 그래서 우리는 타인의 수입이나 재산 상태를 함부로 물어보지 않는다. 자신의 수입이나 주머니 사정을 대충이나마 알고 있을 주변 사람이 얼마나 되는지 헤아려보자. 가족조차 잘 모르는 경우가 많다. 배우자 몰래 '딴 주머니'를 차는 경우가 얼마나 많은가. 절친한 친구나 연인이나 부부 사이에도 돈 지갑을 열어 보여주는 일은 거의 없다. 지갑은 화장실만큼이나 은밀한 공간이다. 만일 누군가가 길거리나 전철이나 카페 같은 공공장소에서 돈다발을 꺼내 손으로 세고 있다면, 주변 사람들의 눈총을 한 몸에 받을 것이다.

이렇듯 돈은 개인의 가장 깊은 곳에 감춰두는 문제다. 돈의 액수만 숨기는 것이 아니다. 돈에 대한 나의 느낌이나 욕망도 솔직하게 털어놓지 않는다. 그리고 돈이 자신의 삶과 마음에 어떤 모습으로 깃들어 있는지, 스스로에게도 명료하지 않다. 매스컴에서 돈에 대한 정보가 쏟아지고 일상에서 돈 이야기를 많이 주고받지만, 돈과 삶의 관계를 성찰하는 언어는 익숙하지 않다. 『돈의 인문학』은 그 공백을 겨냥한다. 돈에 대한 자신의 이미지를 대면하고 직시하는 것은 삶의 본질을 드러내는 지름길일 수 있다. 사랑 내지 섹스, 그리고 죽음과 함께 돈이 인문학의 핵심 주제가 되는 까닭이 거기에 있다. 돈에 대한 경험과 생각과 느낌을 꺼내놓고 비춰보면서 우리는 자아의 내밀한 세계를 포착할 수 있다.

인문학은 언어를 생산하는 학문이다. 언어는 생각을 빚어내고 삶을 가다듬는다. 언어와 생각과 삶이 어떻게 맞물리는가에 따라 세상은 전혀 다른 모습이 된다. 그런데 우리가 살고 있는 시대에 언어는 너무 쉽게 왜곡된다. 화폐의 위력이 막강해지면서 그 자장 속에서 언어는 변질되기 일쑤다. 타인을 이윤의 대상으로만 바라보는 관계가 만연하면서 시적 표현까지도 현혹의 수단으로 악용된다. 한때 전국 방방곡곡에 독버섯처럼 번졌던 도박장의 간판 '바다 이야기'가 그 한 가지 예라고 할 수 있다. 김우창 교수는 어느 대담에서 그 현상에 대해 이렇게 이야기했다.

"낭만적으로 시 제목 같은 '바다 이야기'가 도박판이라는 걸 누가 알았겠어요? 그것은 문화관광부에서 문화, 낭만주의 그리고 사행射倖, 이 세 가지를 붙여서 한 거 아닙니까. 사람 사는 데마다 도박장이 있는 것은 세계적으로 생각할 수 없는 거지요. 도박은 도박처럼 보여야지요. 문화관광부에서 하는 것이면 문화 행사처럼 보여야 되고, 시詩면 시 같아야지요. '바다 이야기'처럼 시와 문화와 도박이 합쳐 있는 게 한국의 혼란 상태를 여실하게 보여주는 것 같아요."(김우창과의 대화『세 개의 동그라미』(한길사, 2008) 중에서)

바다는 하늘과 맞닿은 수평선으로 탁 트여 있고, 깊이를 알 수 없는 심연으로 무한한 상상을 자아낸다. 거기에서 우리는 비좁고 답답한 현실을 벗어나 원대한 우주를 만날 수 있다. 그래서 문학이나 음악이나 미술에서 바다는 마음의 해방구로 자주 비유된다. 그런데 수많은 사람들을 파탄으로 몰아넣었던 성인오락실의 상호商號가 '바다 이야기'라니. 횡재가 기다리고 있는 보물섬 또는 블루오션blue ocean을 가리키는가. 아니면 물 위에 떠 있는 모든 것들을 사정없이 집어 삼키는 파도 이야기인가. '바다 이야기'라는 미명은 오락실의 실체를 헷갈리게 했다. 언어가 제 구실을 하지 못하거나 본뜻이 왜곡될 때 삶은 꼬이고 헝클어진다.

인문학은 자아와 세상을 성찰하도록 지성과 감성을 연마하는 수행修行이라고 할 수 있다. 여기에서 언어는 그러한 시야를 열어주는 핵심 매체가 된다. 이 책은 돈을 둘러싼 경험과 마음을 묘사하면서 거기에 비친 우리의 자화상을 그려보려 한다. 점점 더 많은 가치들이 돈으로 수렴되어 우리의 궁극적 관심에 대한 질문을 봉쇄하는 시대에, 그 벽을 깨고 근원적인 물음을 제기하려 한다. 인간에게 돈은 무엇인가. 개인은 돈과 어떻게 관계를 맺을 것이며, 인간관계에서 돈을 어떻게 배치할 것인가. 사회는 돈의 시스템을 어떻게 조직할 것인가.

인문학적 사유가 지금 당면한 금전적인 어려움에 직접적인 해결책을 주지는 못한다. 하루하루 피 말리는 '쩐의 전쟁'에 시달리는 사람들에게 인문학은 사치로 보일 수 있다. 상상을 초월하는 금융자금이 지구촌을 휘젓고 다니면서 개인과 국가의 운명을 뒤흔드는 세상에서 성찰은 허망하기 짝이 없다. 그러나 생각의 끈을 놓아버리면 우리는 더욱 무기력하게 돈의 위력에 휩쓸리고 빨려들게 된다. 삶의 필요를 냉정하게 헤아리지 않으면 한없이 증식되는 욕망의 포로가 되어 생활은 계속 고비용 구조로 치닫는다. 대다수가 패자일 수밖에 없는 머니게임에 헛되이 뛰어들지 않으려면, 세태가 부추기는 대박의 환상을 직시해야 한다. 마음을 투명하게 읽어내야 한다.

인문학은 당장의 상황을 바꾸어주는 데 큰 힘이 되지는 못하지만, 상황을 바라보는 관점과 거기에 임하는 태도를 바꾸는 데는 도움을 줄 수 있다. 그리고 돈과의 관계를 리모델링하는 지혜와 용기를 불어넣을 수 있다. 그리고 그것은 빗나간 화폐 질서, 부조리한 사회 구조를 바꾸어가는 초석이 된다. 사회의 변혁은 궁극적으로 개인의 선택과 실천을 매개로 이뤄지기 때문이다. 돈에 대한 성찰은, 삶의 바탕을 더듬으면서 개인과 사회의 새로운 존재 가능성을 탐색하는 운동의 시발점이다. 이 책이 그 작업에 작은 보탬이 되기를 희망한다.

이 책은 2009~2010년에 『한겨레21』에 '돈의 인문학'이라는 제목으로 연재한 글을 바탕으로 씌어졌다. 그리고 같은 제목으로 스무 차례 정도의 강연을 하면서 내용을 다듬어왔다. 내게 이 저술은 무모한 도전이었을지 모른다. 경제 내지 경영학에 대해 깊이 공부를 한 것도 아니고, 돈 버는 수완이 뛰어난 것도 아니며, 그렇다고 돈에 얽힌 처절한 아픔이 있는 것도 아니기 때문이다. 나는 강의와 글로 밥벌이를 하느라 애쓰며 살아가는 사람이다. 다만 일상의 풍경을 세밀하게 관찰하면서 그 이면을 파헤치는 공부를 직업으로 삼고 있는 사회과학도로서, 돈이라는 주제를 도저히 피해갈 수가 없었다. 이 책에서 나는 돈에 대한 평범한 경험들을 인문학적으로 해부하면서 대안적인 삶의 모습을 질문하고 상상하려 한다.

이 책이 나오기까지 많은 분들의 신세를 졌다. 귀한 지면을 허락해주신 『한겨레21』, 이 책의 주제로 연속 강의의 기회를 마련해주신 참여사회아카데미, 대학과 여러 사회단체의 강의실에서 돈에 대한 경험들을 솔직하게 들려준 분들, 다양한 상담 사례를 토대로 한국인들의 재무관리 실태를 명쾌하게 짚어주신 에듀머니의 제윤경 이사님, 원고를 검토하면서 허술한 부분을 꼼꼼히 짚어준 경제학도 권태훈 군, 그리고 변변치 않은 글을 책으로 출판해주신 문학과지성사에 깊은 감사를 드린다.

2011년 벽두에
김찬호

차례

|서문| 돈은 물질이 아니다 · 4

제1부 숫자의 현혹: '가격'과 '가치' 사이에서

제1장 돈의 매력, 이것이다 · 18
1. 힘의 원천 또는 블랙홀
2. 돈이 좋은 일곱 가지 이유
3. 불멸의 환상을 위하여

제2장 화폐의 정체 · 35
1. 지폐가 통용되기까지
2. 돈은 어디에도 없다
3. 화폐는 곧 언어다

제3장 가격은 무엇을 나타내는가 · 52
1. 달을 분양해 떼돈 번 사나이
2. 사람의 몸값이 천차만별인 까닭은
3. 연봉과 보상금의 계산법은?
4. 가치에 무지한 인간

제4장 숨겨진 비용 · 72
1. 엉뚱한 손익 계산
2. 화폐 환상이라는 것
3. 모두가 손해를 보면 괜찮다?
4. 숫자의 함정

제5장 돈이 무용지물이 될 때 · 87
1. 재난 상황에서 돈의 운명
2. 통화의 남발과 인플레이션
3. 백만장자들끼리만 모여 사는 세상이라면

제2부 대안 경제의 모색: '소유'에서 '관계'로

제6장 투기 경제의 사필귀정 · 100
  1. 금융공학, 위험 전가의 무한 연쇄
  2. 부동산, 불패 신화의 종말
  3. 파국이 불가피한 까닭

제7장 '쩐의 전쟁'에 휘말리는 삶 · 119
  1. 카지노형 머니게임의 얼개
  2. 노동자, 소비자, 투자자 사이의 삼각 충돌
  3. 화폐, 또 하나의 '이기적 유전자'

제8장 얼굴 있는 돈을 찾아서: 소액금융과 지역화폐 · 137
  1. 그라민은행, 빈곤 탈출의 길잡이
  2. 미소금융의 결정적인 맹점
  3. 레츠(LETS): 누구나 발행할 수 있는 화폐
  4. 부(富)를 매개하는 돈으로

제9장 우애(友愛)의 경제를 디자인하자 · 160
  1. 시장 규칙과 사회규범
  2. 비시장 부문이 탄탄해야 시장도 건실하다
  3. '돈맹'과 'MQ'의 새로운 정의(定義)

제3부 돈의 주인이 되려면

제10장 아이들에게 돈은 무엇인가 · 186
1. 일찍 돈맛을 알게 되는 환경
2. 구체적인 경험과 문제 해결 능력
3. 스스로 동기 부여할 수 있는 마음

제11장 남녀 관계를 시험하는 물신(物神) · 200
1. 사랑에 속고 돈에 웃고
2. 경제력, 연애와 결혼의 지렛대
3. 사랑은 가질 수 없는 것을 주는 것

제12장 품위 유지의 비용은 얼마인가 · 213
1. 돈을 밝힐 수 없는 인간관계
2. 위세의 두 얼굴 - 위엄과 허세

제13장 우리가 진정으로 원하는 것 · 224
1. 타인에게 종속된 욕망
2. 돈이 아무리 많아도, 돈이 하나도 없어도
3. 유능함과 무능함의 다른 기준

제14장 돈과 나, 관계의 리모델링 · 247
1. 결핍과 풍요의 역설
2. 노후 준비 자금, 얼마면 될까?
3. 부(富)의 원천을 찾아서

| 후기 | 우리는 다시 존귀해질 수 있다 · 266

제 1 부

숫자와 현혹
'가격'과 '가치' 사이에서

제1장 돈의 매력, 이것이다
제2장 화폐의 정체
제3장 가격은 무엇을 나타내는가
제4장 숨겨진 비용
제5장 돈이 무용지물이 될 때

제1장

돈의 매력, 이것이다

1. 힘의 원천 또는 블랙홀

　타이완에서 어떤 거지가 10년 동안 천만 위안(한화로 약 12억 원)을 모았다고 해서 화제가 된 적이 있다. 타이완 난터우 현南投縣 차오툰草屯에 사는 샤오라오다蕭老大 씨로, 원래 농부였는데 농사로 먹고살기가 어려워 모든 것을 청산하고 길거리로 나섰다고 한다. 그런데 동냥을 하면서 창피해 얼굴이 붉어지거나 머뭇거린 적이 한 번도 없을 만큼 그 일이 자신의 '적성'에 매우 잘 맞는다는 것을 발견했다. 그는 많은 돈벌이를 할 수 있었고, '동냥의 귀재'라는 칭호도 얻게 되었다. 그런데 그렇게 유명세를 타면서 본거지에서의 구걸이 어렵게 되어, 관광객이 많이 붐비는 다른 지역으로 터전을 옮겼다.

　샤오 씨는 자신의 타고난 구걸 능력과 몸으로 터득한 비법들을 누군가에게 전수하고 싶어 한다. 말하자면 멘토링을 하려는 것이다. 그런데 아무나 제자가 될 수 있는 것은 아니다. 그는 다음과 같은 자격 조건들을 제시하였다. *목욕 횟수를 1년에 두 번으로 제한할 수 있어야 하고, *추운 날씨에도 거리에서 잠을 잘 수 있어야 하며, *몸에 상처가 났을 경우 상처가 곪을 때까지 약을 사용하지 않고도 참을 줄 알아야 하고, *지저분한 몸으로도 생활할 수 있는 사람 등이다. 샤오 씨는 "제시한 조건을 충분히 감당할 수 있는 사람을 수제자로 삼고 함께 거리에서 구걸하며 '천만 부자 거지'의 목표를 향해 전진할 것이다"라고 말했다고 한다.

그가 제자를 얻었는지 궁금하다. 1년에 1억 원 수입이 보장되기만 한다면 구걸에 나설 사람들이 엄청나게 많을 것이다. 장사를 하든 월급 쟁이를 하든 돈을 번다는 것이 자존심을 접어두고 굴욕감을 견디는 일인 경우가 많으니까 말이다. 그러나 그가 제시한 조건들을 지키면서, 그것도 하루이틀이 아니고 몇 년씩 거지생활을 이어갈 수 있는 사람은 많지 않으리라. 그것을 감당할 수 있는 인내심과 체력이라면 웬만한 일에 도전해도 성공할 수 있을 듯하다. 그러니 샤오 씨는 정말로 비범한 인물이다. 다른 걸인들이 범접할 수 없는 '능력' 때문만이 아니다. 12억 원의 현찰을 손에 쥐고도 그 거지생활을 벗어나지 않는 '근성'이 놀랍다. 익살스럽게 말하자면, '소명의식'이 없이는 불가능한 일이 아닐까 싶다. 돈을 위해 모든 것을 온전히 '헌신'하는 것이 그의 삶이다.

피천득 님의 수필 가운데 「은전 한 닢」이 생각난다. 선생님께서 상하이上海에서 목격한 일인데, 어떤 늙은 거지가 여러 전장錢莊을 들러 가면서 자신이 가지고 있는 은전 한 닢이 진짜인지를 거듭 확인하였다. 그리고 후미진 골목으로 들어가 은전을 몰래 꺼내 들여다보고 있었다. 선생은 그 거지에게 그렇

> **Tip**
> 중국에서, 환전(換錢)을 업으로 삼던 상업 금융기관. 청나라 중기에 번영하였다.

게 큰돈이 어디에서 났느냐고 물어보았다. 거지는 6개월 동안 한 푼 두 푼 구걸해 모은 잔돈을 조금씩 큰돈으로 여러 차례 환전해서 드디어 은전 한 닢을 손에 쥐게 되었다고 말해주었다. 대답하는 그의 눈에 눈물이 글썽였다. 피천득 선생이 다시 물었다. "왜 그렇게까지 애를 써서 그 돈을 만들었단 말이오? 그 돈으로 무엇을 하려오?" 이에 그 거지가 머뭇거리다가 대답했다. "이 돈, 한 개가 가지고 싶었습니다."

위의 두 예화에 등장하는 걸인들에게 돈은 무엇인가. 그들이 궁극적으로 원하는 것은? 돈의 용도는 생각하지도 않고 오로지 획득과 비축에만 몰두하는 생활에 쓴웃음이 나올 것이다.

그런데 생각해보면 정도의 차이가 있을 뿐, 많은 사람들이 그렇게 살아간다. 돈 그 자체가 최상의 목표가 되어 있는 것이다. 특히 한국인들의 금전욕은 좀 유난스러운 듯하다. 당신의 행복에 무엇이 중요한가? 이 질문을 가지고 MBC가 갤럽과 함께 7년의 시차를 두고 조사를 실시한 바 있다. 그 결과 2001년 조사에서는 건강 36퍼센트, 가족 35퍼센트, 돈 14퍼센트로 나왔는데, 2008년 조사에서는 건강 32퍼센트, 돈 32퍼센트, 가족 24퍼센트로 나왔다. 가족의 비중이 줄어들고, 그보다 돈의 비중이 큰 폭으로 늘었다.

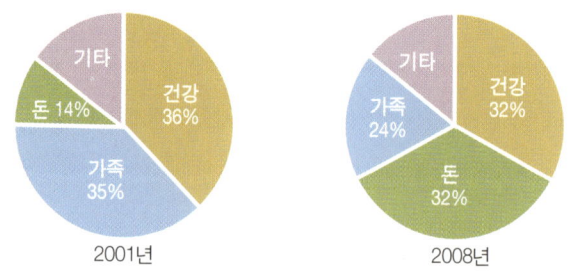

"당신의 행복에 무엇이 중요한가?" MBC · 갤럽 공동 여론조사

또 다른 통계를 보자. 2008년 포털사이트 다음DAUM에서 한국의 40대 남성들의 검색 빈도 순위로 1, 2, 3위를 차지한 단어들은 '로또' '환율' '팍스넷'으로, 모두 돈에 관한 것이었다. 재테크 관련 정보 사냥은 맹렬하다. 많은 회사원들이 주식이나 펀드에 돈을 넣고 노심초사하면서 인터넷을 뒤진다. 근무시간에도 관련 사이트를 수시로 드나든다. 그 때문에 업무의 집중도가 떨어지는 것을 방지하려고 회사 컴퓨터의 외부 접속을 제한하기도 한다. 그러자 이제는 다른 회로를 찾는다. 점심시간에 서둘러 식사를 끝내고 피시방으로 달려가 주가의 동향을 확인하거나 스마트폰을 이용해 개인 자산의 변동을 수시로 체크한다.

우리의 삶에서 경험되는 돈의 성질은 다양하다. 사람에 따라서, 그리고 상황에 따라서 천차만별의 뉘앙스로 체감된다. 어느 모임에서 '내게 돈은 _____이다'라는 질문에 빈칸을 채우도록 해보았더니 여러 가지 답이 나왔다.

돈은 철학자다(생각이 깊어지게 만드니까). 돈은 남편이다(있으면 부담되고[돈의 경우 빌려달라는 사람이 자꾸 생겨 부담되고] 없으면 불편하다). 돈은 바람 또는 자식이다(잡힐 만하면 훅 빠져나가고 내가 원할 때는 오지 않고 자기가 오고 싶을 때 마음대로 왔다가 마음대로 가버린다). 돈은 어린아이다(잘 키우면 좋은 사람, 잘못 키우면 나쁜 자식). 돈은 결혼이다(집착하지 말고 적절하게 포기해야 행복한 것). 돈은 혈압이다(많아도 고민이고 적어도 고민이니까). 돈은 보호막이다(다른 사람들에게 무시당하지 않도록 막아주는 것). 돈은 나 자신이다(둘 다 모두 내 뜻대로 안 된다).

그리고 고등학생들을 대상으로 강의를 하면서 똑같은 질문을 던져보았는데, 거기에서도 흥미로운 답들이 나왔다. 돈은 물이다(자꾸 써야 하고 없으면 안 되는 것, 시냇물처럼 흘러야 하는 것). 돈은 하루살이다(하루하루 나타났다 사라졌다 하기 때문). 돈은 영화다(영화에 여러 장르가 있듯이 쓰임에 따라 공포, 멜로, 드라마 등으로 바뀔 수 있는 것) 등. 멜로에서 공포에 이르는 폭넓은 장르로 돈을 비유한 것이 흥미롭다. 생각해보면 돈은 고마운 은덕으로 체감되기도 하고, 무시무시한 괴물로 다가오기도 한다. 그런가 하면 최근에는 점점 스릴 넘치는 모험으로 경험되는 듯하다.

지금 이 순간 당신은 무엇에 대해 생각하고 있는가. 한국인들에게 하루 중 어느 때나 이런 질문을 던진다면, 짐작건대 '돈'이라는 대답이 단연 1위를 차지할 것이다. 많은 사람들의 뇌리가 돈 걱정이나 돈 욕심으로 채워진다. 돈에 시달리다가 목숨마저 포기하는 이들이 줄을 잇고, 다른 한편으로 일확천금의 꿈이 만연한다.

언제부터인가 "부자 되세요"가 새해 인사가 되었고, 식당에 가면 만 원짜리 지폐를 가득 그려넣은 '돈방석'을 보게 된다. 돈은 모든 문제를 풀어주는 마법의 지팡이로 여겨진다. "세상에 안 되는 일이 어디 있어." 영화 「해운대」에서 어느 부동산 업자가 정치인에게 비자금을 건네준 뒤 했던 이 말은 사회의 군건한 믿음으로 자리 잡아간다. 돈은 사람들의 에너지를 빨아들이는 블랙홀이자, 무한 에너지가 솟아나는 원천이다.

2. 돈이 좋은 일곱 가지 이유

미래학자들은 앞으로 새롭게 등장할 것들과 함께, 장차 사라질 것들에 대해서도 종종 예견한다. 이러저러한 직업들이 소멸하고, 대학 캠퍼스도 자취를 감출 것이라고. 중국의 공산당이 머지않아 문을 닫고, 일부일처제도 철폐될 것이라고…… 불현듯 돈의 미래가 궁금해진다. 언젠가 돈도 사라질 날이 올까. 그러나 화폐 제도가 없어질 것이라고 말한 미래학자는 아직 없는 듯하다. 돈이 사라진 이후의 인류를 상상할 수 있을까? 그것은 통신 시스템이 사라진 사회만큼이나 상상하기 어렵다. 국가라는 체제는 바뀔 수 있어도, 돈은 굳건하게 명맥을 유지할 것이다. 물론 그 형태는 얼마든지 바뀔 수 있겠지만.

한국만이 아니라 대부분의 사회에서 돈의 힘은 점점 커지고 있다. 생활양식이 다양해지고 인간관계가 단절되어 공통의 문화가 희박해지는 가운데 돈은 사람들을 연결하는 유일한 매체로 그 위상이 더욱 확고해진다. 세대, 남녀, 계층, 지역, 학력, 종교, 문화적 취향, 정치적 이데올로기 등 여러 영역에서 장벽이 점점 높아지고 있지만, 돈은 그 모든 경계를 가로지르면서 사람과 시스템을 엮는다. 천사처럼 사는 사람에게나 악행만 일삼는 사람에게나 돈은 변함없이 돈이다. 그런데, 과연 돈의 정체는 무엇인가. 인간이 돈을 그토록 좋아하는 이유는 무엇일까.

첫째, 돈은 소지가 간편하다. 내가 사는 아파트의 엘리베이터 앞에 쌀이 가득 담긴 채로 놓여 있는 양동이 두 개를 우연히 보았다. 다 합치면 한 가마니 정도 될 듯했다. 앞집에서 무슨 일로 잠깐 내놓은 것이라고 생각했다. 그런데 그 다음 날에도 똑같이 놓여 있었다. 곧 집 안으로 들여놓겠지 예상했는데, 계속 그대로였다. 대략 열흘 동안 여전했다. 그 통로를 오가는 사람들이 적지 않았는데도 말이다. 만일 그곳에 그 정도 가치에 해당하는 돈이 놓여 있었다면 어땠을까? 아마도 몇 분 안에 없어졌을 것이다. 돈은 소지하거나 운반하기에 좋기 때문이다. 일부 보석류를 제외하면 돈은 비슷한 값어치를 지닌 사물 가운데 가장 크기가 작고 가볍다. 돈이 좋은 것은 그러한 간소함과 편의성 때문이다.

둘째, 돈은 한순간 획득할 수 있고 소유권의 유지도 수월하다. 예를 들어 정치권력이나 높은 지위를 얻으려면 치열하게 경쟁해야 한다. 쟁취하고 나서도 계속 견제를 받는다. 빼어난 외모를 갖기 위해서는 타고난 바탕이 있거나 성형을 해야 하고, 꾸준하게 가꾸어야 한다. 글재주나 말솜씨, 예술적 표현이나 몸동작으로 타인들을 매료시키는 것은 더욱 철저한 훈련이 요구된다. 그리고 지성이나 인품으로 감화를 주려면 일생에 걸쳐 공부와 수행을 이어가야 한다. 그에 비해 돈은 어느 날 갑자기 손에 넣을 수 있다. '벼락부자'라는 말은 있어도 '벼락 권력자'나 '벼락 미인'이라는 말은 없다. 어느 날 갑자기 유명해지는 사람이 있지만, 주목 받을 만한 사연이나 스토리가 만들어지기까지 독특한 삶의 여정을 걸어왔기에 가능하다. 그러나 복권 당첨이나 횡령이나 재산 상속의 경우처럼 돈은 아무런 노력 없이도 획득할 수 있다. 그리고 어떤 인생을 살아온 사람이든 한순간에 일확천금을 거머쥘 수 있다.

셋째, 돈은 간단하게 증여된다. 예를 들어 자녀에게 정치권력을 물려주는 것은 현대사회에서 매우 어려운 일이다. 북한처럼 세습체제를 유지하는 나라는 이제 없다. 일부 대형교회에서 담임목사가 아들에게 자신의 직위를 넘겨주려 편법을 쓰는 경우가 있는데, 심각한 반대에 부딪히고 종종 신도들의 분란으로 이어진다. 명예를 물려주는 것은 어떤가. 부모가 유명하면 그 덕을 자녀가 볼 수 있다는 점에서 자연스럽게 계승이 이뤄진다고 볼 수 있다. '저 사람 아무개 씨 아들이라면서?'라는 말과 함께 후광을 프리미엄으로 누리는 것이다. 그러나 자칫하면 오히려 그 그늘에 가려서 위축될 수도 있다. 또는 '아버지는 훌륭한데 아들은 저 정도밖에 안 돼?'라고 하면서 평가절하되기도 한다. 지식이나 지혜를 물려주는 것은 어떤가. 스승이나 부모가 아무리 애를 써도 본인이 연마하고 깨닫지 않으면 소용없다. 건강한 유전자를 물려주는 것은? 마음대로 되지 않는다. 이 모든 것들에 비해 돈은 쉽게 증여된다.

넷째, 은닉이 쉽다. 돈은 아무리 많이 가지고 있어도 감쪽같이 숨길 수 있다. 만일 모든 재산을 곡식이나 가축이나 물건으로 소유하는 세상이라면(화폐가 등장하기 전을 상상해보라), 사람들 사이의 빈부 차이가 언제나 눈으로 확인된다. 부유함을 과시하고 싶은 사람은 좋겠지만, 어떤 이유에서든 감추고 싶은 사람은 몹시 신경 쓰인다. 특히 뇌물 등 부정한 방법으로 취득한 재산은 꼭꼭 숨겨야 한다. 이때 돈은 참으로 고마운 존재다. 단, 온라인 계좌에 증거가 남는 단점이 있지만, 그래서 추적을 피하기 위해 현금 박스가 오가는 스캔들이 터진다.

다섯째, 돈은 가치중립적이다. 부富의 조성 과정이 말끔하게 탈색된다. 다른 것들은 어떤가. 정치에서 부당하게 획득한 권력은 박탈될 수 있다. 선거 부정이 드러나면 당선이 취소되고, 권력을 남용하거나 부정을 일삼으면 탄핵이나 소환 조치가 이뤄지기도 한다. 명예의 경우, 학력 위조나 범죄 같은 오점이 밝혀지면 누렸던 명성의 크기에 비례해서 비난을 받는다. 하지만 돈에는 사용자들의 행적이 입력되어 있지 않다. 뇌물을 받은 정치인은 권력을 내놓아야 할지 모르지만, 그 돈은 계속 힘을 발휘한다. 표절 사실이 발각된 저술가는 명예를 잃지만, 그동안 벌어들인 인세의 금전적 효력은 사라지지 않는다. 조폭이 갈취하였거나 뇌물로 오간 돈이, 한순간 아름다운 기부금으로 둔갑할 수도 있다. 돈은 사람이 만들어 사용하는 것이지만 그 형성 과정이 내포되어 있지 않기에, 누구든지 손에 넣기만 하면 바로 사용할 수 있다.

여섯째, 돈은 널리 통용되는 '범용성汎用性'을 지닌다. 위에서 나열한 돈의 장점들은 문화상품권이나 식권 같은 교환권에도 해당된다. 그런데 우리는 교환권보다 돈을 선호한다. 예를 들어 당신이 어떤 복권에 당첨되었는데, 평생 필요한 상품이나 서비스를 구입할 수 있는 각종 상품권 300만 원어치를 지급 받을 수도 있고, 그냥 현찰로 250만 원을 받을 수도 있다고 해보자. 어느 쪽을 선택하겠는가. 십중팔구 현찰에 손이 갈 것이다. 50만 원을 밑지지만, 유동성 내지 융통성 때문에 돈을 갖고 싶어 한다. 교환 품목의 제약 없이 두루두루 사용할 수 있는 것이다.

일곱째, 돈은 '자가 증식'을 한다. 즉, 돈에는 이자가 붙을 뿐 아니라, 투자를 통해서 돈이 돈을 낳는다. 이 점도 상품권에 없는 매력이다. 잘 굴리기만 하면 눈덩이처럼 불어난다. 부동산에서 미술품에 이르기까지 희소한 재화들에 투기함으로써 돈을 불릴 수 있다. 그러한 경로를 거치지 않고서도 '돈 놓고 돈 먹기'로 짭짤한 재미를 볼 수가 있다. 그 판은 점점 커진다. 글로벌화된 금융 시스템 속에서 '큰손'들은 컴퓨터 키보드 조작만으로 천문학적인 돈을 벌어들인다.

투자의 귀재 워런 버핏Warren E. Buffett은 자신의 인생을 다음과 같이 증언한다. "복리複利는 언덕에서 눈덩이를 굴리는 것과 같다. 작은 덩어리로 시작해서 눈덩이를 굴리다 보면 끝에 가서는 정말 큰 눈덩이가 된다. 나는 열네 살 때 신문 배달을 하면서 작은 눈덩이를 처음 만들었고, 그 후 56년간 긴 언덕에서 아주 조심스럽게 굴려왔을 뿐이다. 삶도 눈덩이와 같다. 중요한 것은 습기 머금은 눈과 긴 언덕을 찾아내는 것이다."[1] 물론 버핏처럼 그 게임에서 실제로 이득을 취하는 이들은 극소수지만, 몇몇 신화가 전파되면서 자신에게도 찬스가 올 것이라는 환상이 생겨난다. 이런 속에서 돈은 요술방망이처럼 다가온다.

유정훈, 「밀리언머니맨」, 캔버스에 아크릴릭, 97x130cm, 2009.

3. 불멸의 환상을 위하여

　노인이 돌아가신 뒤에 누워 계시던 이부자리 밑에서 지폐들이 발견되는 경우가 있다. 힘들게 일하여 벌었거나 자식으로부터 받은 용돈을 아껴서 모아둔 돈이다. 예금통장을 갖고 있지 않아 그냥 현금으로 지니고 있었던 것이다. 특별한 용도를 염두에 두고 저축한 것일 수도 있지만, 그렇게 품고 있는 것 자체로 뿌듯한 힘이 되었을 수도 있다. 하루하루 조금씩 쌓여가는 돈은 고단한 황혼에 지팡이가 되어주었으리라.

1 · 앨리스 슈뢰더, 이경식 옮김, 『스노볼 1 : 워런 버핏과 인생 경영』, 랜덤하우스, 2009.

돈에 대한 집착은 본능일까. 정신의학자 빅토르 프랑클Viktor E. Fankl이 쓴 『삶의 물음에 '예'라고 대답하라』라는 책에 이런 일화가 실려 있다. 저자가 진료실에서 만난 어떤 남자는 사는 것이 너무 고통스러워 자살을 결심한 적이 있다. 모든 것을 정리하고 시외로 나가서 권총으로 머리를 쏘는 방법을 택했다. 전차가 다니지 않을 정도로 늦은 시간이라서 택시를 잡기로 했다. 그런데 그 순간 갑자기 택시비가 아깝다는 생각이 들었다고 한다. 생을 마감하려는 판에 웬 돈 걱정인가. 커다란 재산도 아니고 차비 몇 푼에 신경을 쓰다니. 그 남자는 허망하고 당황스러웠다고 한다. 그러니 돈은 목숨보다 더 강인한 생명력으로 지속되는 힘이 있는 것 아닐까.

돈이 가져다주는 편의와 이득을 앞에서 일곱 가지로 나눠서 생각해 보았지만, 그런 실용성을 떠나서 돈은 소유하는 것 자체로 든든한 힘이 된다. 무엇을 구입하겠다는 목표도 없이 그저 열심히 돈을 모으는 경우가 많다. 글 첫머리에서 소개한 걸인들의 경우처럼, 그냥 돈을 갖고 있다는 것만으로도 뿌듯하다. 그것을 굴리고 부풀리는 행위 자체로 존재감이 차오른다. 누구나 돈에 대해 그러한 느낌을 가져본 적이 있으리라. 일종의 주술적인 힘을 거기에서 얻는 것인지도 모른다.

일찍이 역사학자 토인비Arnold J. Toynbee는 돈으로 사용되는 물건은 "본래의 효용과는 독립된 제2의 용도를 획득한다"[2]고 설파했다. 돈은 단순한 물건이나 수단이 아니라 고도의 의미가 농축된 상징이다. 그것은 사회적인 차원에서 나와 타인의 관계를 설정하는 데 중요한 기준과

---

2 · 아놀드 토인비, 원창화 옮김, 『역사의 연구』, 홍신문화사, 2007, p. 746.

토대가 된다. 다른 것이 별 볼 일 없는 사람도 돈이 많다고 하면 갑자기 대단한 사람으로 여겨진다. 돈 많은 남자는 아무리 못생겼어도 많은 여성들에게 황홀한 매력의 소유자로 다가간다. 돈이 있으면 만인 앞에 군림할 수 있고 막대한 영향력을 행사할 수 있다. 뭇 사람들이 우러러보는 자리에 올라서는 발판으로 돈만큼 간편한 것이 없다.

돈을 수단이 아니라 목적으로 숭배하는 자본주의 사회에서 사람의 마음은 어떻게 움직이는가. 일찍이 마르크스Karl H. Marx는 화폐가 지니고 있는 '물신성'에 대해 이야기했다. 프로이트Sigmund Freud의 『토템과 터부 Totem und Tabu』에 따르면 물신이란 현실에서 가장 위협적인 것을 부정하는 수단이다. 인간을 위협하는 것 가운데 죽음이 가장 강력하다. 그런데 돈은 죽음의 공포에서 벗어날 수 있다는 환상적 불멸을 제공한다. 케인스John M. Keynes는 프로이트의 그러한 통찰을 바탕으로 돈에 대한 집착을 다음과 같이 설명한다.

> 의지에 가득 찬 인간, 목표를 향해 달려가는 인간은 항상 행동의 동기를 미래로 투영함으로써 환상적이고 인공적인 불멸성을 얻으려고 한다. 그는 자신의 고양이를 사랑하지 않는다. 사실 그 고양이의 새끼도 사랑하는 것이 아니다. 다만 새끼의 새끼를 사랑하는 것이고, 그것은 고양이의 우주에서 시간이 다할 때까지 반복한다. 그에게 잼은 그냥 잼이 아니다. 절대로 오늘 먹는 잼이 아니라 내일 먹을 잼 한 상자가 되어야 한다. 이처럼 항상 자신의 잼을 미래로 던짐으로써 그는 잼 장수로서 자신의 행위에 불멸성을 보장하려는 것이다.[3]

돈에 대한 욕망과 죽음에 대한 공포가 자본주의를 움직이는 두 가지 축이라는 말이 있는데, 그 둘은 깊숙하게 얽혀 있다고 볼 수 있다. 그런데 나는 그 죽음이 육신에 국한된 것이 아니라고 본다. 케인스가 말한 '불멸'이라는 것도 사후세계의 '영생'으로 한정할 필요가 없다고 생각한다. 사람은 신체적인 죽음 못지않게 사회적인 죽음에 대해 공포를 느낀다. 목숨이 붙어 있지만 아무도 나를 알아주지 않는 상황에 놓이지 않을까 두려워하는 것이다.

전통사회에서는 일정한 집단 속에서 대부분의 삶이 영위되고 그 집단 자체가 견고하게 유지되었기에 사람들은 실존의 불안 같은 것을 느끼지 못했다. 억압과 불평등은 있었어도 소외나 고독은 낯선 경험이었다. 잘났든 못났든 가족과 마을 안에서의 자리는 확고했기 때문이다. 근대에 접어들어 '개인'이 출현하면서 자아의 안위와 행복은 각자 성취해야 하는 목표가 되었다. 그리고 그 무대는 항상 접하는 소규모 집단이 아니라 끝없이 펼쳐진 드넓은 세상이다. 자신의 능력을 발휘해서 사회 경제적 지위를 확보하는 것이 모든 사람들의 과제가 되었다. 거주지, 직업, 배우자, 신념 등에서 선택의 자유가 주어졌지만, 자신의 운명을 스스로 책임져야 하는 상황이 된 것이다.

그런데 근대사회에 들어오자마자 전통 규범이 곧바로 소멸된 것은 아니었다. 기존의 공동체들이 갑자기 해체되어 개인들로 뿔뿔이 흩어

---

3 • John Maynard Keynes, *Perspectives economiques pour nos petit-enfants*, 1930, Payot, 1971, pp. 138~39; 베르나르 마리스, 조홍식 옮김, 『케인즈는 왜 프로이트를 숭배했을까?』, 창비, 2009, pp. 239~40에서 재인용.

진 것도 아니다. 산업화가 어느 정도 진행되는 단계까지는 사람들이 가족, 학교, 직장 등의 집단에 상당히 안정적으로 소속되어 있었다. 국민국가의 틀도 비교적 견고해서 민족적인 정체성이 사회적 자아의 중요한 뿌리로 작용했다. 그리고 삶의 과정도 매우 정형화되어 있어서 개인이 선택할 수 있는 폭이 넓지 않았다. 입학, 졸업, 취직, 결혼, 출산으로 이어지는 인생의 항로에서 크게 벗어나지 않았고 정년 이후의 삶도 그다지 불안하지 않았다. 경제가 꾸준하게 성장하고 인구도 계속 늘어났던 것이 결정적인 토대가 되어주었다고 할 수 있다.

후기 근대에 접어들어 사회는 새로운 국면을 맞는다. 개개인의 삶을 지탱해주던 기반이 흔들리기 시작한다. 우선 노동시장이 점점 위축되면서 비정규직이 늘어나고 정년퇴직은 점점 빨라진다. 학력은 높아지지만 사회로의 진입 장벽도 함께 높아진다. 다른 한편 소비사회가 전개되면서 감각적으로 풍요로워지는 한편, 폭주하는 이미지와 정보 속에서 기존의 가치관에 균열이 일어난다. 미디어와 대중문화의 위력 속에 어른들의 권위가 급격하게 실추한다.

인생의 전개 과정도 다양한 패턴으로 분화된다. 학업 중단이 대단한 일이 아니고 청년 실업자들은 넘쳐나며 비혼과 이혼이 낯설지 않다. 전통사회나 근대 초기에는 상상하기 어려웠던 삶의 방식들이 곳곳에서 발견된다. 십 대 후반에 이미 화려한 글로벌 경험과 탁월한 영어 실력을 갖춘 아이들이 있는가 하면, 사십 세가 넘도록 사회와 격리되어 집 안에만 처박혀 지내는 어른들도 있다. 학교에서도 기이한 상황들이 펼쳐지는데, 예를 들어 모범생으로 살아오면서 마흔이 넘도록 연애 한번 제대로 해보지 못한 교사가, 가출에 임신 중절까지 경험한 아이들을 가르치는 상황등이다.

　이제 어느 것도 고정된 것이 없고, 아무것도 예측 가능하지 않다(이처럼 모든 것이 유동流動하는 근대를 지그문트 바우만Zygmunt Bauman이라는 사회학자는 '액체liquid근대'라고 명명하면서, 근대 초기의 '고체solid근대'와 대비시키고 있다). 사회 분석에서 위험risk, 불안정한precarious, 배제exclusion 같은 단어가 열쇠말로 자리 잡는다. 한국의 경우 1990년대를 지나면서 그러한 전환이 일어났다고 볼 수 있다. 탈학교, 88만원 세대, 스펙, 공시족, 사오정, 오륙도…… 등의 신조어들이 위기 상황을 요약해준다. 일본은 한국보다 몇 년 빨리 변화가 시작되었는데, 부등교, 프리터, 니트족, 격차사회, 하류사회, 프레카리아트, 파라사이트 싱글● 등의 키워드를 뽑아볼 수 있다.

　삶의 전개 과정이 불안정해지고 인간관계도 유동적인 사회에서 자신의 존재를 실감하기는 점점 어려워진다. 오랫동안 축적한 경험이나 지식이 금방 퇴물이 되어버리고 타인과의 신뢰도 탄탄하게 쌓아나가기가 쉽지 않다. 무엇으로 나를 지탱할 것인가. 어떻게 하면 사회적으로 무시당하지 않고 자아의 위상을 확고하게 세울 수 있을까. 사람들은 부동不動의 힘을 추구한다. 학력, 지위(권력), 연줄, 외모, 그리고 돈이 바로 그것이다. 많은 사람들과 경쟁관계에 들어갈수록, 일회용으로 스쳐지나가는 인간관계가 많아질수록, 그러한 자원들은 탁월한 효력을 발휘한다.

● Tip

'탈학교'는 1970년 일리치가 저술한 『탈학교사회』에서 유래된 말로 형식적인 학교교육의 제도를 지양하고 비공식적이고 실질적인 교육을 해야 한다는 의미를 담고 있다. '88만원 세대'는 고용불안에 시달리는 2007년 전후 한국의 20대를 지칭하는 말이다. 비정규직 평균 급여 119만 원의 73%(20대 평균 급여)를 곱한 금액이 88만 원이다. '공시족'은 공무원 시험 준비생을, '사오정'은 45세 정년을, '오륙도'는 56세까지 일하면 도둑놈이라는 뜻의 은어이다. '부등교(不登校)'는 1년에 30일 이상 등교하지 않는 학생을, '프리터(freeter)'는 자유(free)와 아르바이터(arbeiter)를 합성한 말로 아르바이트나 파트타임으로 생활을 유지하는 사람들을 가리키는 말이다. 또 '니트(NEET)족'은 'Not in Education, Employment or Training'의 약어로서 일하지 않고 일할 의지도 없는 청년 무직자를 뜻하고, '격차사회'는 중류 계층의 붕괴 과정에서 나타나는 일본형 경제·사회 양극화 현상을, '하류사회'는 하류 계층이 주류가 된 사회를, '프레카리아트(precariat)'는 불안정한 프롤레타리아트를 뜻하는 합성어, 그리고 '파라사이트 싱글(parasite single)'은 이삼십 대가 되어서도 부모로부터 독립하지 않는 독신자를 의미하는 신조어들이다.

그런데 그 가운데 돈은 가장 견고한 힘으로 여겨진다. 학력은 평생의 발판이지만, 나이가 들수록 효능이 줄어들고, 업그레이드하기가 점점 어려워진다. 기억력도 급격히 쇠퇴한다. 사회적 지위와 권력이 있으면 세상을 얻은 듯 뿌듯하지만, 언젠가는 빼앗기거나 내놓아야 하는 시한부다. 연줄이라는 것도 든든한 밑천이지만 언제든 끊어질 수 있고, 탄탄하게 유지하기 위해서는 꾸준하게 '투자'를 해야 한다. 뛰어난 외모는 간단하게 타인을 굴복시킬 수 있는 자산이지만, 생물학적 노화를 피할 수 없어서 머지않아 젊은이들에게 밀려난다.

그에 비해서 돈은 절대적인 의지처가 될 수 있다. 다른 것들이 허망하게 유실된다 해도 돈만큼은 변치 않는 가치의 원천으로 남는 것이다. 돈은 어떠한 인간관계에서도 통용되는 힘이고, 외국에서도 효력을 상실하지 않는다. 맥락에 구속받지 않을 뿐 아니라 세월의 풍화작용에도 끄떡없이 버틸 수 있다. 그 무소불위의 절대자인 돈을 붙들고 있음으로써 우리는 불멸의 환상을 누릴 수 있다. 나의 존재를 지워버리려 하는 온갖 힘들에 맞서 자아를 지켜내고 '살아 있음'을 확인하고 선언할 수 있도록 해주는 것이 바로 돈이다.

돈이 사람보다 더 든든한 버팀목이 될 수 있을 것처럼 암시하는 광고가 있었다. "10억을 받았습니다"로 시작하는 이 광고는 남편이 죽고 아내와 아이만 남은 집에 보험회사에서 보험금을 지급한 이야기다. 실제 사례를 바탕으로 한 이야기란다. 남편의 사망으로 생계가 막막해진 주부가 거액의 보험금을 받을 수 있게 된 것은 다행이다. 그런데 그 스토리를 풀어내는 광고의 분위기가 석연치 않다. 10억을 받았으니 남편이 없어도 별로 아쉬운 것이 없다는 뉘앙스다(그 수속을 친절하게 안내해주는 젊은 보험사 직원과의 관계도 야릇하게 연출되어 빈축을 사기도 했다). 사람은 죽어도 돈은 남는다. 아니, 사람이 죽었기에 돈이 생겼다.

돈은 야누스의 얼굴을 가지고 있다. 그것은 모든 가치를 표상하고 뭇 소망을 수렴하는 기호로서, 기쁨의 원천이자 고통의 뿌리로 여겨진다. 풍요와 결핍의 척도요, 안도와 두려움의 이유로 보인다. 또한 사회적 차원에서 보자면 돈은 인간관계를 해체하면서 또한 그나마 최소한의 질서와 통합을 보장하는 매체라고 할 수 있다. 권력을 세우기도 하고 허물어뜨리기도 하는 것이 돈이다. 그래서 사람들이 돈을 좋아하지만 돈이 불쾌한 기억으로 채색되기 일쑤다. 돈에 극도로 집착하면서도 '돈이 웬수야'라는 탄식을 한다. 돈에 대한 지긋지긋한 경험 때문에 그 한을 풀기 위해 돈에 매달리는 경우도 많다. 돈은 인간사의 희로애락을 모두 담아내고 빚어내는 블랙박스다.

제2장

화폐의 정체

1. 지폐가 통용되기까지

    2010년 1월 부산의 어느 종합병원 수납창구에서 직원이 고객으로부터 5만 원권 위조지폐를 받고 3만 원가량을 거슬러 주었다. 너무 정신없이 일을 처리하다 보니 생긴 실수였다. 그런데 나름의 첨단기술로 감쪽같이 만든 '보통의' 위폐와 달리, 이것은 한눈에 봐도 금방 알아볼 수 있는 황당한 위폐였다. 전체적인 색상만 똑같을 뿐 초상은 신사임당 대신 부처가 들어가 있고, '한국은행' 대신 '극락은행'(뒷면에도 BANK OF GOUKRAG), '오만원' 대신 '오만관'이라고 인쇄되어 있으며, 50000이라는 숫자 밑에는 버젓이 사찰 표시와 함께 '지장보살'이라는 글자까지 새겨져 있었다. 이 정도 기술이라면 얼마든지 '진짜'(?) 위조지폐를 만들 수 있었을 텐데, 이렇듯 '가짜'(?) 위조지폐를 만든 까닭은 무엇일까. 경찰도 이렇듯 엉뚱한 위폐를 놓고 수사를 펴기가 난감했다고 한다.

지전(紙錢). 위조지폐라고 하기에는 너무나 허술한 이 지전은 '극락은행' '오만관' '지장보살' 등이 적혀 있는 일종의 '노잣돈'이었다.

곧 진상이 밝혀졌다. 그것은 불교 의례에서 쓰이는 지전紙錢으로, 불교용품점에서 여러 종류를 판매하고 있다. 장례를 치를 때 추모객들은 고인이 저승길을 가면서 노잣돈으로 쓰라고 지전을 관에 넣어주거나 불에 태운다. 지전에 그려져 있는 '지장보살'은 이 세상에 고통받는 자들의 구원자로서, 지옥으로 떨어져 벌을 받게 된 모든 사자死者의 영혼을 구제할 때까지 자신의 성불을 미루고 중생들을 이끄는 보살이다. 만일 그 지전을 화폐처럼 사용한 범인이 잡혔다면, 그것을 일부러 사용했는지 아니면 무심코 실수한 것인지에 따라 그 죄의 경중이 가려졌을 듯하다.

어느 나라에서나 위조지폐는 골칫거리다. 그래서 가짜를 식별해내는 장치를 지폐 곳곳에 심어놓는다. 그러나 사람들이 그것을 일일이 확인하지 않기 때문에 정교하게 만들어진 위폐는 꽤 여러 번 유통되어왔다. 특히 위의 경우에서 그러했듯이 신권이 발행되면 사람들이 익숙해지기까지 시간이 걸리고, 그 틈을 타서 위조 범죄가 고개를 든다. 이에 국가는 위폐범을 매우 엄격하게 다스린다. 대한민국 형법 18장은 통화通貨에 관한 죄를 다루고 있는데, 207조를 보면, "행사할 목적으로 통용하는 대한민국의 화폐, 지폐 또는 은행권을 위조 또는 변조한 자는 무기 또는 2년 이상의 징역에 처한다"라고 명시되어 있다. 최대 종신형으로까지 처벌할 만큼 화폐 위조는 사회 질서의 근간을 흔드는 중죄로 여겨진다.

　삼엄한 단속과 무거운 처벌 덕분인지 위조지폐가 시장의 거래를 뒤흔들 정도로 기승을 부리지는 않는다. 우리는 일상생활에서 돈을 주고받으면서 혹시 위폐가 아닐까 의심하지 않는다. 그런데 곰곰 생각해보면 전혀 모르는 사람들끼리 그까짓 종이 쪼가리 하나를 믿고 거래한다는 것이 신기한 일이다. 하지만 그러한 시스템과 문화가 정착되는 과정이 순탄한 것만은 아니었다.

　화폐의 발생과 변천 과정을 간단하게 더듬어보자. 선사시대에는 조개껍질이 화폐로 많이 쓰였다. 그 흔적으로, 우리가 지금 돈이나 귀한 물건과 관련해 사용하는 한자 가운데 조개 패貝 자가 들어간 것이 매우 많다. 쌓을 저貯, 재물 재財, 재물 화貨, 보배 보寶, 가난할 빈貧, 탐할 탐貪, 도적 적賊, 살 매買, 팔 매賣, 무역할 무貿, 상 줄 상賞 등의 한자를 예로 들 수 있다. 고대사회에서는 조개껍질 외에도 커다란 돌, 희귀한 생선뼈, 가죽, 소 같은 가축이 사용되었다.

　소금도 화폐의 대용물로 사용된 적이 있다. 로마시대에 '비아 살라리아 Via Salaria'라는 길이 있었다. 로마와 동부 아드리아 해의 염전도시를 연결하는 통로였다. 생존의 필수품인 소금이 옛날에는 금이나 은처럼 값진 것이었다. 단순히 음식에 간을 맞추는 조미료가 아니라 감기 예방, 화상, 두통, 부스럼, 위염 등을 다스리는 약재로도 사용되었기 때문이다. 그 소금을 안정적으로 조달하기 위해 닦은 길이 '비아 살라리아'이다. '소금salt의 길'이라는 뜻이다. '샐러리salary'라는 말이 거기에서 나왔다. 당시 로마군에게는 소금으로 급여를 주었다고 한다.

그런 원시적인 단계를 지나 본격적인 화폐가 등장하는 것은 채광採鑛과 제련의 기술 덕분이었다. 기원전 500년쯤에 지중해 근방과 중국에서 청동으로 만든 코인Coin이 개발된 것이다. 고조선에서도 금속화폐가 주조되어 유통되었고, 진국辰國에서는 쇠를 돈으로 썼다는 기록이 있다. 그러나 금속화폐가 등장했다고 해서 곧바로 모든 유통의 매체가 된 것은 아니다. 고려에서 조선에 걸쳐 쌀, 삼베, 추포, 무명 등 이른바 '물품화폐'가 병용되었다. 다른 문명권에서도 금, 은, 동 같은 재료가 마땅치 않을 경우 흑요석, 유리옥, 도자기 파편처럼 내구성이 있는 물질들이 사용되었다. 그리고 모포, 마포, 면포, 견포, 깃털, 모피 같은 의류, 그리고 반지, 칼, 도끼, 철포, 피리, 북 등의 물품화폐가 널리 사용되었다.

기록에 따르면 고려와 조선 때 조정에서는 금속화폐를 정착시키려고 여러 차례 시도했다고 한다. 돈을 찍어낼 수 있으면 그에 따라 이익도 생기고 세금도 체계적으로 징수할 수 있기 때문이다. 그러나 금속화폐의 보급은 번번이 실패로 돌아갔다. 물품화폐에 익숙한 농민들이 외면했기 때문이다. 왜 그랬을까. 그에 대해 고려대학교 이헌창 교수는 다음과 같이 설명한다.

왜 동전과 저화의 통용정책은 실패로 귀결되었을까? 첫째, 물품화폐는 화폐 이외에도 다양한 용도로 사용할 수 있는 반면, 금속화폐와 지폐는 그렇지 못한 데다가 국가가 그 구매력을 제대로 보장하지 않아 민간이 불신하였기 때문이었다. 태종 때 저화를 강제로 통용시키려 하자, 민간에서는 그것을 쌀과 삼베 등 물품

화폐와 달리 '굶주려도 먹을 수 없고 추워도 입을 수 없는 한 조각의 검은 자루에 불과한 것'으로 생각하였다고 한다. 둘째, 금속화폐의 통용을 위한 시장경제의 기반이 취약하였기 때문이었다. 1473년 신숙주는 지방시장이 없는 까닭에 화폐가 유통하지 않는다고 보고, 화폐 유통을 위한 전제로서 지방시장을 개설할 것을 주장하였다. 셋째, 동전의 원료인 동 생산의 부진도 그 저해 요인이었다.[4]

금속화폐 보급에 가장 큰 걸림돌은 민간의 불신이었다. 상식적으로 생각해보면 그 근거는 타당하다. 그 자체로 사용가치가 없는 물건에 가치를 부여하지 못하는 것은 자연스럽다. 유사시에 현물로 사용할 수 없을 뿐 아니라, 위조의 위험이 늘 도사리고 있기 때문이다. 이헌창 교수의 연구에 따르면 오늘날과 같은 '돈' 관념이 이미 조선 전기에 뿌리를 내리고 있었지만, 그것은 오로지 은화銀貨에 국한된 것이었다. 그러나 서울 중심으로 왕실과 지배층 사이에서 유통되어 서민들과는 거리가 멀었다. 어쨌든 은화가 돈으로 정착될 수 있었던 것은 은이 귀금속이기 때문이었다. 말하자면 은화는 이미 어느 정도 물품화폐적인 속성을 지니고 있었던 것이다. 그에 비해 우리가 오늘날 사용하는 돈은 그 자체로 물질적 가치를 지니고 있지 않다.

화폐의 역사에서 또 한 번의 큰 전환점은 지폐의 등장이었다. 지금이야 어느 나라에서든 동전보다 지폐의 액면가가 훨씬 높지만, 상식적

---

4 • 한국역사연구회, 『조선시대 사람들은 어떻게 살았을까 1』(청년사, 2005)에 실린 이헌창의 글 「돈 한 냥, 쌀 한 말, 베 한 필의 가치」(pp. 122~23) 참조.

으로 생각해보면 불합리한 면이 있다. 우선 물질적인 가치로 볼 때 아무래도 금속이 종이보다 훨씬 귀중하다. 그리고 위조의 가능성이 훨씬 적다. 따라서 종이에 뭔가를 그려 넣어서 돈으로 사용한다는 것은 발상하기 어려운 일이다. 그런 제약 조건들을 극복하면서 지폐를 먼저 발명한 나라는 중국이었다. 그래서 13세기에 마르코 폴로가 원元나라에 왔을 때 지폐가 사용되는 것을 보고 경탄을 금치 못했다고 한다.

그가 보았던 지폐는 아래 그림에 나와 있는 '교초交鈔'라는 것인데, 13~14세기에 유통되었다. 가운데 큰 글씨로 '이관貳貫'이라고 돈의 액수가 씌어 있는데, '貳'는 '二'와 같은 의미이고 '貫'은 화폐의 단위다. 그 바로 밑에 엽전 꾸러미가 두 개 그려져 있는데, 당시에 워낙 문맹자가 많아서 그림으로 식별할 수 있도록 한 것이다. 그리고 그 밑에는 '僞造者處死'라고 씌어 있는데, '위조한 자는 사형에 처한다'라는 경고문이다. 그 옆에는 '위조를 신고하는 자에게는 은화 오정五定을 상으로 수여하고, 범인의 집과 재산도 증여한다'라고 씌어 있다. 당시 정부가 위조지폐에 얼마나 골머리를 앓고 있었는가를 짐작할 수 있다. 실제로 원나라 말기에 교초가 남발되어 인플레이션이 일어났고, 그로 인한 경제의 혼란이 국가 멸망에 한몫을 했다.

> **Tip**
> 한자로 돈의 액수를 표기할 때 一, 二, 三 자는 오류나 조작이 쉽기 때문에 壹, 貳, 參 자로 표기했다. 한국에서도 예전에는 이런 글자들을 많이 사용했다.

교초(交鈔). 원나라에서 사용하던 지폐이다.

이 지폐의 원형이라고 할 수 있는 것은 10세기 북송北宋시대에 등장한 '교자交子'라는 것인데, 상인들이 약속어음으로 발행하여 사실상 통화로 유통되었다. 당시 중국에는 동전이 일반적이었는데, 너무 무거워서 소지하기 불편하고 녹이 슬어 깨져버리는 단점이 있었다. 그에 비해 종이로 된 '교자'는 간편하고 오래 쓸 수 있어서, 상거래에 점점 널리 쓰였다. 막강한 몇몇 상인들이 연합해 그 발행을 독점했는데, 자금이 부족하여 부도가 나는 등의 폐해가 빈발하자 국가가 발행을 금지했다. 그때부터 정부가 찍어낸 '교자'가 유통되었는데, 사실상 지폐의 기원이 되었다고 할 수 있다.

한편 유럽에서는 1661년 스톡홀름 은행이 처음으로 지폐를 발행하였다. 아래 사진은 그 무렵 등장한 100달러짜리이다. 공식적인 서명 날인이 8개나 들어가 있는데, 화폐로서 신빙성을 주기 위해서다. 그런데 스톡홀름 은행은 자신이 보유하고 있는 금·은 등 귀금속보다 많은 종이돈을 찍어내는 바람에 파국을 자초했다. 그리고 책임자는 징역형을 받았다.

유럽 최초의 지폐. 17세기 스웨덴의 스톡홀름 은행이 발행하였다.

2. 돈은 어디에도 없다

물품화폐가 사라지고 일반화폐가 이렇게 널리 통용되기까지의 과정을 더듬어가다 보면 근원적인 질문에 맞닥뜨리게 된다. 돈의 본질은 무엇인가. 돈이 제구실을 할 수 있기 위해서는 어떤 조건이 필요한가. 그 답을 찾기 위해서 다소 엉뚱한 화폐의 유형 하나를 생각해보고자 한다. 바로 '돌로 만든 돈石貨'이다. 이 사례는 밀턴 프리드먼Milton Friedman의 『화폐경제학Money Mischief』 첫머리에 소개되어 널리 알려졌다.[5]

'돌돈'을 만든 이들은 남태평양의 미크로네시아 캐롤라인 군도에 있는 야프 섬 사람들이다. 사진에서 볼 수 있듯이 원 모양의 돌의 한가운데에는 구멍이 뚫려 있다. 작은 것은 직경 30센티미터, 큰 것은 3미터가 넘고 무게가 4톤까지 나간다. 크고 무거울수록 높은 금액이다(청렴의 표상으로 종종 거론되는 최영 장군은 "황금 보기를 돌같이 하라見金如石"고 했지만, 야프 섬에서는 "돌 보기를 황금같이 하라見石如金"고 했어야 할 것이다). 각각의 돌덩어리에는 고유한 내력이 있는데, 힘들게 확보한 것일수록 액면가가 높다.

야프 섬의 돌돈들. 원 모양의 돌 가운데 구멍이 뚫려 있다. 무거운 것일수록 화폐 가치가 높다.

5 • 밀턴 프리드먼, 김병주 옮김, 『화폐경제학』, 한국경제신문사, 2009, 제1장 참조.

이 돈을 어떻게 사용하였을까? 화폐는 간편하게 소지할 수 있고 언제든지 타인에게 양도할 수 있어야 하는데, 이 돈은 그것이 불가능하다. 어떤 거래나 증여로 돈의 주인이 바뀌어도 돌돈의 위치가 바뀌지 않는다. 그러면 돈이 다른 사람에게 넘어갔다는 것을 어떻게 확인할까? 당사자들이 마을 사람들에게 '앞으로 이 돌돈은 아무개 씨의 것입니다'라고 알리면서 돌 밑에 작은 표시를 해둔다. 소유권의 변경사항을 주민들에게 공지하는 방식으로 '계좌이체'가 이뤄지는 것이다. 소규모 공동체이기 때문에 특별한 문서가 없이도 모두가 소유 관계를 정확하게 인지한다. 그러니까 돌 자체가 돈이라기보다는, '아무개가 돌을 소유하고 있다'는 공통 인식이 돈으로서 기능하는 것이다.

그 섬의 주민들이 그 돈을 얼마나 실질적으로 받아들이고 있었는가를 보여준 사건이 있다. 1898년 독일이 캐롤라인 군도를 스페인으로부터 사들여 영유권을 인수 받았을 때, 도로가 너무 울퉁불퉁해서 주민들에게 정비를 하도록 통지했다. 그런데 주민들이 너무 게으름을 피워 도대체 일이 진척되지 않았다. 독일 총독부가 야프 섬의 통화로 지정된 독일 마르크(Mark)화로 벌금을 물리겠다고 경고했지만, 주민들은 싱글싱글 웃기만 할뿐 일할 생각을 하지 않았다. 고심 끝에 독일의 통치자들은 한 가지 묘안을 떠올렸다. 노역 통지를 무시한 마을에 공무원을 보내 길에 놓인 돌돈들에 검은 펜으로 'X표'를 그려 정부의 소유임을 명시한 것이다. 이 대책은 거짓말처럼 효과를 발휘했다. 주민들은 그 돈의 소유권을 잃어버린 것을 안타깝게 생각하면서 마음을 바꿔먹고 팔을 걷어붙였다. 정비가 끝나자 독일 정부는 돌돈에 그려져 있던 X표를 지워나갔고, 주민들은 자신의 재산이 되돌아온 것에 안도의 한숨을 내

쉬었다고 한다.

한갓 돌조각에 불과한 사물을 그토록 철저하게 돈이라고 믿었다는 것이 흥미롭고 놀랍다. 그러나 더욱 놀라운 것은 아무도 본 적이 없는 돌돈조차 통용된다는 점이다. 이 섬에서 가장 부유한 가족은 어떤 거대한 돌돈을 소유하고 있다. 그런데 그것은 옛날에 뗏목에 실어 이 섬으로 옮겨오는 과정에서 물속에 빠져버린 돈이다. 그것이 여러 세대 전의 일인데, 그 가족은 그것을 계속 상속받아 보유하고 있다. 누구도 그 가족의 소유권을 의심하지 않는다. 그때 함께 뗏목에 타고 있던 주민들이 증언해주었기 때문이다. 결국 돌 자체가 중요한 것이 아니다. 구성원들 사이에서 그 소유권에 대한 인식이 흔들리지 않는다면 화폐 기능을 원활하게 수행하게 되는 것이다. 지금은 사용하지 않는다고 하지만 선뜻 이해가 가지 않는 시스템과 문화임에 틀림없다. 매우 불합리하고 미개한 사회라고 비웃음을 살 수도 있겠다.

그런데 가만히 생각해보자. 지금 우리의 경제생활에서 주고받는 돈도 크게 다르지 않다. 몇백 억의 재산가라 해도 지갑이나 장롱에 소지하고 있는 현찰은 백만 원도 되지 않을 것이다. 그래서 이제는 돈을 노리고 침입하는 도둑이 크게 줄어들었다. 돈은 금융기관에 보관되어 있다. 우리가 가지고 있는 것은 돈의 소유권을 표시하는 통장, 그리고 거기에 연동된 신용카드다. 그리고 이제는 인터넷뱅킹이 보편화되면서 통장은 종이문서가 아니라 온라인에서 디지털 기호로 반짝일 뿐이다. 일본의 디자인 비평가 가시와기 히로시柏木博의 말을 빌리자면 "인쇄기술을 가장 발달시킨 것이 화폐(위조 방지를 위한) 디자인이었지만, 오히려 인쇄미디어를 가장 빨리 떠난 것도 화폐(크레딧카드)"다.

우리는 인터넷뱅킹이나 현금인출기를 사용하면서 화면 위에 표시되어 있는 액수만큼의 돈이 어딘가에 존재한다고 믿는다. 그러나 정말로 있을까. 만일 내가 은행에 가서 자신의 계좌에 찍혀 있는 돈이 금고에 안전하게 보관되어 있는지 확인하겠다면서 보여달라고 해보자. 직원은 나를 이상한 사람으로 취급할 것이다. 그래도 떼를 쓴다면 직원은 이렇게 반문할 수도 있다. 귀하께서 언제 우리한테 돈을 가져다 주신 적이 있나요?

사실 맞는 말이다. 지금 사용하고 있는 통장이나 계좌에 들어가서 그동안 '맡기신 금액'란에 찍힌 돈들 가운데 당신이 어디에선가 현찰을 받아다가 직접 입금한 액수가 얼마나 되는지 헤아려보라. 나의 경우 지난 10여 년 동안에는 단 한 번도 그렇게 입금한 기억이 없다. 통장에 있는 돈은 모두 다른 사람이나 기관이 넣어준 것이다. 그런데 엄밀하게 말하면 돈을 넣어준 것도 아니다. 은행으로 현찰이 이송된 것이 아닌 것이다. 그렇다면 통장에 찍혀 있는 숫자는 무엇인가. 그것은 내가 얼마만큼의 돈을 '받을 수 있다는 표시'일 뿐이다. 야프 섬에서 '저 돈은 아무개 씨의 소유랍니다'라고 모두에게 알려주는 것과 전혀 다를 것이 없다.

한국을 포함한 현대 경제 시스템에서 시중에 유통되거나 은행에 예금되어 있는 돈 가운데 실제로 중앙은행이 조폐공사를 통해 발행한 돈은 10퍼센트 미만이다. 수표도 돈으로 바꿔주겠다는 증서일 뿐 돈은 아니다. 그리고 점점 더 많은 거래가 신용카드나 계좌이체로 이뤄진다. 게다가 각종 상품권, 사이버 머니, 쿠폰, 마일리지, 포인트 등으로 거래하는 상품이 점점 늘어난다(상품권은, 발행하는 백화점 입장에서는 사채에 다름 아니다. 결국 기업은 금융기관에 의존하지 않고 손쉽게 현금을 빌리는 셈인데, 상품권을 소비자가 사용하지 않으면 고스란히 공돈으로 굳는다는 이점도 있다. 한국에서 판매된 상품권 가운데 사용되지 않는 것이 매년 2,000억 원에 달한다고 한다). 그리고 이제는 '기프티콘Gifticon'이라는 것을 문자로 전송해줄 수 있어서, 휴대폰으로 선물이나 뇌물 증여가 가능해졌다. 이 모든 것이 순전히 정보만 왔다 갔다 하는 것이다. 그에 해당하는 현금이 정말로 존재하는지에 대해서 우리는 아무 관심이 없다.

이 기묘한 시스템이 작동하는 데 가장 중요한 기반이 되는 것은 결국 믿음이다. 화폐경제가 본질적으로 그러하다. 금화든 돌돈이든 한국은행 지폐든 모두가 그것이 진짜임을 믿기에 통용된다. 그런데 그 경우에는 그나마 눈에 보이고 손으로 만져지는 화폐가 오간다. 하지만 지금은 화폐의 '물질성' 자체가 사라져가고 있다.

홈쇼핑에서 부동산 거래 그리고 국가의 재정 지출에 이르기까지 대부분의 현금 이동이 가상공간에서의 숫자 변경으로만 이뤄진다. 이러한 환경에서 지폐 위조는 이제 낡은 수법이 되어간다. 요즘의 금융 사기범들은 은행이나 공공기관을 사칭하는 보이스피싱으로 예금주에게 현금을 이체하도록 한다. 또는 아예 예금주를 접촉하지 않고 금융기관의 사이트를 해킹하는 등 신종 수법에 골몰하고 있다. 영화 「다이하드 4.0」과 「파이트클럽」에서 범인들이 노린 것은 현찰이 아니라 '숫자'일 뿐이었다.

그런 사태가 일어날 확률은 지극히 낮겠지만, 만일 누군가의 범행으로 또는 예기치 않은 사고로 한국의 금융 전산 시스템 전체가 완전히 붕괴되었다고 가정해보자. 예금주들의 금융자산 기록이 한순간 사라진 것이다. 복구가 불가능할 만큼 데이터가 훼손되어버렸다면 어떤 사태가 빚어질까. 온라인 입출금이 보편화되면서 종이 통장조차 사라져가는 지금, 수많은 사람들이 자신의 예치금을 입증할 자료를 갖고 있지 못하다. 쉽게 말해서 사람들의 재산 가운데 현금의 대부분이 하루아침에 공중분해되어버린 셈이다. 사회는 어떻게 될까. 곧바로 걷잡을 수 없는 혼돈에 빠지고 말 것이다.

3. 화폐는 곧 언어다

> 돈은 눈에 보이지 않는다. 물론 종이나 금은 눈에 보이는 것이다. 그러나 돈의 권력은 눈에 보이지 않으며 상업의 발전과 금융업의 발달로 돈은 항상 더욱 눈에 띄지 않게 되어 더 추상적이고 그래서 만질 수 있는 실제로부터 점점 더 멀어지게 된다.
>
> —로드티 콜린

집집마다 책상 서랍이나 옷 주머니에 오랫동안 보관되어 있는 10원짜리 동전들이 많다. 일일이 챙겨서 가지고 다니기에 무겁고 귀찮을 뿐 아니라 사용할 일이 별로 없어서 제법 수북하게 쌓이는 것이다. 그 결과 시중에는 주화가 자꾸만 부족해지면서 한국은행이 계속 찍어내야 한다. 문제는 10원짜리 동전을 하나 만드는 데 드는 제조 원가가 20원이 넘는다는 것이다. 화폐 가치가 떨어져 결과적으로 그 물질의 가격이 더 높아져버렸기 때문이다. 그래서 2006년부터 찍어내는 동전의 크기와 재료(정확하게는 합성 비율)를 바꾸게 되었다. 하지만 그 이전에 나온 동전도 병행해서 사용되는데, 그 돈은 액면가보다 재료값이 더 높은 셈이다.

바로 그 괴리를 악용하여 수익을 올린 사람들이 있다. 2010년 10월 서울 광진경찰서가 적발한 일당 세 명은 구리 값이 급등하자 전국 은행과 슈퍼마켓을 돌며 2006년 이전에 발행된 10원짜리 동전을 무려 5천만 개나 수집, 그것을 녹여 동괴로 만들어 팔면서 총 7억여 원을 벌었다고 한다. 하지만 현행법상으로는 동전을 녹인 행위를 처벌할 근거가 없어 동전을 녹일 때 나온 불순물을 무단으로 처리한 혐의만 적용키로 했다. 예전에도 관광지에서 동전을 장신구로 만들어 판매하는 사례가 있어서, 2006년에 화폐의 고의 훼손을 처벌하는 법률안이 국회에 제출됐지만 회기 내 통과되지 못한 채 폐기되었다. 이번 사건을 계기로 화폐 훼손 금지법을 제정해야 한다는 의견이 다시 모아지고 있다. 거기에 깔려 있는 법리는 분명하다. 상거래 지급수단인 주화나 지폐를 고의로 훼손하는 것은 화폐 유통 질서를 교란하는 행위로 공익을 거스른다는 것이다.

화폐는 바로 이 점에서 다른 재화와 구별된다. 예를 들어 쌀이든 텔레비전이든 내 소유물은 마음대로 처분할 수 있다. 버리든 태우든 개조하든 그 결과가 공해를 유발하지 않는 한 누가 뭐라고 하지 못한다. 그러나 돈은 함부로 훼손해서는 안 된다. 내 소유지만 내 마음대로 할 수 없다. 말하자면 공공재라고 할 수 있다. 공공재公共財란 사회 구성원들이 공동으로 사용하는 물건이다. 그러한 인식이 부족해서 예전에는 사람들이 지폐를 메모장이나 낙서장처럼 사용하는 경우가 많았다. 그래서 언론에서도 "돈을 깨끗이 씁시다" "주고받는 새 돈에 너도 웃고 나도 웃고"라는 구호를 내걸고 캠페인을 했다.

화폐는 사유물이면서도 그 물질을 함부로 다뤄서는 안 되는 공공재다. 이러한 속성은 법률적인 또는 윤리적인 함의 이상의 어떤 중요한 본질을 암시한다. 화폐는 교환의 수단으로서, 거래를 위해 사용되는 일종의 공유물이다. 단지 여러 사람들이 함께 사용한다는 의미만이 아니다. 사람과 사람 사이의 관계 속에서만 그 효용을 발휘한다는 점에서 다른 공유물과 다르다. 그래서 무인도에서 화폐는 무용지물이다. 그것은 마치 이 세상에 나 혼자만 전화기나 이메일을 가지고 있다면 아무 소용이 없는 것과 마찬가지다. 돈은 사람과 사람을 잇는 미디어라고 할 수 있다. 말하자면 일종의 언어인 셈이다.

'돈을 깨끗이 씁시다' 캠페인 광고. 매일경제, 1970년 3월 3일자, 1면.

　인간에게 언어가 중요한 까닭은 사회를 떠나서 생존하기 어렵기 때문이다. 사람은 개인적으로 너무 나약해서 타인과 협동하며 살아야 한다. 인류는 생물학적인 취약점을 사회적인 차원에서 해결해왔고, 그 핵심에 소통이 자리 잡고 있다. 언어가 발생하고 각종 미디어가 발달하면서 인간들 사이의 연계가 점점 넓어졌다. 그런데 문명사에서 또 하나의 획기적인 미디어로 등장한 것이 화폐다. 돈 덕분에 교류와 통합의 범위가 비약적으로 확대되었다. 언어와 달리 화폐는 직접 대면하여 소통하지 않고서도 교환과 분업을 가능하게 해주기 때문이다.

　언어와 화폐의 공통점은 그 종류에 따라서 통용권이 다르다는 것이다. 영어만큼이나 달러가 보편적으로 쓰이고, 일본어나 프랑스어만큼 또는 그보다 다소 광범위하게 엔화나 유로화가 통한다. 언어가 통하지 않을 때 '통역'이나 '번역'을 하듯이, 다른 통화권通貨圈으로 이동할 때 '환전換錢'을 한다. 다만 차이가 있다면 통역이나 번역은 일일이 사람의 두뇌를 거쳐야 하는 데 비해(자동번역 시스템이 있지만 아직은 형편없는 수준이다), 환전은 아무리 많은 액수라도 신속하고 간편하게 이뤄질 수 있다는 점이다. 언어적 소통이 물리적인 시간의 제약을 받는 데 비해, 화폐는 글로벌한 규모에서 순식간에 막대한 양이 거래될 수 있는 것이다.

언어에도 경제처럼 인플레이션과 디플레이션이 있다. 말은 돈과 달리 누구나 쉽게 '발행'할 수 있다. 그러다 보니 책임지지 못할 허언虛言들을 쏟아내기 일쑤다. 장사꾼들은 상품을 팔기 위해 과대 포장된 선전 문구를 늘어놓고, 네티즌들은 사이버 공간에서 주목받기 위해 과장된 표현이나 허위사실을 유포한다. 젊은이들은 연인의 환심을 사기 위해 감언이설을 나열하고, 정치인들은 표를 얻기 위해 공약空約과 교언영색巧言令色을 남발한다. 이 모든 현상이 실체와 괴리된 기표의 과잉이라는 점에서 경제의 인플레이션과 비슷하다. 반대로 디플레이션은 언어가 점점 빈곤해지는 상황이다. 마음속에 온갖 감정과 사연이 있는데도 표현하지 못해 답답해하거나 오해를 빚는 관계가 그것이다. 가족들 사이의 불편한 침묵도 언어가 불황에 빠진 예가 될 수 있다. 정보화시대에 온라인에서는 언어의 인플레이션이 일어나고, 오프라인에서는 언어의 디플레이션이 일어나는 듯하다.

언어와 화폐의 공통점은 몇 가지 한자어들을 통해서 확인된다. 말을 주고받는다는 의미의 통화通話와 돈을 뜻하는 통화通貨에서 '통'자는 같은 한자다. 언어와 화폐는 사람과 사람 사이를 오가며 서로를 통하게 하는 수단이다. 그리고 말은 믿음을 전제로 성립한다. 사기꾼이라고 여겨지는 사람의 말은 아무리 유창하고 아름다워도 먹히지 않는다. 커뮤니케이션을 뜻하는 통신通信에서 '신信'이라는 글자는 믿는다는 뜻이고, 사람 인人 변에 말씀 언言 자로 구성되어 있다. 돈과 관련된 용어에서도 신용信用이나 여신與信 등에 똑같은 글자가 들어가 있다. 언어와 화폐는 사람과 사람 사이의 신뢰를 토대로 작동하는 것이다.

지금 우리 시대의 문명의 위기 가운데 하나는 사회적 신뢰는 점점 떨어지는데 돈에 대한 신뢰는 점점 높아진다는 것이다. 사람은 믿지 않고 돈만 믿는다. 자기에 대한 믿음(자신감)이 상실될수록 돈에 매달린다. 그러나 그 간극이 커질수록 경제와 사회는 위태로워진다. 사회에 신뢰의 토대가 부실한 상황에서 돈을 향한 맹신과 질주는 무서운 거품이 될 수밖에 없다. 역사 속에서 간간히 터지는 금융위기는 근원적으로 그러한 불균형에서 비롯된 것이라고 볼 수 있다.

돈은 이제 물질이 아니다. 그것은 거대한 기호 체계일 뿐이다. 폴 그리그넌Paul Grignon이 말하듯, 돈은 '지불 요구 수표'의 의미를 가질 뿐이다.[6] 돈은 약속의 시스템이다. 그래서 그것을 매개로 해서 전혀 모르는 사람들 사이에 거래가 이뤄진다. 앞서 언급했듯이, 돈은 언어와 마찬가지로 사람과 사람의 관계 속에서만 그 가치가 드러나는 사회적 존재다. 따라서 신뢰가 바탕이 된다면 여러 관계나 공동체 안에서 다양한 형태의 돈이 창출될 수 있다. 그 구체적인 사례들을 제8장 '얼굴 없는 돈을 찾아서'에서 지역화폐를 다루며 살펴볼 예정이다. 화폐의 미래는 우리의 상상계에 활짝 열려 있다.

---

[6] Paul Grignon, "Money as Debt." 은행의 역사와 본질을 명쾌하게 설명해주는 50분짜리 애니메이션으로, 인터넷에서 '빚으로서의 돈'을 검색하면 한글 자막이 달린 동영상을 볼 수 있다.

제 3 장

가격은 무엇을 나타내는가

1. 달을 분양해 떼돈 번 사나이

"팝니다. 주변엔 이웃도 없고, 지평선이 끝없이 펼쳐집니다. 낮 최고기온 107.2도, 밤 최저기온 영하 153.8도. '고요의 바다'를 당신의 것으로 만들 수 있는 절호의 기회. 에이커당 단돈 '19.99달러.' 단, 공기와 물은 없습니다."

이것은 달月의 토지를 판매하는 부동산 광고 문구다. 미국의 '달 대사관Lunar Embassy'이라는 회사가 30년 동안 전 세계 시민들을 대상으로 벌여온 사업이다. 그 창업주인 데니스 호프 씨는 지금까지 80개국 250여만 명에게 달을 분양하여 600만 달러 이상을 벌었고 앞으로도 계속 벌어들일 전망이다. 달이 워낙 넓고 바다도 없어서 팔 수 있는 땅은 엄청나다.

구입 절차는 간단하다. 누구든 인터넷에 접속하여 한화 약 3만 원만 지불하면 1에이커(1200평)의 토지를 등기해준다. 구매자에게는 국제 토지 소유 등기권리증과 자신 소유의 땅이 표시되어 있는 달 지도, 멤버십 카드 등을 발급하여 달에 대한 토지 소유권을 합법적으로 취득하게 된다(사이트는 http://www.lunarembassy.com). 그 회사는 달뿐만 아니라 화성과 목성 등 태양계에 있는 다른 행성들의 땅도 취급하고 있다. 화성은 달보다 저렴해서 2,400평 정도를 22,000원에 살 수 있다. 구입자에는 딱 한 가지 요구 조건이 있는데, 새로운 땅에서 기존의 생명체들과 마찰 없이 지내야 한다는 것이다.

달 토지 등기 권리증? 누가 들어도 솔깃하고 재미있는 문서다. 하지만 이렇듯 황당한 상품을 사들이는 사람들은 도대체 누구일까. 구매자의 명단을 보면 놀랍다. 지미 카터와 로널드 레이건 전 미 대통령, 팝스타 브리트니 스피어스, 스티븐 스필버그 감독, 영화배우 에디 머피, 톰 행크스, 탐 크루즈 등이 있고, 한국에서도 HOT의 장우혁이 구입했다고 한다. 개인뿐만 아니라 굴지의 슈퍼마켓 체인인 '세이프웨이'를 비롯한 1,300여 기업도 달의 토지를 샀다. 세이프웨이는 2만 에이커를 사들여 고객들에게 재판매했다. 현재 호프의 달 대사관은 루마니아, 스웨덴, 일본, 캐나다, 뉴질랜드, 카자흐스탄, 러시아 등지에도 협약을 맺은 '현지 대사'를 통해 진출한 상태다. 한국에는 아직 현지 대사는 없고, 온라인 쇼핑몰을 이용해 구입할 수 있다.

아무리 땅값이 싸다 해도 그렇지, 달의 부동산을 구매한다는 것은 쉽게 납득이 되지 않는다. 그런데 뒤쪽 사진에 나와 있는 달 토지 등기 권리증과 멤버십 카드 등을 보면 솔깃해질 것이다. 여느 증서나 카드 못지않게 디자인이 세련되어 있고, 권리에 대한 상세한 내용이 구체적으로 기입되어 있기 때문이다. 구매자들의 상당수는 자신이 소유하기보다는 다른 사람들에게 선물한다. 그것을 누군가로부터 받는다면 매우 독특하고 인상적인 선물로 기억되고, 마스코트처럼 간직하고 싶어질 것 같다. 기업들은 그 증서를 벽에 걸어놓아 바이어들의 눈길을 끌 수 있다고 한다.

달 토지 등기 권리증과 멤버십 카드

하지만 이 토지 문서는 단지 상징적인 의미만 담고 있는 것이 아니다. 실제로 법적 근거가 있는 부동산 소유 권리를 보장한다. 예를 들어 언젠가 그 땅 밑에서 자원이 발굴되어 채취된다면 그 소유권이 인정되는 것이다. 그래서 미국의 나사NASA 같은 거대한 우주 탐사 기구조차도 소유주의 허락 없이는 그 땅을 함부로 건드릴 수 없다. 그 권리는 구매자에게 보내주는 '헌법'에 아래와 같이 명시되어 있다.

1. 당신은 인간의 존엄성과 명예를 찾기 위한, 또는 행복이나 언론의 자유, 종교의 자유, 재산의 경영권과 소유권의 자유를 추구할 권리를 가지고 있다.

2. 당신은 이하의 원칙에 따라 부동산을 이용할 권리를 갖는다.

   A. 당신은 당신의 부동산을 당신이 선택하는 어떠한 인물이나 생명체에게든 임대할 수 있다. 다만 그것을 빌린 생명체는 이 규약을 반드시 지켜야 한다.

   B. 당신은 당신의 재산 전부를 당신이 선택하는 어떠한 인물이나 생명체에게 팔거나 위임하거나 혹은 유언에 의해 상속할 수 있는 권리가 있다. 다만 부동산을 취득한 자는 취득한 날로부터 30일 이내에 달 대사관에 그들의 소유권을 등록해야 한다.

   C. 당신은 당신의 재산을 최대한 10번까지 재분할하여 사람, 생명체, 회사에게 팔 선물로 주거나 혹은 상속할 수 있다. 어떠한 소유자든 그 재산을 10번 이상 재분할할 경우 대사 허가증 협정을 위반한 것이 되며 위반시 아무런 보상 없이 그 재산에 대한 소유권이 박탈될 것이다.

   D. 당신에게는 달의 미관을 해치지 않도록 지하 구조의 건조물을 지을 권리가 있다. 그러나 이미 존재하는 근린 환경이나 미관을 해치지 않는 한, 그곳에 거주하는 인간을 달의 가혹한 조건으로부터 보호하기 위해, 논리적인 필연성 위에 착상되고 건설된 완전한 건조물을 지을 수 있다.

 의문은 점점 짙어져간다. 데니스 호프라는 인물은 어떤 절차를 거쳐서 달을 비롯한 태양계의 행성에 대한 소유권을 획득하여 판매할 수 있게 되었는가?

지구 바깥에 있는 부동산의 판매에 관해서 현재 두 가지의 협정이 있다. 하나는 1967년에 체결된 '우주조약(우주천체조약 또는 우주공간평화 이용조약)'과 1984년에 체결된 '달 협정'이다. 먼저, '우주조약'에서는 어떤 정부도 달이나 혹성 등 천체 자원에 관해서 권리 주장을 할 수 없다고 확실히 못 박아두고 있다. 그런데 정부가 아니라 개인이나 기업이 권리를 주장한다면? 유엔 그리고 우주조약에 서명한 나라들은 바로 거기에 치명적인 허점이 있음을 곧바로 눈치챌 수 있었다. 이에 유엔은 1979년 정부 외에 개인과 기업을 포함시키도록 조약을 수정하려 애를 썼지만 서명 국가들의 합의를 모아내는 데 실패했다.

그로부터 15년 뒤인 1984년, 드디어 그 약점을 보완한 '달 협정'이 탄생했다. 영리를 목적으로 우주, 달, 그 밖의 천체를 개발하고 이용하는 것을 금지하는 그 협정에서는 개인도 권리를 주장할 수 없도록 되어 있다. 따라서 달의 토지를 사고파는 것은 사기 행각이다. 그런데 이 협정에는 태생적인 한계가 있는데, 그것을 지지하는 국가가 당시 185개 유엔 가맹국 가운데 겨우 6개국에 지나지 않았다는 점이다. 일찍부터 우주 개척에 열을 올리면서 막대한 돈과 기술을 경쟁적으로 쏟아부어 온 미국, 러시아, 중국 등은 당연히 서명을 거부했다. 그동안 진행해온 프로젝트를 기반으로 상업적인 이윤을 올릴 수 있는 기회를 노리고 있었기 때문이다.

데니스 호프는 바로 그 틈새를 파고들어 달을 통째로 장악할 수 있었다. 그는 1980년 11월 20일 샌프란시스코 지역 법원에서 먼저 달의 소유권을 제기했는데, 그 법적인 근거는 미국의 택지 조항 Homestead Act

이었다. 법원에서는 이 제기를 수락하면서 한 가지 단서를 붙였다. 다른 나라들에게 그 권리 주장에 대해 충분히 설명하라는 것이었다. 그래서 데니스 호프는 유엔, 미국, 러시아 정부 등을 상대로 그 설명을 했다. 그런데 그 어느 정부나 기관에서도 그 권리에 대해 이의를 제기하지 않았다. 결국 그는 자신의 달 소유권을 미국 저작권 등록소에 올릴 수 있었다.

물론 법률적으로 그 토지 문서라는 것이 정말로 유효한 것인가는 따져보아야 할 점이 많다. 현행법상으로 소유권을 분양하려면 정확한 측량에 기초한 등기가 이뤄져야 하는데 '달 대사관'의 사업은 당분간 그런 절차를 수행하기가 불가능하리라. 그렇게 허점이 있는데도 수많은 사람들이 계속 달 토지를 구입하는 것은 어떻게 보아야 할까. 만일 다른 누군가가(이 책을 읽는 당신이라고 상상해도 좋겠다) 나서서 그 달이 자신의 소유라고 주장하면서 판매한다면 어떻게 될까. 국제법으로 소송이 걸릴까? 아마도 이미 돈을 내고 등기 권리증을 받은 사람들이 들고일어나서 불법이라고 몰아붙일 것이다.

달 토지의 구매자들은 그 땅에 대해 어떤 권리를 갖고 있는 것인가. 언젠가 달에서 지하자원이 발굴되면 큰돈을 벌 수 있겠지만 아직 요원한 일이다. 그러니 구매자들에게 그 거래는 일종의 유희가 아닐까 싶다. 별로 큰돈을 들이지 않고 달나라의 일부분을 소유할 수 있다는 사실을 즐기는 것이다. 그리고 특히 누군가에게 선물을 한다면 매우 독특하고 진기한 기분을 선사할 듯하다. 머나먼 세계에 자신의 땅이 생기고 그 주민들 사이에 동지 의식이 생기는 것은 반쯤은 환상이다. 그러나 어차피 인간의 욕망은 상당 부분 환상의 차원에서 충족되는 것 아닌가. 달 토지의 경우, 가치가 있어서 가격이 매겨지고 거래되었다기보다는, 가격이 매겨지고 거래가 되었기 때문에 가치가 생겨난 것이라고 볼 수 있다.

2. 사람의 몸값이 천차만별인 까닭은

2010년 밴쿠버 동계올림픽에서 이상화 선수는 500미터 여자 스피드 스케이팅에서 독일 선수를 0.05초 앞서 금메달을 차지했다. 0.05초! 그 시간은 우리의 일상에서 거의 의식되지 않는다. 말 그대로 눈 깜짝할 사이에, 아니 그보다 훨씬 짧은 순간에 일어나는 동작의 변화를 육안으로 식별하기란 거의 불가능하다. 운동 경기에서는 초정밀 계측 장치 덕분에 그 차이를 정확하게 판독할 수 있다. 그런 의미에서 스포츠는 근대과학의 발달과 함께 진척되어왔다고 이야기된다. 근대과학의 핵심에는 수학이 있다. "자연은 수학이라는 책으로 씌어 있다"라고 말한 갈릴레오Galileo Galilei부터, "우리가 믿고 있는 진실 중 수학적 정의를 빼고 절대적인 것은 없다"라고 말한 『코스모스Cosmos』의 저자 칼 세이건Carl E. Sagan에 이르기까지 과학자들은 수학을 모델로 사물을 파악해왔다.

과학의 영역에서만이 아니다. 과학이 지배하는 시대에 숫자는 곳곳에서 막강한 힘을 발휘한다. 국가의 정책이나 전문가들의 토론에서 통계자료는 확실한 근거로 여겨진다. 일상의 대화에서도 각종 수치들을 간간히 삽입하면 설득력이 높아진다. 우리 아이 이번에 1등 했어요. 이 한마디로 자식 자랑은 끝난다. 그 프로그램 인기 짱이에요, 라고 흥분하는 대신 시청률을 말해주면 인기를 가늠할 수 있다. 금년도 성장률이 5퍼센트로 한국 경제의 회복세가 뚜렷합니다. 장사가 너무 안 돼 절망에 사로잡혀 있다가도 그런 뉴스를 들으면 기대를 하게 된다. 사장님, 이제 건강에 신경 쓰셔야겠습니다. 혈당이 120이네요. 뱃살 좀 빼라는 아내의 잔소리에 꿈쩍도 않던 사람이 의사가 보여준 검사 결과에 충격을 받아 운동을 시작한다. 한국은 도대체 살기가 팍팍해요. 그렇게 말하는 대신 높아지는 자살률을 제시하면 확연해진다.

그런데 우리가 숫자를 가장 많이 따지는 것은 역시 돈과 관련된 일들이다. 어떤 물건이나 서비스의 가치를 따질 때 액수를 제시하면 금방 가늠이 된다. 사고 싶은데 너무 비싸다, 또는 별로 갖고 싶지는 않지만 워낙 싸서 사게 되었다. 이렇게 가격으로 그 가치를 저울질한다. 가격은 구매 행동을 좌우하는 결정적인 변수 가운데 하나다. 물건만이 아니다. 사람의 능력도 그가 받는 월급이나 연봉으로 간단하게 비교되면서 우월감에 사로잡히거나 열등감에 빠지기 일쑤다. 그리고 아파트의 평수와 가격은 곧 행복의 등급, 더 나아가 인간의 격格으로까지 여겨진다.

그러나 우리가 매기는 가격은 가치를 적절하게 나타내는 것일까. 값이 비싸면 그만큼 값어치가 높은 것인가. 모든 것의 가치를 가격으로 매길 수 있는가. 우리의 경험이나 세상사를 조금만 살피다 보면, 그러한 통념이 종종 흔들린다.

1991년 서울의 상명여자대학교(현재 상명대학교의 전신)에서 있었던 일이다. 미술대학의 어느 교수가 철제 조각품 다섯 점을 만들어 김포의 작업실로 옮기려고 운동장에 내놓았는데, 학교 근처에서 일하는 인부들이 그것들을 가져다가 고물상에 팔아 넘겨 경찰에 구속되었다. 그들은 경찰에서 "학교 측이 귀찮아 처리하지 않은 줄 알았다. 한낱 고철덩어리가 예술품이라니 믿을 수 없다"고 말했다. 다행히 다섯 점 가운데 석 점은 되찾았으나, 두 점은 이미 절단해버린 상태였다. 그런데 인부들이 고물상에서 받은 돈은 21,500원이었다. 작품을 제작한 교수는 "다음 날 김포의 야외 작업실로 옮기려던 차에 어처구니없는 일이 생겼다"며 "절단한 두 점은 3,000만 원에서 4,000만 원의 피해가 예상된다. 무지로 인해 저질러진 일이니만큼 보상을 원하지 않지만 조 씨 등을 보수 작업 등에 참석시켜 작품활동의 의미를 일깨워줄 계획"이라고 말했다.

서울 테헤란로 포스코빌딩 앞에 있는 철제 조각품 '아마벨'(사진 왼쪽)은 비행기의 쇠조각 잔해물들로 만들어졌는데, 주변의 경관과 전혀 어울리지 않는 고철 덩어리 흉물이라는 비판을 많이 받고 있다. 그런데 1997년에 이 작품의 값으로 치러진 돈이 무려 17억 원이었다. 또한 청계천 광장에는 20미터 높이의 조형물 '스프링'(사진 오른쪽)이 서 있는데, 이 역시 왠지 배설물을 연상케 한다며 손가락질을 당하고 있다. 그런데 이 작품의 값은 무려 35억 원이라고 한다.

똑같은 물건의 가치가 사람에 따라서 천 배 이상 차이 나는 것, 다른 동물들의 세계에서는 있을 수 없는 일이다. 인간 사회에서 가치를 평가하는 기준은 사회에 따라 천차만별이다.

오지 탐험을 즐기는 어느 한국 여성의 경험담이다. 인도네시아의 외딴 섬 깊숙한 산골 마을에서 몇 날 묵을 기회가 있었다. 그런데 그 마을에서는 결혼을 할 때 신랑 쪽이 신부 쪽에 값을 지불해야 한다. 이른바 '신부대bride wealth'이다. 한국인 여성은 문득 호기심이 발동했다. 과연 자신과 같은 조건을 가진 여자를 신부로 맞이하려면 어느 정도 대가를 치러야 하는지가 궁금해서 현지 주민에게 물어보았다. 그렇게 못생긴 외모도 아니고 대학원도 졸업했기에 그녀는 꽤 높은 값이 매겨질 것이라 예상했다. 그런데 실망스러운 답이 되돌아왔다. "돼지 네 마리" 정도면 된다는 것이었다. 그 이유는 간단했다. 나이가 서른을 넘어 아이를 많이 낳지 못하기 때문이라고 했다.

문명화된 세상에서도 사람의 몸 전부 또는 일부를 돈으로 따져서 사고파는 일이 있다. 예전에 한국에서도 가난한 이들이 수돗물을 마셔가면서 피를 팔았던 시절이 있다. 지금 그보다 훨씬 잔혹한 인신매매가 지구촌 곳곳에서 자행된다. 여기에서 그에 대한 도덕적인 판단은 잠시 유보하고, 경제적인 차원에서 질문을 던져본다. 만일 당신이 급하게 돈이 필요해 모든 것을 다 처분하고도 모자라 자신의 육신까지 팔아야 한다면, 그 값을 어떻게 매길 수 있을까. 지금 나의 몸을 시장에 내놓으면 과연 얼마를 받을 수 있을까.

제2차 세계대전 당시 나치의 한 연구소에서 사람의 몸을 원소별로 분해하는 실험을 한 적이 있다. 그 결과 보통 성인 남자의 몸에서 나오는 것은 한 줌의 소금과 설탕 한 컵, 쇠못 하나 정도를 만들 수 있는 철분과 97리터의 물이 전부인데, 이들을 가격으로 환산하면 현재 가격으로 약 3,300원의 가치가 있다고 한다. 그것은 순수하게 물질의 가치만 따진 것이고, 장기 이식처럼 생체를 최대한 활용하면 값은 훨씬 높아질 수도 있다. 혈장을 한 번 뽑아주면 얼마를 벌 수 있다거나, 암시장에서 신장 하나가 얼마에 거래된다는 등의 정보를 모아 따져보면 대충 계산이 나온다. 아예 목숨까지 포기하고 몸의 모든 부위를 팔아넘긴다면 건강한 사람의 경우 몇억 원까지도 받을 수 있을지 모른다(물론 한국에서는 거의 불가능한 일이겠지만).

신체를 훼손하지 않고 몸을 그대로 파는 방법도 있다. 역사 속에서 오랫동안 노예 시장이라는 것이 엄연하게 존재했고, 거기에서는 신체적인 건장함에 따라 몸값이 매겨졌다. 그런데 더 이상 노예가 존재하지 않는 사회에서도 가끔 인신매매가 이뤄진다. 지난 2009년 대구에서 어느 젊은 남녀가 병원비를 마련하기 위해 갓 낳은 아기를 200만 원에 팔아 물의를 빚은 일이 있다. 그 가격이 어떤 기준에서 매겨진 것인지 궁금하다.

아이를 판매하는 것으로 말하자면 해외 입양도 마찬가지라고 보는 시각이 있다. 지금도 한국은 '고아 수출국'이라는 오명을 쓰면서 많은 아이들을 외국으로 내보내고 있다. 미국 가정이 한국 아이를 입양하는 데 치러야 하는 비용은 17,215달러로 입양 시장에서 한국 아이가 가장 비싸다. 똑똑하다고 소문이 나서 인기가 좋다고 한다.[7]

몸 자체를 돈을 받고 내주는 거래로 가장 흔한 것은 성매매다. 그 방식이나 가격은 천차만별이다. 그쪽 방면에 전업으로 종사하는 여성이 아닌데도 몸을 파는 경우가 가끔 있다. 몇몇 신문 기사의 제목을 훑어보자. "친구 치료비 위해 자신의 몸 경매 나선 중국 여대생" "미국 여대생 자기 몸을 '광고용'으로 경매" "이탈리아 20살 모델, 처녀성 16억 원

---

7 · 「한국 아이 2169만 원이오」, 『한겨레21』 760호, 2009년 5월 15일.

에 판매 논란" 등등. 외모에 얼마나 자신이 있기에 몸을 경매에 내놓고, 몸에 무슨 보석이 달린 것도 아닌데 16억 원을 제시한 것일까.

어쩔 수 없이 자신의 몸을 돈과 바꾸어야 하는 상황도 있으리라. 「베사메무쵸」(전윤수 감독, 2001)라는 영화가 있다. 주인공은 내 집 마련의 꿈을 갖고 알뜰하게 살아가는 40대 중반의 전업주부다. 그런데 실직한 남편이 친구의 빚보증을 잘못 서는 바람에 1억 원의 부채를 떠안게 되었다. 가정이 파탄 날 위기에 몰린 상황에서, 주인공을 한때 짝사랑했던 남자 선배가 이 사실을 알게 된다. 그는 성공한 사업가로서 거부의 반열에 올라 있다. 그는 주인공 여성을 불러내 그 빚을 갚아주고 싶다면서 그 대가로 하룻밤 함께 자줄 것을 요구한다. 말하자면 거액이 오가는 성매매인 셈이다. 만일 당신이 이 영화의 주인공 같은 처지에 놓인다면 어떻게 할 것인가?

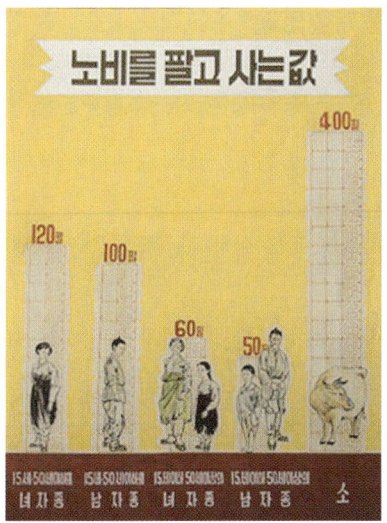

고려시대에 노비는 소(牛)보다 훨씬 싼 값에 거래되었다. 같은 나이일 경우 여자가 남자보다 조금 비쌌다. 이 알림판은 북한 고려 박물관에 있다.

3. 연봉과 보상금의 계산법은?

인신매매나 장기밀매 그리고 매매춘에서처럼 사람의 가치를 생물학적인 차원에서 여러 가지로 따져볼 수 있지만, 현실에서는 그 이상의 차원에서 가늠되는 경우가 훨씬 많다. 일반 동물들의 욕구나 필요가 먹이, 서식지, 짝짓기 상대로 한정되어 있는 데 비해, 사람이 추구하는 가치는 매우 폭넓다. 한없이 펼쳐지는 상상계에서 복잡다기한 의미의 그물을 짜내고 희로애락의 감정을 경험한다. 그 안에서 정신적인 부가가치를 생산하면서 큰돈을 벌어들이는 이들이 많다. 예술, 엔터테인먼트, 스포츠 등의 분야에서 탁월한 창조성이나 신체적 기량을 뽐내는 사람들이다.

그 세계에서 최고의 경지에 오른 사람들이 받는 '몸값'은 보통 사람들이 도저히 범접할 수 없는 수준이다. 2009년 영국의 맨체스터 유나이티드에서 스페인의 레알 마드리드로 이적한 축구 선수 호날두Cristiano Ronaldo가 당시 받았던 연봉은 1,130만 파운드(약 210억 원)로서, 매일 5~6천만 원을 번 셈이고, 그 외에 광고 수입도 엄청났을 것이다. 하지만 그런 호날두도 매년 천억 원 이상을 버는 골프 황제 타이거 우즈Tiger Woods 앞에서는 돈 자랑을 하지 못한다. 천문학적 계약금이나 연봉을 받는 선수들은 도대체 어떤 가치를 생산하는 것일까. 밥을 먹여주는 것도 아픈 곳을 고쳐주는 것도 아닌데 그렇게 거액을 버는 이유는 무엇일까. 이는 물론 보는 이들에게 즐거움과 감동을 선사하기 때문이다.

그래도 그렇지, 공 잘 다루는 재주 하나 가지고 그 많은 돈을 벌어들이는 현실은 아무리 생각해도 불공평하다. 현란한 드리블이나 정교한 스윙에 경탄을 금치 못하지만, 스포츠 선수들 사이에 존재하는 어마어마한 빈부차를 확인하면 더욱 놀라게 된다. 2010년 월드컵에 출전했던 아르헨티나의 메시Lionel Messi는 연봉이 142억 원인데, 그를 마크한 한국의 김정우 선수는 95만 원이었다. 브라질 전에서 골을 터뜨린 북한의 지윤남 선수의 연봉은 북한 돈 6만 원(한화 환산 약 13만 원)인데, 연봉

| 0.09시간 | 5.84시간 | 11.77시간 | 13.3시간 | 13.9시간 | 21.8시간 | 43.5시간 | 67.4시간 |

영화배우 / 안과전문의 / 프리랜서 디자이너 / 건설 일용 노동자 / 회사원 / 자장면 배달원 / 패스트푸드점 아르바이트생 / 고물 수집상

10만 원으로 본 직업의 풍경들. 10만 원을 버는 데 필요한 시간을 보여주는 그림이다. 2000년 무렵의 통계 수치라서 지금과는 차이가 있을 수 있다.

5천만 유로인 브라질 카카Kaka의 40만분의 1 수준이다. 브라질 선수들은 대부분 유럽 5대 명문 리그에서 활약하는 세계적 스타들로, 연봉 합계가 3억 5천300만 유로인 반면 북한은 일본에서 뛰는 정대세를 포함해도 선수들의 총 연봉이 955만 유로에 불과했다. 또한 같은 해 20세 이하 여자 월드컵에서 탁월한 실력을 보여주면서 '여자 메시'라는 별명을 얻은 지소연 양은 기초생활수급 대상자였다.

연봉과 다른 차원에서 몸값을 따지는 경우가 있다. 바로 보험금이다. 유명 인사거나 고액 연봉자일수록 계산이 까다롭고 보험사와 계약자 사이에 갈등이 잦다. 교통사고로 하반신을 쓸 수 없게 된 가수 강원래 씨는 그로 인한 손실액을 계산하여 21억 원을 받았고, 어느 중소기업 사장의 사망 보험금은 35억 원이었다. 그리고 고속도로에서 교통사고로 작고한 어느 삼성전자 임원의 경우 유가족이 보험금으로 50억 원을 청구했다고 한다. 과연 내가 죽으면 나의 가족은 얼마나 받을 수 있을까? 보험회사에서 사용하는 공식에서는 평균 연수입을 따지고 그 분야에서 활동할 수 있는 기간 등을 산출한다. 보험회사는 수입을 되도록 적게 계산하려 하고, 수령자 쪽에서는 최대한으로 잡고 싶어 한다.

전쟁이나 재난으로 억울하게 희생당한 이들에게 국가가 보상하는 경우에도 금액이 제각각이다. 아프가니스탄 전쟁을 치르면서 미군의 오폭으로 아무런 죄가 없는 민간인이 죽은 경우가 여러 번 있었다. 2002년 여름에는 어느 결혼식장을 실수로 폭격해서 50여 명이 숨졌는데, 미국 중앙정보국은 가족당 200달러씩의 보상금을 지급했다. 이 액수는 9·11 사망자 보상금의 6,800분의 1이라고 한다. 똑같이 무고하게 당한 피해일 뿐 아니라, 아프가니스탄 전쟁의 경우 미국 정부가 직접적인 가해자인데도 터무니없는 보상으로 마무리했다. 아무리 물가나 경제 수준의 차이가 있다고 해도 똑같은 사람의 몸값이 그렇게 차이 나는 것은 쉽게 납득이 되지 않는다.

법적으로 인간의 몸값을 계산하는 경우가 또 하나 있다. 바로 노역의 대가를 산출할 때다. 벌금형 판결을 받았는데, 돈이 없어서 징역살이로 때운다면 일당을 얼마로 계산하여 수감 기간을 잡을까? 한국의 최고는 누구였을까? 광주고법 형사1부(장병우 부장판사)는 2010년 500억 원대 법인세 등을 포탈하고 회삿돈 100억 원가량을 횡령한 혐의(특정범죄가중처벌법상 조세포탈 등)로 기소된 허재호 대주그룹 전 회장에 대해 징역 3년에 집행유예 5년을 선고한 원심을 깨고 징역 2년 6월에 집행유예 4년을 선고했다. 벌금액도 원심 508억 원의 절반인 254억 원으로 줄였다. 허 전 회장은 벌금을 내지 않으면 1일 노역을 5억 원으로 환산하는 판결을 받아 51일만 노역장에 유치될 경우 벌금을 물지 않아도 되었다.

인간의 노동이 산출하는 가치를 합리적으로 계산하는 방법은 무엇일까. 나의 경우, 외부 강연을 의뢰 받을 때 가끔 곤란한 질문이 들어오곤 한다. 강사료를 얼마나 드리면 되겠느냐고 물어오는 것이다. 속으로 생각하는 금액이 있어도 말하지 못하고 그냥 그쪽에서 책정하는 기준으로 달라고 하는 경우가 대부분이다. 강의처럼 무형의 가치를 생산하는 노동일수록 값을 따지기가 쉽지 않다. 그래서 절대적인 액수보다 상대적인 차이에 민감해진다. 가끔 과분한 강의료를 받고서 뿌듯해하다가도, 세계적인 스타 강사들이 받는 강의료에 비교하면 '껌값'에 불과하다고 생각하면서 부질없는 자격지심에 사로잡히기도 한다.

비교는 끝이 없다. 자선기금을 모으기 위해 워런 버핏과 점심 식사할 수 있는 티켓을 경매에 붙였는데, 무려 168만 달러(약 20억 원)에 팔렸다고 한다. 나도 그 흉내를 내어서 학생들이 함께한 송년 파티 자리에서, 나와 함께 외식을 하고 영화까지 보여주는 티켓을 경매에 내놓아 보았다. 티켓 판매금은 어디엔가 기부하고 일체의 데이트 비용은 내가 지불하는 조건이었다. 결과는? '원가'에도 못 미치는 1만 원에 낙찰되었다. 어떻게 해석해야 할까. 나와 점심 식사하는 즐거움에 비해 워런 버핏과 함께하는 즐거움이 과연 20만 배 이상이나 되는 것인가.

4. 가치에 무지한 인간

이상의 사례들을 접하면서 우리는 근본적인 질문에 부딪히게 된다. 과연 가치라는 것을 가격으로 매긴다는 것이 가능한가. 나의 존재나 활동의 산물 등을 화폐의 단위로 측정하여 본질을 포착할 수 있을까.

매출이 만물의 척도가 되어 무엇이든 잘 팔리면 그 정당성이나 가치가 인정되는 세상에서 우리는 오히려 진정한 가치를 인식하지 못하는 듯하다. 돈이란 매우 정확한 듯하지만, 그것처럼 오락가락하는 것도 없다. 수십억 연봉을 받는 미국 금융회사 CEO들이 회사를 말아먹어 주주는 물론 사회 그리고 지구촌 전체에까지 폐를 끼치는 경우를 우리는 여러 차례 목격했다. 그들의 몸값은 무엇을 근거로 매겨진 것인가. 반면에 돈 한 푼 벌지 못하는 무능력자라 할지라도, 만일 외국에서 인질로 잡혀 정치적으로 민감해진다면 정부는 그를 구출하기 위해 몇십억 원까지 치르기도 한다. 그 상황에서 그의 몸값은 인질범들이 부르는 대로이다.

가격의 자의적인 성격은 문화의 영역으로 갈수록 짙어진다. 앞에서 철제 조각품을 둘러싼 해프닝을 소개했지만, 미적 가치는 사람에 따라 그리고 시대에 따라 전혀 다르게 평가되는 경우가 많다. 반 고흐Vincent van Gogh가 동생에게 보낸 편지 가운데 아래와 같은 내용이 있다.

내 마음을 괴롭히는 것은, 내가 무엇에 어울릴까, 내가 어떤 식으로든 쓸모 있는 사람이 될 수는 없을까, 어떻게 지식을 더 쌓고 이런저런 주제를 깊이 있게 탐구할 수 있을까 하는 물음뿐이다. 게다가 고질적인 가난 때문에 이런저런 계획에 참여하는 것이 어렵고, 온갖 필수품이 내 손에는 닿지 않는 곳에 있는 것만 같다. 그러니 우울해질 수밖에 없고, 진정한 사랑과 우정이 있어야 할 자

빈센트 반 고흐, 「귀에 붕대를 한 자화상」, 1889, 캔버스에 유채, 51×45cm.

리가 텅 빈 것처럼 느껴진다. 또 내 영혼을 갉아먹는 지독한 좌절감을 느낄 수밖에. 사랑이 있어야 할 곳에 파멸만 있는 듯해서 넌더리가 난다. 이렇게 소리치고 싶다. 신이여, 얼마나 더 기다려야 하나요!8

고흐뿐이랴. 천재적인 예술가들 가운데 당대에는 철저하게 외면당했던 이들이 많다. 거의 굶어죽다시피 했던 이중섭 화백이 자신의 그림이 얼마에 거래되고 있는지를 저세상에서 알게 된다면 억울해서 잠이 오지 않을 듯하다. 모차르트나 슈베르트는 가난과 고독 속에서 생을 마쳤지만, 만일 그들의 저작권료를 제대로 따져서 챙겨준다면 천문학적 액수가 될 것이다. 반면에 당대에는 반짝이는 갈채를 받으면서 부귀와 영화를 누렸지만 역사에는 한 줄도 오르지 못한 예술가들이 적지 않다.

예술만이 아니다. 우리가 귀하게 생각하는 것일수록 값을 매기기가 어렵다. 인간의 가치를 객관화하여 숫자로 정확한 값을 매기는 것은 불가능하다. 연봉이 두 배 차이가 난다고 해서 능력의 차이가 갑절인 것

첼로 독주곡 가운데 최고 작품의 하나로 빠지지 않는 바흐의 무반주 첼로 모음곡의 자필 악보다. 이 악보는 작곡된 지 100년 만에 출간되었지만 재미없는 첼로 연습곡 정도로 여겨져 관심을 끌지 못한 채 묻혀 있었다. 그 뒤로 다시 100년이 흘러 20세기 첼로의 거장 파블로 카잘스가 15살 무렵 우연히 헌책방 구석에서 발견하여, 그가 직접 위대한 연주로 빚어내었다.

8 · 빈센트 반 고흐, 신성림 엮고 옮김, 『반 고흐, 영혼의 편지』, 예담, 2005, p. 22.

은 아니다. 자연의 만물들에 가격표를 붙이는 것도 허망하다. 예를 들어 코끼리는 10억 원 정도 주어야 구입할 수 있지만, 비둘기나 참새는 그냥 잡아서 먹거나 기를 수 있다. 코끼리가 참새보다 훨씬 가치 있다고 볼 수 있는 생태학적 근거는 전혀 없는데도 말이다.

가격은 거래되는 대상의 본질적 가치를 온전히 반영하지 못한다. 소련이 알래스카 대륙을 미국에 헐값에 팔아넘길 때는 쓸모없는 땅이라고 생각했지만, 곧 땅을 치고 후회해야 했다. 미국의 통신회사 AT&T사는 최초로 휴대전화 기술을 개발했지만 설마 사람들이 길거리를 걸으면서 전화를 하리라고는 생각지 않아 그 기술 특허를 다른 기업에 싼값으로 팔아버렸다. 그것을 사들인 회사는 모토로라였다. 이처럼 무엇이 진정으로 유익한지 나중에 비로소 알 수 있는 경우가 많다. 골동품처럼 시간이 지날수록 값이 올라가는 물건도 비슷하다.

그와 정반대로, 비싸게 샀지만 결국에 아무런 쓸모가 없어져버리는 경우도 많다(쇼핑할 때는 그토록 귀중해 보였건만 구입 후에 집구석에 내내 처박혀 있다가 이사 갈 때 쓰레기로 버려지는 멀쩡한 물건들을 생각해보라). 쓸모가 없는 정도가 아니라 오히려 손해를 끼치는 일도 적지 않다. 어떤 물건이 장차 발생시킬 어떤 이익이나 손실을 가격에 미리 반영하기는 쉽지 않다.

더 나아가 가격이 가치를 반영하는 것이 아니라, 가격이 가치를 규정하는 경우도 많다. 좋은 물건이라서 비싼 것이 아니라 비싸니까 좋은 물건이 '되는' 것이다. 명품의 경우 그런 논리가 상당 부분 작동한다. 문화상품도(특히 한국에서는) 입장료가 비싸야 오히려 잘 팔리는 특성이 있다. 돈깨나 있는 사람들은 아무나 구매할 수 없는 사치품을 걸치고 다니고, 보통 사람들은 관람할 수 없는 공연이나 연주회장에 들어간다는 것 자체에 의미를 둔다. 이른바 '구별 짓기'의 만족감을 추구하는 것이다. 상품의 질이나 내용의 충실함은 오히려 부차적이다. 여기에서 가격은 가치를 표시하는 것이 아니라 가치를 창출한다고 할 수 있다. 가치가 가격에 종속된다. 이렇듯 가격과 가치의 관계가 역전될 때, 무엇의 값과 값어치를 따지는 것은 훨씬 난감한 일이 된다.

'뜬금없다'고 할 때, '뜬금'의 사전적 의미는 '일정하지 않고 시세에 따라 달라지는 값'인데, 생각해보면 모든 가격은 뜬금이다. 한때 '아파트 제값 받기 운동'이라는 것이 곳곳에서 일어났던 적이 있다. 일부 주민이 너무 싼값에 아파트를 팔면 같은 단지 같은 평수 아파트의 일반 시세에 영향을 주기 때문에 그렇게 하지 못하도록 제재를 가한 것이다. 그런데 아파트의 '제값'은 어떻게 측정될 수 있는가? 아파트 값이 올랐다고 해서 거주 환경의 질이 높아진 것인가? 아파트뿐 아니다. 인간이 어떤 상황에서 어떤 기준으로 매기느냐에 따라 천양지차로 요동치는 것이 가격이다. 그래서 일찍이 쇼펜하우어Arthur Schopenhauer는 말했다. "나는 모든 것의 가격을 안다. 그러나 어느 것의 가치도 모른다."

제4장
숨겨진 비용

1. 엉뚱한 손익 계산

어떤 강연회에 함께 가자는 친구의 제안을 받고 망설이다가 결국 참석하지 않았다. 그 다음 날 친구를 만난 자리에서 어제 강연회가 어떠했냐고 물어본다. 당신은 다음의 두 가지 대답 가운데 어떤 쪽을 기대할까? '내용이 너무 부실해서 지루해 죽을 뻔했어. 시간만 낭비했지.' '너무 흥미롭고 유익한 이야기를 듣는 동안 시간 가는 줄 몰랐어. 너도 들었으면 참 좋았을 텐데.' 아마도 첫번째 대답을 들을 때 기분이 더 좋지 않을까? '안 가길 잘했지'라고 생각하면서 자신의 선택에 만족감을 느낄 수 있을 테니까.

그런데 그것은 기분 문제일 뿐이다. 냉정하게 따져보자. 어차피 친구가 강연회에 참석했다면, 나의 참석 여부와 관계없이 그 내용이 유익했던 편이 내게도 좋은 것이다. 그 친구라도 뭔가를 배워서 삶에 큰 도움이 되었다면 내게도 좋은 영향을 끼칠 것이고, 하다못해 그가 강연의 내용을 내게 알려줄 수 있으니까 말이다. 거기에서 더 나아가 사회적인 차원에서 생각해보자. 강연의 내용이 유익해서 참석자들의 지성이 조금이라도 풍성해졌다면, 그 자양분과 좋은 기운이 사회에 흡수되어 내게도 이로움을 끼칠 것이다.

이렇듯 차근차근 따져보면 무엇이 좋은 것인지가 분명하게 드러난다. 그런데 우리의 두뇌는 그다지 논리적이지 않다. 조삼모사朝三暮四의 원숭이처럼, 우리의 손익 계산도 매우 비합리적이다. 부분적이고 단기적 손익에 매달려 전체적이고 장기적인 셈법이 서툴다. 결국 손해를 본 셈인데 이익을 얻은 듯 착각하고, 총괄적으로는 이익을 보았는데도 손해를 입었다고 오해한다. 객관적인 사실과 주관적인 느낌 사이에 모순이 생기고, 후자의 지배를 받는다. 우리는 모든 것을 자신의 손익이라는 관점에서 꼬치꼬치 따지며 선택하고 행동하는 듯하다. 그러나 주판알을 가장 치밀하게 튕기게 되는 경제 영역에서조차 우리는 별로 이성적이지 않다.

또 다른 경우를 생각해보자. 직장에서 성과급 보너스로 다른 직원들은 모두 100만 원을 받았는데 나만 90만 원을 받는 상황, 그리고 다른 직원들은 모두 70만 원을 받았는데 나만 80만 원을 받는 상황을 가정해보자. 어느 쪽이 더 기분이 좋은가. 인간의 행복 체감은 거의 모든 경우에 타인과의 비교 속에서 이뤄진다. 그래서 손해를 보더라도 다른 사람들도 거의 똑같이 손해를 보았다면 별로 억울해하지 않는다. 마찬가지로 이득을 얻었다 해도 모두 골고루 이득을 누렸다면 그다지 기뻐하지 않는다. 우리의 가치 인식은 절대평가가 아니라 상대평가에 익숙하기 때문이다. 경제적인 문제처럼 숫자로 표시되는 사안에 관해 특히 그러하다. 그런데 거기에서 작동하는 논리가 매우 부실하다.

쇼핑에서도 손익 계산에 착오가 종종 일어난다. 여행에서는 몇만 원을 쉽게 쓰면서 장보기를 할 때는 몇백 원의 차이에 민감해지는 것이 소비자들의 심리지만, 따지고 보면 손해를 보는 셈인데 이익을 챙겼다고 잘못 계산하는 경우가 종종 있다. 에듀머니의 제윤경 이사는 우리가 흔히 범하는 오류로서 대형마트에서의 구매를 예로 들고 있다.

> 수박 한 통이 만 원이고 반통이 7천 원이라고 가정해보자. 어떤 것을 선택할까. 절약이 구질구질하다고 이야기하는 많은 사람들은 한 통을 사는 것이 경제적이라고 여기는 오류를 범한다. 절약을 폄하하면서 정작 싼 것만이 경제적이라 여긴다. 결국 수박 한 통을 사갖고 와서 다 먹지 못하고 냉장고에 오래 보관한다. 냉장고를 열 때마다 먹어치워야 한다는 강박에 스트레스를 받다가 더 이상 먹을 수 없는 상태가 되면 버린다. 〔……〕 문제는 자신의 '필요와 욕구를 생각하는 능력'이 점점 퇴화하고 있다는 점이다. 수박 반통을 사면 왠지 손해 보는 느낌을 갖게 된다. 사람은 보편적으로 손실에 민감한 손실 회피 성향을 가지고 있다. 필요를 따지는 것이 아니라 손실을 피하고자 불필요한 소비를 하게 된다. 알고 보면 기업의 치밀하게 계산된 마케팅의 덫에 걸려든 것이다. 〔……〕 일주일에 한두 번 대형마트에 들러 1+1 상품이라서, 한정 할인 기획이라서, 하루만 얼마라는 마케팅 앞에서 약해진다.[9]

수학 공부에 그렇게 많은 시간을 쏟아부었지만 우리는 가장 초보적인 셈법에서 엇나가고 있다. 조금만 차분하고 냉정하게 따져보면 명백하게 드러나는 사실인데, 습관에 젖어서 생각하려 하지 않는다. 다른 사람들이 모두 그렇게 하니까 별로 문제시하지 않는다. 인간의 두뇌는 치밀한 이성보다는 막연한 감성에 더 많이 지배를 받는 듯하다. 그 허술한 부분을 광고와 마케팅은 날카롭게 파고든다.

2. 화폐 환상이라는 것

숫자 개념을 아직 깨치지 못한 아이들에게 천 원짜리 한 장과 백 원짜리 동전 다섯 개 중에 어느 쪽을 갖고 싶으냐고 물어보면 동전 다섯 개를 가리키기 일쑤다. 눈에 보이는 양에만 집착하는 것이다. 그런데 어른들도 그런 감각적 차이에 종종 현혹된다. 돈을 받을 때 온라인 입금 대신 봉투로 직접 받으면 액수가 조금 적어도 기분이 더 좋다. 그리고 그 봉투 안에 수표 한 장보다는 만 원권이 두둑하게 들어가 있으면, 액수가 조금 적어도 더 많이 받은 듯 착각한다. 머리로는 분명히 알고 있지만, 즉물적으로 그런 느낌이 드는 것이다.

신용카드도 돈에 대한 착각을 유발한다. 카드 사용을 한 달만 중지해보면 금방 알 수 있다. 현찰이 곧바로 지갑에서 빠져나가기 때문에 똑같은 액수의 지출에도 대단히 민감해진다. 카드는 당장 돈이 나가지 않으니까 지출이 아닌 듯 느껴져 무슨 마법 상자인 양 남용한다. 그것

---

9 · 제윤경, 「이념적 소비를 하라」, 『참여사회』, 2011년 1월호.

이 얼마나 엉뚱한 착각이었는지는 이용대금 청구서를 열어보고 곧바로 깨닫게 된다. 아무 생각 없이 그어댄 카드 결제의 총액은 언제나 생각보다 많다.

그렇듯 느낌의 속임수를 이성적으로 알아채는 경우에는 그나마 괜찮다. 문제는 머리로도 깜빡 속아넘어가는 일들이다. 경제학에서 말하는 '화폐 환상Money illusion'이라는 것이 그 가운데 하나다. 화폐 환상이란 액면가를 구매력이나 가치로 동일시하는 착각을 말한다. 그래서 인플레이션 때문에 실질 임금은 떨어졌는데도 명목 임금이 그대로 유지되면 노동자들이 별로 저항하지 않는다. 예를 들어 물가가 5퍼센트 오를 때 임금이 2퍼센트 오르는 상황, 그리고 물가가 2퍼센트 오를 때 임금은 그대로인 상황이 있다고 하자. 합리적으로 계산하면 노동자에게는 전자보다 후자가 이득인데, 실제로는 전자의 경우를 더욱 선호한다는 것이다. 돈 자체가 절대적인 가치를 담보하고 있다고 막연하게 믿기 때문이다.

인플레이션 이외에 근무 여건도 고려될 수 있으리라. 예를 들어 월급이 5퍼센트로 올랐지만 야근이 늘어나 결국 10퍼센트 더 오랜 시간 근무해야 한다면, 월급은 오히려 줄어든 셈이다. 하지만 근로 시간을 그대로 하고 월급을 3퍼센트 줄이는 것보다 그쪽이 훨씬 낫다고 생각한다. 시간은 그나마 쉽게 환산할 수 있는 변수다. 노동의 질은 어떻게 가늠할 수 있을까. 예를 들어 똑같이 월급을 받고 있지만 수행하는 과업이 너무 어려워졌다거나 상사나 동료와의 불협화음으로 스트레스를 많이 받게 되었다면 월급은 실제로 깎인 셈이다. 반대로 월급은 그대로인데 일에 대한 보람이 커지고 자기 계발도 병행할 수 있게 되었다면 보수는 늘어났다고 보아야 한다. 하지만 대부분의 근로자들은 그렇게 생각지 않는다.

　화폐 환상과 비슷한 착시 현상은 우리의 경제 행위에서 여러 가지로 발견된다. 물가도 한 사례가 될 수 있다. 시중에 나와 있는 초콜릿들은 오랫동안 가격이 거의 변하지 않았다. 그런데 초콜릿을 좋아하는 사람들은 확연하게 느끼겠지만, 한 해가 다르게 부피가 작아진다. 요즘 상품들을 보면 동일한 회사와 브랜드의 제품인데 10년 전에 비해 거의 4분의 3 정도로 줄어든 듯하다. 사실상 물가가 오른 것이나 마찬가지다. 하지만 정부가 조사하는 물가 동향에는 잡히지 않는다. 물론 소비자들은 초콜릿을 살 때 결과적으로 값이 올랐다는 것을 머리로 알지만, 양이 그대로면서 가격이 오르는 경우보다는 둔감하다. 제과회사는 소비자들의 그러한 허점을 잘 알고 이용한다.

　초콜릿의 경우에는 그 크기가 눈으로 금방 확인되기 때문에 그나마 소비자들이 손해를 본다는 것을 알아챌 수 있다. 임금 계산에서의 인플레이션이나 시간과 마찬가지로 가격 계산에서의 상품의 부피도 양적量的인 차원의 문제이기 때문에 그 대비 관계를 쉽게 식별할 수 있는 것이다. 그런데 질적質的인 차원으로 가면 어려움이 생긴다. 서비스업의 예를 들어보자. 어느 식당의 음식 값은 그대로인데 반찬이 부실해졌다거나 종업원이 불친절해졌다거나 식사하는 공간이 비좁고 불편해졌다거나 하는 경우가 있을 수 있다. 하지만 워낙 바쁘게 살아가는 생활 속에서 그런 미세한 차이들을 감지하면서 손익을 따지지는 않는다. 실제로는 음식 값이 오른 것과 마찬가지인데 말이다.

　찬찬히 살펴보면 소비자들이 대가를 치르는데도 그것이 감춰져 있는 상황은 아주 많다. 휴대전화 판매점마다 '공짜폰'이라고 써붙여 놓았는데, 사실 이것은 거짓말이다. 통신사들이 2009년 마케팅비로 사용한 돈이 전부 8조 6천억 원이라고 하는데, 그중 상당 부분이 고객 쟁탈을 위한 공짜폰 제공에 들어갔다. 그것도 결국에는 통신 요금에 반영되어 소비자들이 지불한 돈이다. 물론 모든 소비자들이 골고루 부담하는 것은 아니다. 그 안에도 불평등이 발생한다. 한 회사에 오랫동안 충실한 고객들은 손해를 보고, 주기적으로 통신사를 옮기면서 번호 이동에 따른 혜택만 누리는 고객들(신용카드를 사용하지 않으면서 서비스만 골라 먹는 '체리 피커 cherry picker'와 같은 사람들)이 이익을 누린다.

또 다른 예로 '무가지 無價紙'를 들 수 있다. 지하철에서 아침 출근길에 대량 살포되는 타블로이드판 신문들을 그렇게 부르는데, 이 역시 엄밀히 말하면 무료가 아니다. 소비자가 직접 돈을 내지 않을 뿐, 그 신문의 수입원인 광고료를 결국 소비자들이 상품을 살 때 지불하기 때문이다.

하지만 무가지의 경우 그 대가로 신문을 얻을 수 있고, 어차피 광고는 어느 매체에든 내는 것이니 그렇다 치자. 광고가 나가는 것도 아니고 소비자에게 아무런 혜택도 돌아가지 않으면서 간접비용이 잔뜩 들어가는 상품이 있다. 의약품이 그것이다. 한국의 제약회사들은 매출의 40퍼센트나 되는 돈을 영업비로 지출한다고 한다(연구개발비는 5퍼센트에 불과하다). 처방전에 자기 회사 약을 써달라고 부탁하기 위해 의사들의 해외 연수 등 여러 가지 찬조를 하느라 들어가는 돈인데, 이 역시 결국 환자들이 부담한다. 그런 식으로 따져보면 '숨어 있는 비용 hidden cost'은 곳곳에 있을 수 있다.

3. 모두가 손해를 보면 괜찮다?

　숨겨진 비용은 막대한 돈이 들어가는 일들일수록 더욱 큰 규모로 깊숙하게 깔려 있다. 도시계획의 예를 들어보자. 1980년대 후반부터 한국에는 곳곳에 고층 아파트와 사무 빌딩 위주의 고밀도 개발이 이뤄졌다. 정부는 유난히 싹쓸이 개발scrap & build을 선호하고 많은 사람들은 이를 환영한다. 2000년대에 들어서 경쟁적으로 우후죽순 출현한 대규모 도시계획에서 빠지지 않는 것이 '초고층 랜드마크 빌딩'이었다. 2010년 부동산 폭락 속에 대부분 취소되었지만, 원래 계획대로라면 수도권에 100층 이상 빌딩이 12개 세워질 예정이었다(현재 전 세계를 통틀어 100층 이상 건물은 6개뿐이다).

　높은 건물이 빽빽하게 들어서면 도시의 품격과 거주의 여건이 향상되었다고 생각한다. 그리고 그것이 부동산 가격으로도 반영된다. 물론 그러한 개발이 가져다주는 이익은 많다. 일정한 공간과 인프라를 훨씬 많은 사람들이 사용하는 만큼 비용이 낮아진다. 단독주택에 비해 아파트의 관리 비용이 적게 드는 것이 그 단적인 증거이고, 한국의 초고속 인터넷망이 빨리 보급된 것도 고밀도 주거 덕분이다(굵은 선 하나만 아파트에 들어가면 수십 수백 가구에 연결할 수 있는 것이다). 그리고 인구가 밀집하면 상거래의 빈도도 늘어나 경제가 활성화된다.

　그러나 이로운 것뿐일까. 삶터가 고층 건물로 촘촘히 둘러싸이게 되면서 잃어버리는 것이 적지 않다. 도시를 둘러싼 자연스러운 산세가 빌딩숲에 가려지면서 스카이라인이 직선으로 획일화되는 것을 거론할 수 있다. 그러나 그것은 막연한 것이고 주관적인 선호의 문제라고 여길 수도 있으니 논외로 하자. 이웃관계가 사라지는 것이 안타깝다고 지적되기도 한다. 그러나 타인의 시선이나 간섭이 귀찮은 사람들에게는 오히려 편안해지는 면이 있다. 재개발이 되어 뉴타운이 들어서면 원래 살던 사람들이 다시 입주하지 못하는 것(평균 입주율이 17퍼센트에 지나지 않는다)이 종종 지적되지만, 그것 역시 형편이 안 되니 어쩔 수 없는 것이라고 넘어갈 수 있다.

하지만 그렇게 개개인의 성향이나 경제적인 여건의 문제로 상대화시키면서 간단하게 넘어갈 수 없는 문제들이 있다. 예를 들어 아이들의 건강이다. 고층에서 사는 산모들의 유산이 많고 아이들의 성장이 늦다는 연구가 일본에서 이미 나와 있다. 그리고 사방이 꽉 막혀 먼 곳을 바라볼 일이 없는 환경에서 아이들의 시력은 나빠질 수밖에 없다. 또한 콘크리트 건물들만 가득한 생활세계에서 아이들은 좌뇌와 우뇌가 균형 있게 발달하기 어렵다고 한다. 창의성은 단조롭고 기계적인 질서가 아니라 다양하고 유기적인 풍경 속에서 자라난다. 자녀 교육에 엄청난 비용을 들이는 한국에서 아이들에게 이러한 성장 환경을 제공하고 있음은 크나큰 아이러니다. 이 모든 것이 아파트 가격에 계산되어 있지 않은 숨은 비용이다.

또 다른 차원에서 따져보아야 할 비용이 있다. 바로 교통에 관한 것이다. 앞서 인프라의 이용 효율을 언급했지만, 그것은 일정한 범위 안에서만 성립한다. 즉 어느 임계치를 넘어서면 오히려 효율이 떨어진다는 말이다. 수도권의 웬만한 지역에서 나타나는 공통 현상이다. 처음에 택지를 개발할 때는 입주할 인구에 맞춰서 도로를 건설하였다. 그런데 시간이 지나면서 근처에 새로운 택지나 사무 빌딩이 추가로 들어서고,

기존의 건물들도 용적률을 높여서 층수가 올라가기 일쑤다.

그로 인해 교통체증이 가중되는 것은 당연하다. 버스를 타고 출퇴근하는 것도 점점 버거운 일이 된다. 예전에는 편안하게 앉아 잠시 눈을 붙이고 휴식을 취할 수 있었다. 그런데 이제는 승객들이 빼곡하게 들어선 통로에 매달려 아침부터 기운을 빼면서 하루를 시작한다. 뿐만 아니라 만일 사고라도 나면 대형 참사로 이어질 수 있다. 이러한 위험은 특히 수도권 신도시를 운행하는 버스에서 심각하다.

그런데 정말로 희한한 일이다. 그렇게 거주 환경이 나빠졌는데도 오히려 집값은 더 올랐다. 아이들의 성장 여건은 나빠졌고 출퇴근은 점점 고역이 되어가지만, 부동산의 가치는 오히려 몇 배나 높아졌다. 알게 모르게 거주의 비용이 높아졌는데도 말이다. 거주 비용이 늘어난 이치는 간단하다. 적정 수준을 훨씬 초과하는 인구를 입주시키니 오히려 비효율이 발생하는 것이다. 똑같은 크기의 공간을 더 많은 사람들이 나누어 사용한다면 산술적으로 계산해보더라도 당연히 집값은 떨어져야 마땅하다. 그러나 실제로는 정반대로 가격이 오른다. 가격이라는 것이 가치를 반영하기는커녕 오히려 왜곡시키는 것이다. 이런 상황에서 택지개발업자와 건설회사는 떼돈을 벌 수 있다.

우리는 경제적 이해관계에 매우 민감하지만 이렇듯 엄청난 손실을 그냥 눈감고 넘어간다. 아니, 미처 알아채지도 못한다. 버스 요금이 오르지 않아도 승객이 두 배가 되는 바람에 출근길이 몇 배나 고생스럽게 되었다면, 실제로는 요금이 몇 배나 오른 것이나 마찬가지인데도 그러려니 하고 넘어간다. 다른 사람들도 함께 손해를 보기 때문에 무감각한 것 같다(앞서 이야기했듯이, 우리는 모두가 손해를 보면 손해라고 생각지 않는다. 정반대로 모두가 이익을 본 경우에도 이익을 보았다고 생각지 않는다). 그리고 버스 요금 그 자체로만 손익을 따지는 화폐 환상에 사로잡혀 있기 때문이다.

가격에 반영되지 않은 비용은 종종 비극적인 방식으로 치러진다. 2010년 9월 부산 해운대 고층 빌딩의 화재가 그 한 가지 예다. 불이 난 38층짜리 주상복합 오피스텔은 한 채에 10억 원을 호가할 정도로 부산에서 최고급으로 꼽혔다. 한눈에 보기에도 고급스러운 이미지를 연출하기 위해 건물 외벽을 황금색 패널로 마감했다. 그런데 그것이 불길이 삽시간에 위로 번져 오르게 한 원인이 되었다. 그 외에도 이 사건으로 고층 주거지들의 공통된 취약점이 확인되었다. 우선 소방대의 화재 진압 장비와 소방대원의 진입이 일정한 높이 이상으로 미치지 못하고, 불길과 연기가 위쪽으로 확산될 때 신속한 대피가 어려운 구조다. 그리고 단지 내 조경과 시설물 등이 복잡하게 얽혀 있어 고가 사다리차와 안전 매트 등을 배치하기 어렵다.

입주자들이 그 아파트를 구입할 때 그러한 위험 요소들을 알고 있었다면 그 가격에 계약하였을까. 안전시설을 확충하려면 일정한 공간을 공유 공간으로 내놓아야 하고, 그만큼 개별 가구에 할당되는 면적이 줄어든다. 아파트 가격은 더 올라가는 것이다. 그것을 감수하고서 안전을 선택할 것인지, 아니면 사고 같은 것은 운에 맡기고 최소한의 안전시설로 만족할지는 소비자의 선택이다. 한국에서는 아파트의 가치를 따질 때 안전 쪽은 소홀하게 여기는 경향이 있다. 그만큼의 비용을 줄여 조금 싼 값에 구입할 수 있겠지만, 부산의 화재 같은 불상사가 생길 때는 막대한 비용을 치러야 한다.

4. 숫자의 함정

기업의 회계 장부라는 것에도 늘 함정이 도사리고 있다. 한때 미국에서 가장 혁신적인 모델로 각광을 받으며 '7대 기업'의 반열에까지 올랐던 에너지 제국 엔론은 그동안 숫자의 속임수를 써왔음이 밝혀지면서 2001년 느닷없이 몰락했다. 엔론은 회계장부에 몇몇 비용을 기재하지 않음으로써 손실을 감추었고 유령회사를 만들어 부실을 떠넘겼다. (회계 장부 자체가 워낙 방대하고 구조가 복잡해서 웬만한 전문가도 그 실체를 파악하는 것이 몹시 어려웠다고 한다.) 기업주에게 분식회계Falsifying accounting, '扮飾'은 분을 바르고 장식한다는 뜻)의 유혹은 늘 도사리고 있는 듯하다. 급기야 2009년에 인도판 엔론 사태가 일어났다. 인도 굴지의 소프트웨어 업체인 새티암의 회장은 지난 수년간 회사의 이익과 자산 수준을 크게 부풀려 보고해왔다고 털어놓았다. 장부에 적혀 있는 자산 12억 달러 가운데 무려 94퍼센트가 거짓으로 작성되었다는 것이다.

그런데 그렇듯 명백한 사기나 의도적으로 조작한 것이 아니라도 실제와 숫자 사이의 괴리는 여러 가지 형태로 존재한다. '월드 워치World Watch'의 레스터 브라운Lester R. Brown 박사는 '시장의 실패'가 뉴욕 월가가 아니라 화석 연료를 기반으로 하는 문명 자체에서 비롯된다고 설파한다. 시장 가격에 '진실'이 담겨 있지 않다는 것이 그 핵심이다. 즉, 각종 석유 제품이나 고기의 시장 가격에는 환경 파괴의 간접비용이 반영되어 있지 않다는 것이다. '공짜 점심'은 없는 법인데, 언젠가 치러야 할 비용을 숨겨놓고 정당한 가격보다 싸게 공급하다 보니 자원이 고갈되고 과잉 개발된다. 시장이 잘못된 '신호'를 보내기 때문에 우리는 석유를 과소비하게 된다. 레스터 박사에 따르면 그것은 반드시 계산해야 할 비용을 장부에 기재하지 않는다는 점에서 엔론의 스캔들과 똑같다.

그러한 문제의식에서 최근에 '사회적 회계Social accounting'라는 대안적 시스템이 주장되고 있다. 기존의 회계 정보가 기업 경영인과 투자자를 위해서만 생산되고 있다는 점에 한계가 있음을 지적하면서, 사회 전체를 위한 회계 정보가 만들어질 수 없는가, 라고 질문을 던진다. 윌리엄 캅 등의 선구자가 1950년대부터 문제를 제기해왔는데, 기업이 노동자의 삶과 환경과 공동체 등에 비용을 전가시키면서 이윤을 챙기지만 결국 사회의 손실을 유발한다는 것이다. 또한 은행도 위험 대출을 줄여서 부실 수준을 낮춤으로써 안정성을 강화할 수 있지만, 그로 인해 대규모 기업 파산과 가계 부실이 나타날 수 있다.10 따라서 대안적인 회계에서는 그러한 비용이 어떤 식으로든 반영되어 포괄적인 비용을 알 수 있어야 한다고 주장한다.

국가가 산출하는 각종 경제 지표에도 허점이 많다. 예를 들어 흔히 GDP로 경제의 건실함을 따지는데 그것이 재화와 서비스의 가치를 모

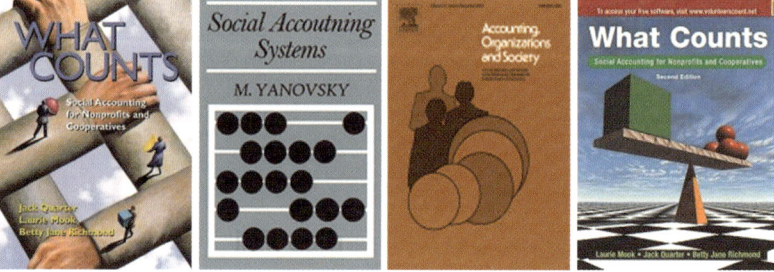

사회적 회계를 다룬 연구서들

10 · 구본우, 「회계는 세계관이다」, 『시사IN』, 2009년 8월 15일자의 세부 내용 참조.

두 나타낸다고 여겨지기 때문이다. 그런데 노벨경제학상 수상자 조지프 스티글리츠Joseph E. Stiglitz에 따르면, 정부 부문의 경우 그것을 측정할 수 있는 방법이 적절하지 않다고 한다. 예를 들어 정부가 지출을 많이 하면 그 효율성과 상관없이 GDP는 올라가게 된다는 것이다. 경제 살리기라는 미명하에 아무런 생산성이 없을 뿐 아니라 오히려 환경을 파괴하는 대규모 토목공사에 무분별하게 세금을 쏟아붓는 한국 정부가 귀담아 들어야 할 대목이다.

국가가 재정을 충당하기 위해 벌이는 사업들 가운데 그 이면에서 적지 않은 비용을 치러야 하는 것이 있다. 예를 들어 한국담배인삼공사는 매년 7조 원의 수익을 올리지만, 매년 흡연으로 인한 사망자가 5만 명 정도로 추산된다. 그로 인해 그 개인과 가족들 그리고 사회 전체가 직접 간접으로 치러야 하는 경제적 시간적 정신적 비용은 7조 원을 훨씬 웃도는 것이다.

문화관광기금의 절반을 충당하는 사행산업은 어떤가. 국무총리실 소속 사행산업통합감독위원회(사감위)에 따르면 2008년 말 현재 국내 19세 이상 성인의 9.5퍼센트인 359만 명이 도박 중독 증상을 보이고 있다. 선진국 평균 도박 중독률 4퍼센트의 2배가 넘고 1.9퍼센트의 영국과 비교하면 5배 가까이 높다. 보호 치료가 시급한 '병적 중독' 유병률은 2.3퍼센트인 81만 명 수준이다. 그로 인해 치러야 하는 비용은 너무 막대해서 계산해내기가 거의 불가능하다. 시간이 지나면서 그 손실이 엄청난 것임을 확인하게 될 것이다. 김세건 교수는 『베팅하는 한국사회』라는 책에서 다음과 같이 쓰고 있다.

이 순간에도 이 땅의 미래인 한 청소년이 도박에 빠진 부모 형제 때문에 가정이 파탄에 이르러 미래에 대한 꿈을 접고 있다. 그런데 정부는 사행산업을 통해 모은 기금으로 그 청소년을 육성하겠다고 한다. 상처받은 그 청소년의 꿈을 다시 일으켜 세우기 위해서 우리는 사행산업을 통해 얻는 것보다 훨씬 많은 것을 투자해야 할 것이다. 그런데 미래의 꿈은 점점 멀어져가고 있기만 하다. 아니 마치 그 미래의 꿈은 도박에 있는 것처럼, 우리 국민의 몸과 마음을 베팅하는 몸으로 치환하기 위해 점점 더 이 땅을 베팅하는 사회로 만들어가고 있다.[11]

현대사회에서 숫자는 매우 중요하다. 광범위한 사회와 거대한 체제를 경영하기 위해서는 수학적 합리성과 객관성을 확보해야 한다. 그러나 그 숫자들이 무엇을 반영하는가를 냉정하게 따지지 않은 채 그 명목에만 집착하다 보면 중대한 오류를 범하게 된다. 1997년 김영삼 정부 말기에 국민소득 1만 달러를 달성하기 위해 환율을 850원으로 무리하게 묶어둔 결과 외환위기를 맞이한 것도 그 한 가지 예가 된다.

억지로 덮어두는 것에는 한계가 있다. '진실'은 언젠가 반드시 드러나게 마련이다. 돈으로 드러나는 숫자를 절대시하지 않으려면 그 이면에 감춰져 있는 실체를 끊임없이 탐색해야 한다. 그것은 우리가 궁극적으로 무엇을 원하는가에 대한 물음이기도 하다. 경제의 운영에서 인문학적인 토론과 성찰이 요구되는 까닭이 여기에 있다.

---

[11] 김세건, 『베팅하는 한국사회』, 지식산업사, 2008, p. 223.

제 5 장

돈이 무용지물이 될 때

1. 재난 상황에서 돈의 운명

긴급구호활동가 한비야 씨가 어느 강연에서 이런 말을 했다. 자신이 '월드비전'이라는 단체에서 일을 할 때 여러 군데서 광고 제안이 들어왔는데, 모두 거절하고 '세계시민학교'의 설립기금 1억을 마련하려고 공익 광고 하나만 했다. 그런데 그 단체를 그만두고 나서 이제 광고를 하나쯤 해도 되겠다 싶어서, 가까운 사람들에게 살짝 이야기했는데 온갖 제안이 들어오더란다. '길을 잘 찾아줍니다' 하는 네비게이션 광고, '이것 하면 대박 난다'는 증권회사 광고, '이 신발 신으면 산에 잘 올라갑니다' 하는 등산화 광고 같은 것들이었다. 또 한 가지는 신용카드 광고였는데, 오지奧地에서 돈이 없는데 이 카드가 통하더라는 줄거리였다. 한비야 씨는 그 어느 제안에도 응하지 않았다.

오지 탐험가로 명성을 얻었던 인물을 등장시켜 세계 어디에서나 통하는 카드임을 뽐내게 하는 것은 기발한 아이디어다. 그러나 상징적인 이야기로는 재미있지만, 현실에서 그것은 불가능하다. 카드가 통한다면 이미 오지가 아니다. 오지에서는 카드는커녕 현찰도 통하지 않기 십상이다. 오지까지 갈 것도 없다. 한국 돈이라면 국경 하나만 넘어가도 거의 무용지물이다. 달러 같은 기축 통화가 아니라면, 그 발행 국가 바깥에서는 용도가 크게 떨어진다.

그런데 오지가 아닌데도 기축통화조차 아무런 소용이 없는 경우가 있다. 전쟁이나 천재지변이 일어났을 때다. 2009년에 아이티 공화국의 지진 참사 현장에서 상점이나 무너진 주택의 약탈이 종종 일어났지만, 금고나 은행을 터는 일은 아주 드물었다고 한다. 재난 상황에서는 돈이 오히려 짐이 될 수도 있다.

1914년 영국의 탐험가 섀클턴Ernest H. Shackleton이 27명의 대원을 이끌고 남극 탐험에 나섰다가 배가 침몰하여 무려 18개월 동안 영하 60도의 추위 속에 고립되었지만 모두가 살아 돌아온 일이 있다. 배를 포기하고 최소한의 짐만을 가지고 행군하기로 결정한 대장 섀클턴은 개인당 1킬로그램씩의 짐만 허용하였는데, 자신이 가장 먼저 버린 것은 다름 아닌 무거운 돈뭉치였다.[12]

그 과정을 담은 『인듀어런스The Indurance』라는 책에는 대원들의 일기가 곳곳에 삽입되어 있는데, 그 가운데 한 명이 1909년 남위 88도까지 갔다가 후퇴하면서 섀클턴에 대한 생각을 영원히 바꾸어놓은 한 사건을 증언한다. 어느 날 밤 비상식량과 조랑말 고기로 부실한 식사를 하

---

[12] · EBS 지식채널 「돌아온 28인」 참고.

고 난 다음, 새클턴은 자기 몫의 비스킷 4개 가운데 1개를 와일드에게 주며 강제로 먹였다고 한다. 그 대원은 그에 대한 느낌을 다음과 같이 표현했다. "이 순간의 이런 행동이 얼마나 자상하고 호의적인 것인지 이해할 수 있는 사람은 이 세상에 아무도 없을 것이다. 〔……〕 절대 잊지 못할 것이다. 수천 파운드의 돈으로도 결코 살 수 없는 비스킷이었다."

2008년 중국의 쓰촨 성 지진 때도 화폐는 기능이 중지되었다. 당시에 한국인 유학생 5명이 여행 중 조난을 당했다가 천신만고 끝에 피해지를 벗어나 며칠 밤낮을 걸어서 안전한 곳으로 피신할 수 있었다. 그들의 호주머니에는 위안화가 꽤 있었는데, 탈출 과정에서 긴요하게 활용되었다. 어떻게? 아직 겨울인 2월에 노숙하며 장거리 이동을 하는 과정에서 밤마다 체온을 유지하기 위해 그 지폐들을 조금씩 땔감으로 태웠다고 한다. 조난 상황에서 돈의 가치는 불을 붙였을 때 발생하는 열량, 그 이상도 이하도 아니었던 것이다.

돈의 절대적인 쓸모는 딱 그만큼이다. 종이라는 물질로서의 효용이 전부인 것이다. 우리는 무의식적으로 그 엄연한 사실을 잘 알고 있다. 그래서 만일 전쟁이나 재해가 일어날 조짐이 보이면 너도 나도 황급하게 사재기에 돌입한다. 물가가 폭등할 수도 있다. 김광균의 시 「추일서정」에서 낙엽을 비유한 "폴란드 망명정부의 지폐"처럼 돈이 쓰레기처럼 나뒹굴 수 있다. 돈은 그대로인데 사람들의 생각이 바뀌어버리기 때문이다. 사용가치에 대한 인식이 거의 본능적으로 발동하는 것이다. 사재기의 경우에는 그나마 그렇게 교환할 시간이라도 있으니 다행이다. 2009년 북한에서처럼 황당한 화폐개혁을 밀어붙이면◉ (예전에 미얀마에서도 그와 비슷한 화폐개혁이 단행된 적이 있다), 지니고 있던 돈이 한순간

> **Tip**
> 북한은 2009년 11월 30일 전격적으로 화폐 개혁을 단행했는데, 기존화폐와 새로운 화폐의 교환 비율을 무려 100 대 1로 하였다. 현금을 가지고 있던 사람들은 한 순간 알거지가 되어버렸다. 그러면서 월급은 기존의 액수로 지급함으로써 일부 봉급생활자들을 벼락부자로 만들었다. 이 개혁은 시장을 통해 재력을 얻은 이들을 억제하기 위한 것이었지만, 결과적으로 민생을 파탄으로 몰아갔다.

휴지 조각으로 전락하고 만다.

지금까지 나열한 상황들은 아주 드물게 일어난다. 그러나 그 사례들을 통해서 화폐 시스템이 순조롭게 작동하기 위한 조건들을 새삼 확인하게 된다. 우선, 교환수단으로서의 기능을 보증하는 국가 체제가 안정되어 있어야 하고, 재해나 조난 등으로 생명이 위태롭지 않아야 한다는 것도 중요하다. 국가 체제가 흔들리지 않는다 해도 문명으로부터 고립된 지역에서는 화폐의 가치가 상대적으로 떨어질 수 있다. 화폐로 교환할 수 있는 재화의 종류가 극도로 제한되기 때문이다.

2. 통화의 남발과 인플레이션

국가가 통화 관리를 제대로 하지 못해 화폐의 가치가 떨어지는 경우도 종종 있다. 한국사를 더듬어보면 대원군이 1866년 경복궁 재건과 군사비 조달을 위해 찍어낸 당백전當百錢이 대표적인 사례다. 대원군은 집권 초기에 함경도 지방의 동전 주조 사업을 철폐하고 동광銅鑛을 폐쇄했기 때문에, 동전의 원료가 크게 부족한 상태에서 큰 액수의 돈을 찍어내야 했다. 당백전은 기존의 상평통보常平通寶보다 액면가가 100배나 컸지만, 그 재료의 값어치는 5~6배에 불과했다. 말하자면 악화惡貨였던 것이다.

조정은 그것으로 당장 엄청난 재정을 충당할 수 있었지만, 지나치게 남발하는 바람에 물가가 폭등하였다. 게다가 조정이 당백전을 물품 구입으로만 사용하고 조세 수납에서는 받지 않아 그 가치는 더욱 떨어질 수밖에 없었다. 결국 주조를 시작한 지 5개월 만에 국가가 스스로 철파撤罷를 명하기에 이르렀다. 근대적인 화폐 제도를 정립시켜야 할 즈음에 오히려 그 기반을 허물어버린 꼴이었다. 당시에 당백전을 '땡전'이라고 흔히 불렀으며, "땡전 한 푼 없다"는 표현이 바로 거기에서 유래했다.

대원군이 물러나고 명성황후가 집권한 후에도 비슷한 정책이 반복되었다. 명성황후 일파는 전환국典圜局을 설치하고 액면가 대비 그 재료의 값어치가 상평통보의 3분의 1에도 못 미치는 '당오전當五錢'을 주조해 유통시켰다. 그렇지 않아도 기존의 상평통보조차 중앙의 일정한 기관이 아니라 각 지방마다 주조하는 바람에 모양과 크기가 여러 가지였고 위조도 속출하였는데, 당백전과 당오전처럼 악화惡貨가 대량으로 유입되니 유통 질서의 혼란은 가중될 수밖에 없었다. 이렇듯 조선 엽전의 가치가 불안정한 상황에서, 외국의 상인들은 각기 자기 나라의 화폐를 그대로 들고 들어왔다. 그 결과 국내에도 일본, 중국, 러시아의 화폐가 개항지를 중심으로 대량으로 유통되었다.

조선 화폐의 가치가 얼마나 떨어졌는지를 단적으로 알려주는 장면이 있다. 옆의 사진은 1904년 러일전쟁을 취재하러 온 미국『콜리어스Colliers』특파원 로버트 던이라는 기자가 취재경비로 받은 돈을 길거리에 쌓아놓은 모습이

1904년 미국의 로버트 던 기자가 취재경비로 받은 조선의 엽전. 당시 화폐의 가치로 150달러에 불과한 액수였다.

다. 이 엄청난 돈의 액수는 겨우 1센트였다. 당시에 1센트가 엽전 15~30개에 상응하였기에 이렇듯 양이 많아진 것이다. 그 배경에는 정부의 화폐 정책 부재가 있었다. 1899년 2월 3일자 독립신문에 따르면 정부가 "동전과 백동전을 과다히 만들어 세상에 펴놓으매 외국인들이 물건을 팔 때는 은전을 받고 살 때는 동전을 주며, 대한 사람들도 점점 은전을 거두어 혹 감추며 일시 이익을 도모하니 세상에 남는 것은 추한 당오전과 무거운 동전뿐"이었다고 한다.13

화폐의 가치가 형편없이 떨어지는 또 하나의 전형적인 경우는 인플레이션이다. 역사 속에서 인플레이션으로 경제의 근본이 뒤흔들린 일은 수없이 많다. 그 가운데 빼놓을 수 없는 사례가 1차 세계대전 직후 독일에 불어닥친 초인플레이션Hyperinflation이었다. 당시 독일에서는 하루에 16퍼센트의 물가상승, 복리로 계산한다면 5개월 동안에 약 5,000억 퍼센트의 물가상승이 나타났다고 한다.14 이러한 여건 속에서 화폐는 휴지조각만큼의 값어치도 없었고, 어떤 강도가 손수레에 돈을 싣고 가던 행인을 탈취하는 사건이 발생했는데 범

1차 세계대전에 패한 독일은 막대한 전쟁배상금을 지불하기 위해 마구잡이로 화폐를 발행하였다. 고기 1 파운드에 3조 마르크까지 올랐다고 한다. 종이값보다 싼 지폐는 연료로 사용되기도 했다.

13 • 정진석, 「1달러 환전하니 엽전 한 지게」, 조선일보, 2009년 11월 5일자에서 재인용.
14 • 폴 크루그먼, 김재영 옮김, 『크루그먼의 경제학』, 시그마프레스, 2008, pp. 1035~36.

인은 손수레만 가져가고 돈은 그냥 버렸다는 일화도 전해진다.

3. 백만장자들끼리만 모여 사는 세상이라면

지금까지 살펴본 사례들을 통해 돈의 중요한 본질을 추출할 수 있다. 돈은 타인이 그것을 원한다는 전제 위에서만 쓸모가 있다는 점이다. 내가 돈을 원하는 이유는 나 자신이 원해서가 아니라, 다른 사람들이 돈을 원하기 때문이다. 바로 그 점이 돈과 다른 재화 사이의 결정적인 차이다. 예를 들어 내가 목이 마를 때의 물 한 병은 다른 사람들이 그것을 원하든 원치 않든 내게 소중한 물질이다. 그 자체에 가치를 함유하고 있기 때문이다. 하지만 내 지갑에 있는 돈은 만일 이 세상 어느 누구도 그 돈을 원하지 않게 된다면 그 순간 내게도 아무런 가치가 없는 휴지가 되어버린다(물론 물질도 투기의 목적으로 삼는다면 화폐와 비슷한 성격을 지닌다).

그러면 나의 돈을 원하는 다른 사람들은 왜 그 돈을 원하는가? 그 사람들도 마찬가지로 자신이 원해서가 아니다. 그 역시 또 다른 누군가가 그 돈을 원한다고 믿기 때문이다. 그러한 확신 속에서 돈은 유통되고, 지불의 연쇄가 새로운 지불을 가능하게 한다. '작동하고 있다'는 사실에만 의거해 작동을 지속하는 이러한 시스템을 가리켜 사회학자 루만 N. Luhmann은 '자기 준거'라고 칭했다. 전혀 모르는 사람들 사이에서도 돈만큼은 통한다는 기대가 무한하게 이어지는 가운데 화폐는 제 기능을 하는 것이다.

화폐가 원활하게 유통되기 위한 또 한 가지 조건이 있다. 나의 돈을 원하는 상대방이 내게 필요한 재화나 서비스를 제공해줄 수 있어야 한다는 점이다. 가령 이 세상 사람들이 모두 폐인이 되어버려 삶에 대한 의욕을 완전히 상실해 술과 도박으로만 소일한다고 상상해보자. 그렇게 아무도 부가가치를 창출하지 않는 사회에서는 내가 아무리 많은 돈을 가지고 있어도 무의미하다. 다른 사람들이 나의 돈을 원하겠지만, 그들은 내가 원하는 것을 전혀 제공해줄 수 없기 때문이다. 물론 그 경우 사회 자체가 붕괴되어버리고 말 테지만 말이다.

그런데 흥미롭게도 위의 상황과 정반대로 이 세상에 온통 백만장자들만 있다 해도 돈이 제구실을 하지 못한다. 거기에서도 상대방에게 돈을 주고 내게 필요한 것을 얻기가 어렵기 때문이다. 그 점을 확인하기 위해서 하나의 가상 스토리를 들어보겠다.

가령 먼 바다에 섬 하나가 있는데, 세계에서 가장 부유한 사람들이 매년 그곳에 모여 한두 달 정도 휴가를 보낸다. 그를 위해 숙박 및 여가 시설들이 고급으로 갖춰져 있고, 안마에서 세탁과 요리에 이르기까지 각종 서비스가 완벽하게 제공되는 휴양의 천국이다. 값이 워낙 비싸서 웬만한 부호가 아니고서는 이용하기가 어렵다. 어느 여름에 100명 정도의 부자들이 바캉스를 즐기러 도착했다. 그런데 바다의 다른 쪽에서 큰 폭풍이 몰아쳤다. 그로 인해 그곳에서 일할 종업원들과 필요한 물품을 실은 배가 침몰해버렸다. 부자들은 당분간 집으로 되돌아갈 수가 없다. 통신 설비를 관리하는 직원이 없기 때문에 외부와의 연락도 두절되었다. 그런 상태로 백만장자 100여 명이 한 달 동안 고립된 섬에서 지내게 된다면 어떤 일들이 벌어질까?

다소 황당하기는 하지만, 현실에서 충분히 있을 수 있는 상황이다.

영화의 소재로 삼아도 재미있는 스토리가 될 듯하다. 일상을 지탱해주는 서비스로부터 완전히 단절된 채, 야생의 환경에서 평범한 사람들의 도움 없이 오로지 부자들끼리만 생활을 영위해야 한다. 말 그대로 서바이벌 게임이 벌어지는 셈이다. 원색적인 충돌이 일어날 수도 있지만 수완이 좋은 부자들답게 협상과 거래를 활발하게 벌일 수도 있다. 그렇다면 거기에서 돈은 어떻게 사용될까? '가진 것은 돈밖에 없다'고도 할 수 있는 사람들 사이에서 어떤 교환이 일어날 수 있을까?

혹시 누군가가 인스턴트식품을 소지하고 있다면 금값이 될 것이다. 요리나 세탁 같은 허드렛일을 누구도 하려고 하지 않을 것이므로 요금이 천정부지로 뛸 것이다. 저마다 이렇게 생각한다. 내가 본국으로 돌아가면 얼마나 귀하신 몸인데, 여기에서 이 고생을 할 수 있나? 그래서 자존심을 내세우면서 돈으로 해결하려 한다. 그러나 상대방의 입장도 마찬가지다. 내가 그 정도 돈을 받고서 이런 궂은일을 할 줄 아느냐? 돈이라면 나도 얼마든지 있거든. 모두가 이런 식으로 '튕기는' 동안 상상을 초월하는 인플레이션이 순식간에 일어난다.

부자들끼리만 사는 세상에서 부자는 더 이상 부자가 아니다. 돈이 전혀 아쉽지 않은 사람들 사이에서 돈의 가치는 형편없이 떨어지기 때문이다. 돈을 필요로 하는 타인이 존재할 때, 그리고 상대방이 그 돈에 상응한다고 여겨지는 가치의 재화나 서비스를 제공해줄 수 있을 때 돈은 비로소 제구실을 한다. 따라서 돈이 있는 사람들은 돈이 없는 사람들에게 의존한다고 볼 수 있다. 물론 그 반대도 마찬가지다. 결국 상호 의존의 사회적 관계 속에서 돈은 효능을 발휘하는 것이다. 그런데 우리는 그 단순하고도 자명한 사실을 종종 잊는다.

2009년에 개봉된 영화 「10억」(조민호 감독)을 보면, 어느 인터넷 방송 프로듀서가 호주의 오지에서 목숨 건 모험을 벌여 최후의 승자 한 명에게 10억 원을 상금으로 준다는 조건으로 도전자들을 모집한다. 8명의 남녀가 응모했는데, 게임이 시작되기 전날 밤 한자리에 모여 자기소개를 하면서 10억 원이 생기면 뭘 할지를 이야기하는 대목이 나온다. 그 가운데 뭔가 큰 실패에 빠져 낙심해 있는 듯한 30대 남자가 한숨을 푹 쉬며 이렇게 말한다. "10억이 생기면, 아무도 없는 곳으로 가서 혼자 살고 싶어요." 오죽 세상이 지긋지긋하면 저렇게 말할까. 그 심경이 이해되면서도, 냉정하게 따지면 말이 안 된다. 아무도 없는 곳에서는 돈도 아무 소용이 없기 때문이다. 물론 그 사람이 완전한 무인도를 말한 것은 아니겠지만, 돈만 있으면 어디에서든 마음 편하게 살 수 있으리라는 통념이 거기에 깔려 있다.

영화 「10억」의 한 장면. 8명의 참가자와 2명의 방송진행자 중 마지막 한 명이 살아남을 때까지 멈출 수 없는 서바이벌 게임쇼가 벌어진다. 그곳에선 무슨 일들이 벌어졌던 것일까?

상품이 넘쳐나고 돈을 손에 쥐고 있으면 아쉬울 것이 없다. 돈이 좋은 것은 무엇이든 살 수 있기 때문이다. 그리고 언제까지든 편리하게 보관할 수 있고 양적으로 무한정하게 비축할 수 있기 때문이다. 그래서 돈이 없어서 물건을 사지 못할 뿐, 돈은 있는데 물건이 없어서 사지 못하는 경우가 지금까지는 별로 없었다.

그런데 앞으로도 계속 그럴까. 공산품이나 대인 서비스는 당분간 넉넉하게 공급될 것이다. 하지만 환경 파괴나 기후의 영향으로 지구의 식량 생산이 위태로워질 수 있다. 그 경우 화폐와 곡물에 대한 선호도가 역전되면서 극심한 인플레이션이 일어날 수밖에 없다. 식량뿐 아니라 화석 연료도 점점 고갈되고 있다. 그러한 실물의 상황을 외면하고 화폐에만 몰두한다면 경제는 점점 위태로워지게 된다.

돈만 좇는 지금의 상황을 이렇게 비유해보면 어떨까. 어느 사회에서 사람들이 맛있는 식사에서 최고의 행복을 느끼기 시작하면서 식권食券을 모으기에 혈안이 된다. 뭐든지 값이 나가는 물건이 있으면 식권으로 교환하여 한없이 저축해둔다. 식권에 프리미엄이 붙고 투기의 대상까지 된다. 그런데 사람들이 어느 정도 식권을 모았다 싶어 진수성찬을 즐기려 하는데, 식당의 문이 전부 닫혀 있다. 식당의 주인과 요리사들도 모두 식권을 구하기 위해 뛰어다니느라 요리를 내팽개친 것이다. 여기에서 식권과 음식의 관계를 돈과 가치의 관계로 대치해보자. 돈만을 맹렬하게 추구하는 세태가 그와 똑같은 지경이라고 할 수 있다.

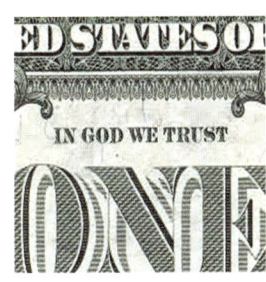  

달러 지폐에는 'In God We Trust'라고 씌어 있다. 돈의 기반은 믿음이다. 신뢰가 깨지면 화폐 시스템은 붕괴된다. 그런데 무엇에 대한 믿음인가? 신인가? 돈인가? 사람인가?

인류의 삶터는 점점 위태로운 곳으로 변해가는 듯하다. 자연재해는 빈발하고 전쟁과 갈등이 끊이지 않는다. 거대한 시스템이 자꾸만 고장을 일으키며 불안이 가중된다. 그 속에서 관계는 단절되고 저마다의 삶이 무인도처럼 고립되어간다. 그리고 타인에 대한 불신이 돈에 대한 맹신을 낳는다. 그런데 돈에 대한 맹목적인 추구가 돈의 가치를 위협하고 있다. 돈이 돈으로서 기능할 수 있는 전제 조건에 균열이 생기는 것이다. 이렇듯 삶과 사회의 기반을 망각하고 무한 축적으로 치닫는 경제는 파국을 피할 수 없다.

제 2부

대안 경제의 모색
'소유'에서 '관계'로

제6장 투기 경제의 사필귀정
제7장 '쩐의 전쟁'에 휘말리는 삶
제8장 얼굴 있는 돈을 찾아서: 소액금융과 지역화폐
제9장 우애(友愛)의 경제를 디자인하자

제6장
투기 경제의 사필귀정

1. 금융공학, 위험 전가의 무한 연쇄

랍비, 힌두교 사제, 펀드매니저가 각자 여행을 하다가 길을 잃어 늦은 밤까지 헤매다가 우연히 합류하여 함께 숙소를 찾게 되었다. 그러던 중 외딴 곳에 서 있는 농부의 집 한 채를 가까스로 발견했다. 문을 두드리고 사정을 이야기하면서 하룻밤만 머물게 해달라고 부탁했다. 이에 주인은 그렇게 하라고 하면서, 그 대신 한 가지 양해를 구했다. 지금 남아 있는 방이 너무 비좁아 두 사람밖에 잘 수 없으니, 한 사람은 헛간에서 자야 한다는 것이었다. 세 사람은 괜찮다고 하면서 집에 들어갔다. 그리고 힌두교 사제가 솔선수범하여 자기가 헛간에서 자겠다고 하면서 그쪽으로 짐을 가지고 들어갔다.

잠시 후 랍비와 펀드매니저가 잠을 청하려고 하는데, 방문을 두드리는 소리가 들렸다. 열어보니 힌두교 사제였다. "죄송합니다. 헛간에 소한 마리가 있는 줄 몰랐어요. 소 옆에서 자는 것이 교리에 어긋나지는 않지만, 마음이 몹시 불편해서요……" 이에 랍비가 바로 응했다. "아, 그러시군요. 걱정 마세요. 저는 소와 함께 잠을 자도 아무 문제가 없으니, 제가 그리로 갈게요." 이렇게 해서 사제와 펀드매니저는 다시 잠이 들었다. 그런데 잠시 후 다시 노크 소리가 들렸다. 랍비였다. "죄송합니다. 헛간에 돼지 한 마리가 있더군요. 돼지와 함께 잠을 자는 것이 교리에 어긋나는 것은 아닙니다만, 마음이 조금 불편해서요……"

이제 자기가 갈 수밖에 없음을 알게 된 펀드매니저가 약간 짜증 섞인 목소리로 말했다. "두 분은 뵙기와 달리 꽤나 까다로우시군요. 제가 가겠습니다. 저는 아무런 종교가 없고 동물들과 함께 자는 것도 문제가 없으니까요." 이렇게 해서 사제와 랍비는 많이 미안했지만 안심을 하고 잠자리에 들었다. 그런데 잠시 후 다시 문을 두드리는 소리가 들렸다. 잠을 깬 랍비가 문을 열어보았다. 누구였을까? 다름 아닌 소와 돼지가 서 있었다. 미국에서 유행하는 농담이다. 가축들마저 기피할 만큼 불결하거나 사악한 존재로 펀드매니저가 비난받는 것이다.

경제학자를 비웃는 농담도 있다. 경제학자와 기상예보관의 공통점이 무엇일까. 둘 다 미래에 대해 예보한다는 것, 그런데 그 예보가 너무 자주 빗나간다는 것이다. 그런데 그 둘 사이에는 결정적인 차이가 있다. 기상예보관은 적어도 오늘의 날씨는 정확하게 알고 있다. 그러나 경제학자는 현재 상황도 제대로 알지 못한다. 늘 일정한 시간이 지나고 나서야 과거 어느 시점에서 하강 국면에 접어들고 있었다느니, 언제 바닥을 쳤다느니, 그때 이러저러한 조치를 취했어야 했다느니 하면서 뒷북만 친다. 그래서 누군가는 이렇게 비꼬아 말한다. "경제학자는 자신이 어제 예측한 일이 오늘 왜 일어나지 않았는지를 내일 알게 되는 전문가다."

경제의 '불확실성'이 점점 가중되고 있다. 2009년 말 미국의 주요 언론사들이 한 해를 되돌아보면서 그 특징을 함축하는 키워드들을 간추려보았는데, 그 가운데 첫번째로 'unprecedented'가 선정되었다. '전례 없는'이라는 뜻이다. 예를 들어 미국의 본토가 침공당한 적이 한 번도 없는데 뉴욕 월가가 9·11테러에 폭격을 입은 것은 '전례 없는' 일이다. 그와 마찬가지로 미국과 전혀 무관한 것이라고 여겼던 금융위기가 역시 월가에서 터져버렸다. 1990년대 말 한국을 포함한 아시아 여러 국가에서 IMF 구제금융을 받았을 때만 하더라도, 금융위기 같은 것은 경제의 토대가 취약하고 시스템이 '글로벌 스탠더드'에 못 미치는 후진국들만 겪는 일이라고 여겼었다. 그런데 20세기 자본주의 문명을 주도해온 미국의 한복판에서 그 규모나 성격에서 '전례가 없는' 금융위기가 터져버렸다.

'금융공학'이 각광을 받을 무렵 한국에서는 정부와 언론 매체가 경제의 새로운 비전을 제시하면서 신흥 금융 강국 아이슬란드를 내세웠다. 기존의 산업은 과당 경쟁으로 레드오션red ocean이 되어버렸으니, 이제 금융 분야에 뛰어들어 새로운 성장 동력을 찾아야 한다고 역설했다. 금융을 잘 활용하여 엄청난 도시 개발을 이룩한 중동의 두바이도 21세기의 성공 신화로 기록되었다. 한국의 여러 지자체에서 대규모 개발을 진행하면서 '제2의 두바이'가 되겠다고 선언하기도 했다. 그러나 2008년 금융위기가 지구촌 전체를 뒤흔들면서 그 허상이 드러나게 되었다. 아이슬란드는 갑작스럽게 돈이 빠져나가면서 빈털터리가 되어버렸고,

두바이는 거대한 모래성으로 전락했다. 한국에서는 '제2의 두바이'를 자처하던 지자체들이 언제 그랬냐는 듯이 시치미를 떼면서 홍보 현수막들을 허겁지겁 철거했다.

너무 많은 변수들이 복잡하게 얽혀 있는 글로벌 경제의 정체를 어떻게 파악해야 할까. 전문가들도 속수무책이다. 숫자로 딱딱 맞아떨어지는 규칙성과 엄밀한 도식으로 사회과학의 제왕처럼 군림해온 경제학의 위상이 자꾸만 흔들린다. 경제의 동향을 날카롭게 읽어내는 능력으로 억대 연봉을 받는 초일류 펀드매니저들도 경기 변동과 주가 예측을 잘 못했다면서 공개적으로 반성문을 썼다. 투자 게임에서 앵무새가 투자 전문가와 대결해서 이겼다는 뉴스가 있었는데, 금융 시스템은 우연적인 요소들이 좌충우돌하는 블랙박스로 변해가는 듯하다. 그동안 무슨 일이 일어난 것인가.

1929년 대공황을 겪은 서구 자본주의는 안정성을 확보하는 것이 최우선의 과제였다. 이를 위해 정부는 폭넓게 시장에 개입하면서 낮은 부채와 높은 임금의 산업 구조를 유지하였다. 그러한 경제의 안정성은 2차 세계대전 이후 황금시대Golden Age라고 불린 호황기를 낳았다.

그런데 1960년대 말에서 1970년대를 거치면서 미국의 경제는 침체기에 접어들게 되었다. 그 요인으로는 첫째, 노동자들의 협상력이 강화되어 높은 임금 상승으로 이어지면서 자본 전반의 이윤이 압박을 받게 되었다. 둘째, 유럽과 일본의 생산성이 미국을 따라잡으면서 미국의 패권 아래 관리되던 국제 경제 시스템에 균열이 생겼고 그 결과 고정환율 체제가 무너졌다. 셋째, 세계적으로 경제 규모가 급성장함에 따라 원자재와 식량의 수요가 급증하여 가격이 오르면서 인플레이션을 유발했다. 여기에 오일쇼크가 겹치면서 세계 경제는 더욱 침체되었다. 넷째, 1970년대부터 대부분의 OECD국가들에서 생산성 증가율이 급격히 떨어졌다. 이는 신흥 개발도상국들의 약진으로 선진국 제조업의 성장세가 둔화되고 기존의 기술이 지닌 잠재력이 고갈된 탓이었다.[15]

이러한 상황에서 금융이 새로운 유망산업으로 떠올랐다. 그러나 성장세에 있는 금융산업도 이윤 압박에서 자유롭지 않았다. 이에 금융기관들은 높은 수익을 확보하기 위해 정부의 규제를 회피하거나 무력화하기 위해 애를 썼고 어느 정도 성공을 거두었다. 정치에서는 레이거노믹스Reaganomics와 대처리즘Thatcherism이라는 보수적 정치 이념이 득세함에 따라 금융 부문에 대한 강력한 규제에 대한 정치적 합의가 크게 약화되었다. 또한 경제학에서는 자유방임과 규제완화를 주장하는 신자유주의 경제학이 주류를 이루었다.

이후 등장한 네오콘Neocon은 전후 금융자유화와 혁신을 더욱 극단적인 형태로 밀어붙였다. 그 결과 '금융관리자본주의Money Manager Capitalism'와 함께 자산 소유자의 이해를 적극 반영하는 '소유자 자본주의Ownership Capitalism'가 확립되었다. 바로 그러한 금융시장의 급속한 팽창과 함께 미국 연방준비기금FRB의 지속적인 저금리 정책이 자산시장의 붐을 일으키는 풍부한 '실탄'을 제공하였다. 낮은 금리로 시중에 풀린 자금이 보다 높은 수익을 얻을 수 있는 투자처를 찾다가 자산에 대한 투자 붐을 일으킨 것이다. 이 거품은 미국의 서브프라임 모기지

> **Tip**
>
> 공화당을 중심으로 한 미국의 신보수주의자들. 정치적으로는 군사력을 기반으로 한 미국의 단일 패권을, 경제적으로는 신자유주의에 기반을 둔 규제 철폐와 작은 정부, 자유방임주의를 추구하였다.

---

15 · 앤드류 글린, 김수행·정상준 옮김, 『고삐 풀린 자본주의—1980년 이후』, 필맥, 2008, pp. 17~18.

Subprime Mortgage사태를 기점으로 걷잡을 수 없이 붕괴되면서 글로벌 금융위기를 낳았다. 따라서 2008년에 터진 금융위기는 단순한 제도적 문제점이나 도덕적 해이Moral Hazard의 결과가 아니라 1970년대 말부터 진행된 금융관리자본주의 운동의 결과로 보아야 한다.

뉴욕 월스트리트의 상징물인 청동 황소, 세계 최대의 증권회사 메릴린치의 로고(사진 왼쪽)도 황소다. 무리지어 행동하면서 주기적으로 미친 듯 날뛰는 속성이 금융세계와 비슷하다는 해석도 있다.

2008년 금융위기의 내막을 들여다보자. 그 재난의 뿌리에는 금융공학의 꽃이라 여겨졌던 '파생상품Derivatives'이 있다. 파생상품은 주식과 채권 같은 전통적인 금융상품을 기초자산으로 하여 새로운 현금 흐름을 가져다주는 증권을 말하는데, 서브프라임 모기지와 연관된 상품들이 화禍를 불러온 것이다. 채권들을 모아서 여러 단계에 걸쳐 증권화함으로써 부가가치를 노린 금융상품이 그것으로, 구체적인 시스템은 이러하다. 최초의 장기 채권(보통 30년 정도의 주택 대부금)이 단기의 채무담보증권CDO으로 전매된다. 그런데 그 증권의 기일은 짧기 때문에, 매수자가 계속 이어져야 한다. 경기가 계속 좋고 집값이 계속 오르고 있어서 주택담보가 든든할 때는 그것이 별 문제가 없었다.

그런데 '서브프라임'이라는 말대로 신용등급이 '우량'하지 않은 저

소득층에게도 집값의 100퍼센트 또는 그 이상으로 대출을 해준 것이 뇌관이었다. 과잉 유동성을 억제하기 위해 정책 당국이 금리를 높이는 순간 모든 것이 달라졌다. 집값이 떨어지기 시작하면서 담보 처분을 해도 채권을 100퍼센트 회수하기 어려운 상황이 되었고, 그 결과 채무담보증권의 매수자가 더 이상 나타나지 않게 되었다. 그동안 막무가내로 찍어낸 증권들은 휴지조각이 될 수밖에 없었다.

이론적으로는 최초의 채무자를 추적하여 돈을 회수하는 것이 가능하지만, 워낙 수많은 채권들을 한데 묶었다가 다시 쪼개고 또다시 다른 것과 묶고 하는 과정을 반복하면서 도대체 누가 궁극적인 채무자인지 알 수가 없었다. 마치 햄버거 하나에 수많은 목장들에서 조달된 소고기들이 한데 뒤범벅되어 있어서, 고기에 심각한 질병 유발물질이 있어도 추적할 수 없는 것과 마찬가지라고 할 수 있다.

미국의 최고 엘리트들이 창조한 파생상품이란 것이 애당초 설계한 전문가들조차 규모와 얼개를 파악할 수 없을 만큼 해괴한 발명품이었다. 위험에 대한 '예측'이나 '통제'는커녕 '이해'조차 어려운 괴물이 기이한 힘으로 경제를 무너뜨린 것이다. 역사상 많은 제국들이 금융의 거품이 꺼지면서 몰락했는데, 지금 세계에서 가장 성공한 자본주의 국가 미국 역시 천문학적인 부채에 짓눌리고 있다.

'위험 전가의 무한 연쇄'는 미국을 넘어 수많은 국가의 금융기관과 개인들을 얽어나갔다. 비유하자면 브레이크 장치 없이 엔진만 초고성능인 자동차 같은 것이라고 할 수 있다. 그 시스템이 불러일으킨 공포는 글로벌하게 증폭되었다. 유럽에서는 은행 고객들이 자기의 돈을 날

> **Tip**
> 정신의학에서 스트레스의 원인을 '이해불가능성' '예측불가능성' '통제불가능성'으로 정리하는 경우가 있는데, 그 개념을 여기에 적용시켜본 것이다.

릴지 모른다는 불안감에 사로잡혀 예금 인출 러시를 이뤘다. 한국에서도 피해자가 적지 않았다. 예를 들어 농촌의 많은 할머니들이 평생 힘들여 모은 돈 몇천만 원을 은행 직원의 권유로 펀드 상품에 넣었는데, 그 가운데 상당액이 서브프라임 파생상품들과 얽혀 결국 몇몇 미국 은행의 파산과 함께 공중분해되기도 했다. 땀 흘려 일하면서 알뜰하게 저축해온 가난한 농부들이 '돈 놓고 돈 먹기'를 하다가 망해버린 미국의 글로벌 금융기관을 후원해준 꼴이다.

2. 부동산, 불패 신화의 종말

2008년의 글로벌 금융위기는 지구촌을 강타했지만, 한국의 경우 1997년 IMF 금융위기 때처럼 한순간 경제 전체를 휘청거리게 할 만큼의 직격탄으로 체감되지는 않았다. 전 세계의 경제가 위축되고 있었기에 그 여파를 피할 수는 없었지만, 걷잡을 수 없는 충격으로 몰아치지는 않은 것이다. 국가가 신속하고 과감하게 재정을 풀었던 효과가 있었고, 중국의 경제가 건재했던 덕분도 있었으며, 환율이 낮아져 수출 경쟁력이 높아진 행운도 있었다.

그런데 2년 후인 2010년에 한국은 '자생적인' 경제위기를 맞았다. 미국과 마찬가지로 진원지는 부동산이었다. 글로벌 경제와 거의 관련이 없는 주택 시장에 거품이 꺼지면서 LH공사, 건설회사 그리고 엄청난 중산층 가구들이 일종의 '연쇄 부도'에 휘말렸다. 부동산이 자산 증식의 화수분으로 작동해온 지난 반세기의 신화는 급작스럽게 막을 내렸다.

"아파트 계약 한번 잘못했다가, 이렇게 인생이 꼬일 줄 몰랐습니다." 2010년 부동산 시장이 급속하게 얼어붙어 값이 떨어지는 반면 대출이자는 급등하는 가운데 수많은 사람들의 비명 소리가 터져나왔다. 2003년 이후 가파르게 상승하기 시작한 집값은 2006년 무렵 정점에 달했다. 기업대출의 길이 좁아진 은행들이 주택담보대출 쪽으로 공격 마케팅을 해댄 것이 큰 원인이었다. 은행은 이메일, 휴대전화, 우편물, 전단지 등으로 대출 상품을 경쟁적으로 홍보하면서 '빚 권하는 사회'를 만들어갔다.

그 결과 막대한 돈이 부동산 시장으로 흘러들면서 심할 때는 하룻밤 자고 나면 몇백만 원이 올라버리고, 그 흐름에 편승하여 잠깐 사이에 몇억 원을 손에 쥐는 사람들이 등장하였다. 목돈을 벌어보고자 하는 투기 심리, 지금이 아니면 내 집 마련이 영영 불가능할 것이라는 불안감이 뒤섞여 많은 사람들이 부동산 매입에 허겁지겁 뛰어들었고, 부풀어 오르는 거품을 걷잡을 수 없었다.

그러나 실수요를 따지지 않은 채 마구잡이로 건설하고 시세차익만을 노리고 막무가내로 계약한 아파트들은 미국의 채무담보증권과 마찬가지로 매수자들이 꼬리를 계속 물어주지 않는 순간 독배가 될 수밖에 없었다. 전국 방방곡곡에 미분양 아파트가 쌓이고 급매물이 홍수를 이루면서 2010년 부동산 시장은 갑자기 냉기류에 휩싸였다. 많은 건설회사들이 유동성 위기에 처했고, 입주 예정인 실수요자들도 예전의 집이 팔리지 않아 잔금을 치르지 못하고 이자 부담만 커져갔다.

2006년 이후 대출을 끼고 아파트를 구입했다가 집값 하락으로 빚에 시달리는 '하우스푸어House Poor'가 무려 198만 가구로 추산된다. 단독주택과 연립주택까지 합치면 그 이상이 될 것이다. 아파트는 이제 단란함이 깃드는 보물단지에서 생활의 발목을 잡는 애물단지로 돌변했다. 열심히 일해봐야 대출이자로 절반 이상이 빠져나가버리는 상황을 한탄하면서 어떤 샐러리맨은 이렇게 말하기도 했다. "하루하루 은행을 위해 일하고 있어요."

> **Tip**
> '집을 보유한 가난한 사람.' 이들은 주택 가격이 오를 때 저금리를 바탕으로 과도한 대출로 집을 마련했으나 금리인상과 주택 가격 하락으로 큰 손해를 입었다. 외형상으로는 중산층이지만 원리금상환 부담으로 구매력이 떨어진 상태이다.

2000년대 이후 부동산 시장이 뜨겁게 달아오른 배경에는 '주택담보대출'이라는 금융상품이 있었다. 그것은 미국에서 발명된 것으로 2004년 한국에 본격적으로 도입되었다. 영어로는 '모기지론 Mortgage loan'이라고 하는데, 'mortgage'라는 단어는 죽음을 뜻하는 'mort'와 서약을 뜻하는 'gage(약혼을 engagement라고 한다)'의 합성어라고 한다. 『돈을 다시 생각한다』의 저자 마거릿 애트우드 Margaret Atwood는 그 말뜻을 이렇게 해석한다. "중세 기사 이야기에 기사가 도전하겠다는 표시로 장갑을 내던지며 다른 기사에게 결투를 신청하는 장면이 있다. 던진 장갑, 즉 gage는 머리를 박살내기 위해 제시간에 실제로 출두하겠다는 서약이다. 그리고 gage를 수락하는 것은 도전에 응하겠다는 표시다."[16]

자산의 대부분이 부동산에 묶여 있어 가용 현금이 거의 없는 한국인들에게 부동산을 구입하기 위해 그것을 담보로 거액을 대출받는 것은 경제적인 목숨을 건 결투라고 할 수 있을 듯하다. 향후 5~10년 동안 벌 돈까지 끌어다가 아파트에 올인한 셈이기 때문이다. 그것은 위

> **Tip**
> 통계청에 따르면 한국 가계의 총자산 중 부동산 비중(2006년 기준)은 76.8퍼센트에 달한다. 영국(54퍼센트), 일본(39퍼센트), 미국(33.2퍼센트) 등에 비해 월등하게 높다. 한국인들은 돈이 생기면 부동산으로 전환시켜왔다.

---

16 · 마거릿 애트우드, 공진호 옮김, 『돈을 다시 생각한다』, 민음사, 2010, p. 94.

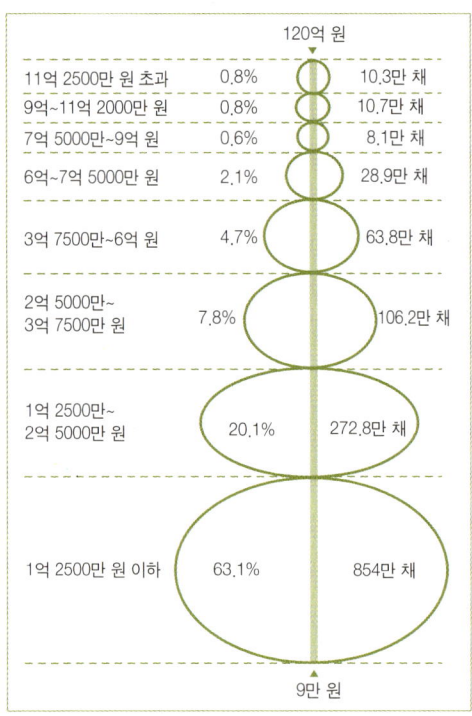

한국의 집값 분포 자료: 국토해양부(2008년 주택공시가격)

한국 아파트값 지수(1986~2008) 자료: 국민은행(연말기준)

험천만한 도박에 다름 아니었다. "가정의 행복까지 베팅하진 마십시오." 국내 유일의 내국인 출입 카지노 '강원랜드' 입구에 세워진 이 경고문은 전국의 부동산 중계업소들 앞에도 세워졌어야 했다.

그동안 집값과 땅값은 언제나 오르기만 했다. 고도성장과 궤적을 함께하면서 부동산의 가치도 '압축적으로' 상승했고, IMF 경제 위기 이후에는 부동산不動産이 그야말로 '부동不動의' 보루라는 인식이 확고해졌다. 전국 곳곳에 대규모 건설 프로젝트가 계획되거나 추진되면서 땅값이 뛰고, 보상금으로 풀린 천문학적인 돈이 다시 부동산 투기로 흘러들어 시장은 더욱 과열되었다. 경제의 어려움 속에서 '부동산 불패'의 신화는 더욱 공고해졌다.

그러나 고공행진이 계속 이어지는 것은 불가능하다. 특히 부동산의 경우 하향 곡선이 가파르다. 그 이유를 어느 기자는 이렇게 설명한다. "아파트 분양권은 부동산 경기가 좋을 때는 높은 수익률을 기대할 수 있는 투자상품으로 여겨진다. 선분양이 일반적인 우리나라 건설 환경에서 미래가치 등을 잘 파악한다면 어느 정도 시세 차익이 보장돼왔다. 상대적으로 입주가 빠르고 별도의 청약통장도 필요 없어 거래도 손쉬웠다. 하지만 부동산 경기가 장기 침체 국면으로 빠지며 분양권이 시장에 과다 공급되자 상황이 달라졌다. 주택거래 실종으로 잔금 확보에 어려움을 느낀 계약자들이 분양권 현금화를 위해 시장에 쏟아내며 과잉 공급 상태가 된 것이다."[17]

부동산은 수출이 불가능한 상품이다. 그리고 실수요자의 규모가 인구통계학적으로 비교적 정확하게 예측된다는 특징이 있다. 부동산 구매의 주 연령층인 30대 중반에서 40대 중반까지의 인구가 2011년 정점을 이루는 것(유럽이나 일본의 경우 바로 그 시점에서 부동산 거품이 꺼지기 시작했다), 그리고 베이비붐 세대가 은퇴하면서 수도권의 아파트를 내놓기 시작한다는 것 등이 수요를 감소시키는 요인으로 작용하는 것이다. 그런데도 정부는 공급을 늘리기에 급급했고, 그 이면에는 건설사의 이해관계가 맞물려 있었으며, 게다가 부동산 광고에 목을 매고 있는 일부 언론사들이 합세하여 집값 상승을 부추겼다.

---

[17] 송충현, 「"마이너스 프리미엄 1억" 깡통분양권 서울 상륙」, 머니투데이, 2010년 8월 6일자.

3. 파국이 불가피한 까닭

투기 광풍의 후폭풍은 엄청나다. 지금 한국이 경험하는 자산 가격의 하락을 우리는 일찍이 경험해보지 못했다. 그러나 이와 비슷한 사태는 역사 속에서 자주 일어났고, 그 패턴도 판에 박은 듯 닮았다. 동서고금의 역사 속에서 숱하게 반복되어온 투기와 거품 그리고 파열의 파노라마는 일정하다. 국제금융 분야에서 머니 트레이더로서 최고 경지까지 올랐던 경험을 바탕으로 돈에 대한 인간의 태도를 원형심리학적 관점에서 분석하는 버나드 리테어 Bernard A. Lietaer 는 투기의 붐이 파국에 이르는 과정을 다음과 같이 정리한다.[18]

1. 투기 발생: 어떤 시장이 완만하면서도 뚜렷한 상승세를 보인다. 해당 시장의 큰손들은 이 사실을 간파하고 적극적으로 매수에 나선다. 얼마 지나지 않아 '꾼'들이 엄청난 돈을 벌었다는 소문이 나돈다. [……] 이 기간 동안 꾼의 충고를 따랐던 사람들도 상당한 돈을 만진다.

2. 광기의 과열: 해당 시장이 달아오르면 처음에는 큰손이, 다음에는 일반 시민이, 나중에는 외국인까지 가세해 투기가 본격화한다. 이렇게 수많은 사람들이 뛰어드는 바람에 고수들은 안심하고 돈을 챙길 수 있다. 시장은 상식으로는 도저히 이해할 수 없는 지

---

[18] 버나트 리테어, 강남규 옮김, 『돈, 그 영혼과 진실』, 참솔, 2004, pp. 143~44.

경에 이른다. 시장 참여자들은 광기에서 탈출해야 한다는 것을 꿈에도 생각지 못한다. 그저 눈덩이처럼 불어나는 돈에 취해 계속 사들일 뿐이다.

3. 패닉: 근본적인 변화는 발생하지 않지만, '무언가'가 발생해 시장 분위기를 반전시킨다. 그 무언가는 루머일 수도 있고, 새로운 정보일 수도 있다. 이 정보는 투기의 대상인 자산과 관련된 것일 수도 있고, 아닐 수도 있다. 하지만 당시 상황에서는 타당한 것으로 받아들여진다. 시장 분위기는 순식간에 냉각되면서 갑자기 팔자는 분위기가 엄습한다.

4. 파국: 파산, 금융공황, 수많은 사람들의 좌절…… 투기 바람을 타고 하늘 높이 치솟던 자산 가격은 급격히 추락하면서 정상적인 가격 이하로 추락한다. 여기에 정부 당국자들은 '지나침(과잉)'을 한탄하면서 무언가 잘못되었다고 말한다. 전문가들이 나서 새로운 학설을 내놓고, 재발을 막기 위해 법을 개정하는 등의 조치를 취한다.

근대 표준경제학이 전제로 삼았던 '합리적인 인간'은 이러한 상황에서 발견되지 않는다. 이성 대신 충동이 시장을 움직이고, 집단적으로 증폭되면서 도저히 제어할 수 없는 광기로 상승된다. 케인스John M. Keynes는 그 힘을 가리켜 '야성적 충동Animal Spirits'이라고 이름 붙인 바 있다. 물리학자 뉴턴Isaac Newton은 1720년 영국의 투기 열풍을 경험하고 자신도 큰 손실을 입으면서 이렇게 말했다. "천체의 움직임은 계산할 수 있지만, 대중의 광기는 계산할 수 없었다."

17세기에서 20세기까지 발생한 투기에 대해 연구한 경제사학자 킨들버거Charles P. Kindleberger에 따르면, 거품이 부풀어오르는 단계에서 투기 대상이 되는 자산 또는 상품의 가격이 상승하는 것을 근거로 신용이 창출된다. 그래서 "투기는 현금이나 신용의 팽창을 통해 극에 달한다." 그러다가 투기 참여자들의 기대를 꺾어놓는 사건이나 발언에 의해 파국이 시작된다. "뚜렷한 이유 없이 패닉이 시장을 휩쓸고, 시장 참여자들은 유동성이 떨어지는 자산에서 유동성이 높은 자산, 즉 현금으로 바꿔 타기 시작한다. 〔……〕 악순환이 발생하는 것이다. 자산가격의 하락은 담보가치의 하락으로 이어지고, 은행은 서둘러 여신을 회수하기 시작하며 신규대출을 거부한다."19

1637~1990년까지 투기의 지표들

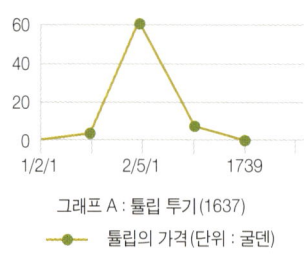

그래프 A : 튤립 투기(1637)
— 튤립의 가격(단위 : 굴덴)

그래프 B : 사우스 시 버블(1720)
— 주가·액면가 기준 %

---

19 • 앞의 책, pp. 151~53에서 재인용.

그래프 C : 1929년의 대공황
다우지수(1929=100)

그래프 D : 일본의 상업용 부동산 거품
(1990=100) 자료 : 『뉴욕타임즈』, 1998. 6. 27.
일본 부동산 지수

우리가 지금 경험하고 있는 파국의 시나리오와 조금도 다를 바 없다. 고수들이 막대한 이익을 챙기고 시장을 빠져나가면 소액 투자자들이 꼼짝없이 당하는 공식도 마찬가지다(존 F. 케네디 대통령의 아버지는 1929년 월스트리트에서 어느 구두닦이 소년이 돈을 받는 순간 주식을 사는 모습을 보고 바로 자신의 주식을 팔아치웠다. 곧바로 증시는 폭락했고 그때 거머쥔 돈으로 케네디 가문을 일구었다고 한다). 증권시장에서 '개미군단'처럼 집단 심리에 휩쓸려 다니는 이들의 운명은 늘 가련하다. 자산가격이 적정 수준을 훨씬 웃도는 수준으로 폭등했다는 것을 알면서도 추가 상승을 확신하고 매입하는데, 뭔가 낌새가 이상하다고 눈치를 채는 순간 이미 때는 늦었다.

이렇듯 인간의 비합리적 행태와 그것이 자아내는 의도하지 않은 결과는 시공을 초월하여 닮은꼴이다. 물론 모든 투기가 똑같은 방식으로 진행되는 것은 아니다. 부동산의 경우 증권처럼 몇몇 큰손들이 엄청난 물량을 사들였다가 한꺼번에 털고 나가는 것은 쉽지 않다. 부동산이 워낙 비싸서 매입에 한계가 있을 뿐 아니라, 제도적으로 다가구 소유를 엄격하게 규제하기 때문이다. 부동산 투기의 경우, 한국이 그러했듯이 중산층이 광범위하게 뛰어드는 것이 일반적이다. 참여자가 많을수록 판돈이 커지기 때문에 이익과 손실의 차이도 커지게 된다.

이 게임에서 손익을 가르는 것은 무엇인가. 타이밍이다. 가파른 상승세가 꺾이기 시작하는 그 시점에 뒤늦게 집을 산 사람과, 이제 끝물에 다다랐음을 직감하고 집을 팔아치운 사람 사이의 운명은 양극을 이룬다. 그야말로 간발의 차이로 대박과 쪽박의 처지에 놓이게 되는 도박이다. 저마다 자신만의 이익을 극대화하기 위해 온갖 묘수를 다 동원하는 가운데, 내가 이익을 보았다면 누군가가 꼭 그만큼 손해를 볼 수밖에 없는 철저한 제로섬게임zero-sum game인 것이다. 어느 외환 딜러는 "탐욕과 공포 사이에서 균형을 잡아가는 것이 딜러의 운명"이라고 고백한 바 있는데,[20] 딜러만이 아니라 수많은 사람들의 운명이 되어버렸다. '고수익'과 '고위험' 사이의 아슬아슬한 절벽을 타는 모험에서 승자와 패자를 가르는 것은 한 끗 차이다.

그런데 부동산 투기는 도박보다 더 위험한 측면이 있다. 도박은 참가자들끼리만 벌이는 게임이다. 일확천금을 얻든 알거지가 되든 판에 뛰어든 사람들만의 이야기다. 그런데 부동산의 경우에는 사정이 다르다. 아무런 행위를 하지 않았는데 집값이 저절로 뛰어올라 부자가 되기도 한다. 반면에 오로지 내 집 마련을 위해 성실히 일하며 돈을 모아왔는데 꿈이 점점 멀어져가기도 한다. 주거공간이라는 생활필수품이 투기의 대상이 될 때 영향을 받지 않는 사람은 없다. 실수요와 투기 수요

---

20 • 「초치기 외환 전투, 피 마르는 딜러들」, 『주간동아』, 2008년 8월 19일자.

의 경계가 애매한 시장에서, 많은 사람들이 시세의 변동에 솔깃하거나 불안해하면서 빨려들기 쉽다.

투기의 국면에서는 시장 참여자들의 선택이 즉각적으로 피드백되면서 가격을 강력하게 끌어올린다. 공급 과잉에도 불구하고 사람들이 무조건 사려고 뛰어든다면, 자기성취 예언의 메커니즘을 따라 부동산 불패의 신화는 굳건하게 유지되고 강화된다. 가격이 오르면 더 많은 사람과 돈을 끌어들이고, 그것은 추가 상승의 동력이 되는 순환 구조다. 또한 '집값은 계속 오른다'는 전제를 누구도 의심하지 않는다. 적어도 자기가 부동산을 보유하고 있는 동안에는 그럴 것이라고 믿는다. 그렇듯 지극히 비합리적이고 비현실적인 전제, 언제 무너져도 무너질 수밖에 없는 기대 위에 수백만 명이 수억 원씩의 돈을 판돈으로 건다. 그것도 여유 자금이 아니라 은행에서 돈을 빌려다가 뛰어드는 것이다.

미국의 서브프라임과 마찬가지로 한국에서도 집값이 오르고 경기가 좋고 금리가 낮을 때는 그러한 투기 열풍 속에서 많은 사람들이 행복했다. 그러나 하강 국면으로 접어들고 금리가 오르면서 비극이 시작된다. 고혈압과 동맥경화 증세가 나타나고, 발작과 마비가 빈발한다. 자기 집을 팔아 새로운 아파트에 입주하려던 사람들이 매수자를 찾지 못해 이자와 중도금 부담에 짓눌리고, 전세로 있던 사람들조차 이사를 가려 해도 보증금을 되돌려 받지 못해 발목이 잡힌다. 건설사들은 그렇지 않아도 미분양으로 고통을 받고 있는데 분양된 주택조차 입주자들이 잔금을 내지 못해 유동성 위기에 몰린다. 시장에서 타자들(개인과 기관 모두 포함)이 어떻게 선택하고 움직이느냐에 따라 자신의 인생이 천국과 지옥을 왔다 갔다 한다.

수많은 사람들이 돈의 연쇄 고리로 긴밀하게 얽혀 있다. 더 나아가 이제는 국경을 넘어서 글로벌한 규모로 상호 연관성의 범위가 확장된다. 정보의 홍수 속에서 사람들의 마음은 쉽게 요동하고, 그 파장은 수많은 변수들이 맞물려 있는 거대한 시스템 속에서 초스피드로 증폭된다. 그 핵심에 화폐 제도가 놓여 있다. 돈은 만국의 공통언어로서 인류를 하나의 틀 속에 통합시키는 매개체로서 확고한 위치를 굳혀가고 있다. 돈이 그렇듯 절대 권력을 획득할 수 있게 된 것은, 그만큼 많은 사람들이 숭배하기 때문이다. 돈을 인생의 최종적인 목표로 삼으면서, 돈을 획득할 수만 있다면 무엇이든 기꺼이 하려 하기 때문이다. 이 시대에 돈은 인간의 탐욕을 가장 극명하게 집약하는 물신이다.

제7장

'쩐의 전쟁'에 휘말리는 삶

1. 카지노형 머니게임의 얼개

'당신도 32억의 주인공이 될 수 있다.' '인생역전, 이번에는 당신 차례입니다.' 로또 광고의 속삭임은 한순간 자신의 운명을 바꾸는 환상을 불러일으킨다. 서울의 어느 로또 판매소는 거기에서 사면 당첨 번호가 잘 나온다고 소문이 나서, 구매자들이 늘 장사진을 이룬다. 실낱같은 가능성에 기대를 걸고 삶의 어려움을 견디기 위해 매번 복권을 사게 된다고 말하는 이도 있다. 로또만이 아니다. 여러 가지 형태의 도박이 사회 전체에 만연한다. 한국인들의 도박 중독률은 세계 최고 수준이라고 한다. 그러나 명백한 도박이 아니더라도 불로소득에 대한 도박 심리가 만연해 있다. 언제부터인가 정상적인 경제활동과 음성적 도박 사이의 경계도 모호해졌다.

『대한민국의 20대여 재테크에 미쳐라』(정철진, 2006), 한때 베스트

셀러에 올랐던 책의 제목이다. 그 책이 나오기 전부터 대학생들 가운데 등록금으로 주식 투자를 했다가 몽땅 날려버려 휴학을 하거나 빚을 지는 이들이 생겨나고 있었다. 착실하게 일을 하고 알뜰하게 저축해서 돈을 벌겠다는 생각은 시대착오적인 퇴물로 여겨지는 풍토 속에서, 많은 젊은이들이 일찍부터 돈 버는 기술을 터득하기 위해 머리를 싸맨 것이다.

1970년대 농협에서 만들어 각 지소에 보낸 나무 금고. '푼돈 넣어 황소 사자'라는 구호가 뚜렷하다. 당시 황소는 농가의 재산목록 1호였다.

그러고 보니 어느덧 '티끌 모아 태산'이라는 격언이 자취를 감추었다(보통 사람들이 몇천만, 몇억의 큰돈을 굴리면서 대박을 꿈꾸는 사이에, 정작 '티끌 모아 태산'은 대기업들이 착실하게 이행하고 있다. 대형유통업체들은 동네 슈퍼까지 잠식하면서 꼬마들의 군것질 푼돈까지 훑어가고, 이동통신회사들은 10초 단위의 요금제 덕분에 매년 9천억 원의 낙전 수입을 올렸다. 그리고 국내 예금과 보험금 가운데 휴면계좌의 잔고 총액이 약 1조 5천5백억 원, 휴면주식이 2억 5천만 주라고 한다.)

부동산과 주식에 이어 황금알을 낳는 거위로 떠오른 펀드는 금융 소비자들을 강력하게 빨아들였다. '재테크'는 더 이상 특정 소수의 전유물이 아니라, 많은 갑남을녀들의 일상이요 상식이 되었다. 아예 주식 투자를 직업으로 삼고 하루 종일 컴퓨터 앞에서 단타 매매에 열을 올리는 사람들도 적지 않다. 재테크가 이토록 많은 사람들을 빨아들이는 것은 그만큼 고수익이 기대되기 때문이다. 실제로 엄청난 대박을 터뜨려 인생역전을 꾀한 신화들이 주변 곳곳에 있기 때문이다.

이런 가운데 일확천금을 손에 쥐고자 하는 야망이 보편화되고 있다. 정보의 유통이 활발해지면서 성공 사례들의 소문이 금방 퍼져나가는 탓도 있겠지만, 더욱 근본적으로는 머니게임 자체의 '온도'가 예전과 비교할 수 없을 만큼 올라가고 있기 때문이라고 할 수 있다. 여기에서 온도란 위험과 기회의 폭을 말한다. 즉, 온도가 올라갈수록 '고위험, 고수익 high risk, high return'의 상황이 되는 것이다. 그 온도는 다음의 세 가지 변수를 곱한 값이라고 공식화할 수 있다.

> 머니게임의 온도 = 규모(참가 인원, 투자 금액) × 돈의 회전 속도

그동안 이 세 변수 각각의 크기가 꾸준히 커졌다. 우선 참가 인원의 경우 이제 중산층 이상의 웬만한 사람들이 다 참여할 만큼 숫자가 늘어났다. 경제 성장의 곡선이 완만해지고 공급 과잉 단계로 나아가면서 실물 경제에서 획득할 수 있는 이윤이 줄어듦에 따라 사람들은 금융 쪽으로 관심을 돌리게 되었다. 게다가 펀드 상품이 등장해 은행들 사이에 고객 유치 경쟁이 불붙으면서 재테크에 별로 관심이 없는 사람들까지 대거 참여하게 되었다. 그리고 참가 인원이 폭발적으로 늘어나게 되는 결정적인 요인은 글로벌하게 열린 금융 환경이다. 김대중 정부 때 IMF 체제를 벗어나는 과정에서 규제를 많이 풀어 한국의 주식 시장은 외국의 투자자들에게 매혹적인 대상으로 떠올랐다. 그 결과 예전과 비교할

수 없을 만큼 많은 외국인 및 기관들이 한국의 금융 시장에 참여하게 된 것이다.

두번째 변수인 투자 금액이 늘어나는 것은 머니게임의 참가자 수가 늘어나는 것과 직접 비례하는 것이지만, 그 이상의 요인이 있다. 전 세계적으로 통화량 자체가 엄청나게 늘어난 것이다. 각국의 중앙은행이 직접 찍어내는 본원 통화가 늘어나는 것 말고도 개별 금융기관들이 2차, 3차로 신용을 창출하는 양이 계속 늘어나고 그 가운데 상당 부분이 머니게임으로 흘러드는 것이다.

세번째 변수인 속도야말로 가공할 만큼 폭증해왔다. 테크놀로지의 혁신에서 유행의 변천에 이르기까지 사회 전반의 속도가 빨라졌지만 그 어느 것도 돈만큼 가속도가 붙지는 않았다. 이제 돈은 전자 신호를 통해 빛의 속도로 순간 이동이 가능하다. 이 시대에 돈이 일으키는 문제의 상당 부분이 바로 그 속도에서 비롯된다. 케빈 필립스Kevin Pillips는 다음과 같이 상황을 진단하고 있다.

전산화는 새로운 차원의 금융화를 낳았다. 〔……〕 인간이 1950년대에 로켓학 덕분에 우주 공간을 여행한 경우와 마찬가지로 금융은 또 다른 신종 수학—이 경우에는 자본자산 가격 결정 모형, 옵션 이론, 가격 변동률 모형을 가리킨다—덕분에 지금까지 찾아내지 못한 엄청난 이익을 챙겼다. 돈을 방정식과 디지털 신호로 전환시킴으로써—경제 저널리스트 조엘 키츠먼은 메가바이트가 전환 기준이 되었다고 말한다—금융은 시공을 초월할 수 있었다. 그 결과 뉴욕, 런던, 파리의 거래자들이 벨기에 프랑화와 타이 바타화를 놓고 전투를 벌이고, 국제적 차익거래가 가상의 십진법을 먹잇감으로 삼는 초국가적인 지옥을 만들었다.[21]

막대한 자금이 순식간에 들어왔다가 여차하면 썰물처럼 일시에 빠져나갈 수 있는 시스템은 1997년 무렵 아시아 외환위기의 배경이 되기도 했다. 그런데 그것은 거시적인 국가 경제뿐만 아니라, 이른바 개미 투자자들에게도 결정적인 영향을 미친다. 큰손들이 막대한 돈을 간단하게 움직일 수 있기에, 시장이 점점 미궁으로 빠져드는 것이다. 단기간에 등락하는 폭이 클수록, 이득과 손실의 규모도 커진다. 순간의 판단에 따라 대박과 쪽박의 운명이 갈리므로 투자자들 사이에 가파른 긴장이 상존한다. 신경이 곤두서고 다른 일이 좀처럼 손에 잡히지 않는다.

머니게임이 쉽게 과열될 수밖에 없는 상황을 요약하자면, 볼륨(투자자의 수와 판돈)과 스피드가 한꺼번에 늘어나면서 거래의 온도가 가파르게 상승한다는 것이다. 21세기 글로벌 금융은 언제나 위태위태하다. '과속 스캔들'이 언제든 일어날 수 있다. 미국의 서브프라임 발(發) 금융위기처럼 범지구적인 재난으로 치달을 수 있는 위험이 늘 도사리고 있다. 그러나 대개는 파국으로 치닫지 않도록 중앙 정부의 개입이나 국가 간의 공조가 이뤄진다.

그에 비해 개별 투자자들은 점점 취약한 상황으로 내몰리고 방치된다. 상상을 초월하는 돈이 오가고 복잡다기한 변수들이 얽혀 있는 글로

---

21 · 케빈 필립스, 오삼교 옮김, 『부와 민주주의 *Wealth and Democracy*』, 중심, 2004; 우디 타쉬, 이종훈 옮김, 『슬로머니 *Inquiries Into The Nature of Slow Money*』, 서해문집, 2010, pp. 50~51에서 재인용.

주식과 전혀 관계없는 대화에서 'Sell' 'Buy'와 똑같은 발음이 들어간 말이 흘러나오자, 그것이 엉뚱하게 주식 시장에 파란을 일으키는 상황을 그리고 있다.
(International Herald Tribune, October, 27, 1989, Kal, Cartoonists and Writers Syndicate, 1989.)

벌 금융의 판을 읽어내는 것은 점점 어려워진다. 전문가들조차 연거푸 헛다리를 짚는 마당에, 평범한 투자자들의 막막함은 더 말할 것도 없다. 그런데 모래알처럼 개별화되어 있는 그들을 움직이는 것은 무엇인가. 그것은 단편적이고 불명확한 정보, 이미 시효가 지난 분석 자료, 누군가에 의해서 조작되어 유포되는 소문, 그리고 사소한 요인들에 의해 파동치고 쏠리고 하는 변덕스러운 군중심리다.

이렇듯 수많은 사람들이 참여하고 엄청난 판돈이 걸리는 머니게임에서 수많은 투자자들이 막대한 손실을 입는다. 열심히 벌어 저축한 돈을 펀드나 주식에 넣었는데 반토막 내지 깡통이 되어버린다. 투자라는 것이 실물에 투자하여 거기에서 발생하는 부가가치의 일부분을 돌려받는 것이 아니라 단순히 '돈 놓고 돈 먹기'의 성격이 짙어질수록 승패의 격차는 커지게 마련이다. 사필귀정이다. 불로소득에 대한 동기로 굴러가는 머니게임에서 모두가 이득을 보는 것은 논리적으로도 그리고 현실적으로도 절대 불가능하다. 누군가가 크게 따면 다른 쪽에서 정확하게 그만큼 잃도록 되어 있는 도박판이기 때문이다.

2. 노동자, 소비자, 투자자 사이의 삼각 충돌

머니게임의 폐해는 막대한 금전적 손실만이 아니다. 그보다 더욱 심각한 것은 경제의 본질이 왜곡된다는 점이다. 금융은 본래 실물 부문의 원활한 작동을 촉매하기 위해서 생겨났지만, 이제는 그 자체의 동력이 급격하게 커지면서 주객이 전도되어버렸다. 경제라는 것이 과연 무엇을 위해 존재하는가 하는 원초적인 질문이 제기된다. 왜냐하면 우리의 경제 행위가 자기의 이익을 거스르는 결과로 이어지기 때문이다.

시장에서 경제의 주체들은 여러 가지 입장에 서게 된다. 크게 세 가지로 나눈다면, '노동자' '소비자' '투자자'다(시장 바깥의 영역으로 확대하면 '납세자'도 추가할 수 있다). 원론적으로는 투자와 생산과 소비가 잘 맞물려 돌아가 부가가치를 창출해야 하지만, 현실에서는 그렇지 못하다. 그 세 가지 경제 활동 사이에 모순이 생기고, 결과적으로 삶이 팍팍해진다. 어떻게 해서 그런 상황이 발생하는가. 세 경제 주체의 위상을 비교하면서 그 경위를 추적해보자.

먼저 노동자를 보자. 산업사회에서 사람들이 추구하는 가장 중요한 목표 가운데 하나는 좋은 직장을 얻는 것이다. 근대 이후 노동시장이 탄생하였고, 그 안에서 능력에 따라 여러 등급의 일자리가 생겨났다. 좋은 직장에 다니게 되면 그만큼 풍족한 생활을 영위할 수 있을 뿐 아니라, 그 자체로 남들에게 부러움을 사면서 뿌듯한 자부심을 가지고 살아갈 수 있다. 이러한 상황에서 젊은이들은 높은 봉급을 받는 직종에 취직하기 위해 좋은 학력과 각종 자격증을 취득하는 데 매진한다. 부모들은 자녀가 어릴 때부터 공부를 하라고 닦달한다. 노동시장에서 조금이라도 유리한 입지를 확보하기 위한 경쟁이 광범위하게 이뤄지는 것이다.

소비자는 어떤가. 산업사회는 생산을 중심으로 편성되지만, 노동자의 수는 인구의 절반에도 채 미치지 못한다(미성년자와 주부와 노년층 그리고 실업자의 수를 합치면 노동자보다 많다). 그에 비해 소비자에는 거의 모든 인구가 해당된다. 금전 개념이 없는 어린아이나 의식 불명 상태의 장애인이 아니라면 누구나 많든 적든 상품을 구매하기 때문이다. 그렇듯 모두가 소비자이기 때문에 그 입장이 개인적으로 또는 사회적으로 의미 있는 범주로 의식되지 않는다. 노동자처럼 어느 단계에서 갑자기 주어지는 신분이 아니고, 특별히 노력을 기울여 획득하는 자리가 아닌 탓도 있다.

그런데 경제가 성장하면서 노동자의 정체성 못지않게 소비자의 정체성이 부각되기 시작한다. 소비자의 정체성은 두 가지 차원에서 형성되는데, 그 한 가지는 어떤 상품을 소비하는가에 따른 차별 및 동류의식이다. 한국에서는 1990년대 이후 압구정동 오렌지족의 등장과 함께 본격적으로 소비사회가 전개되면서 상품의 코드가 구별 짓기 distinction 를 통한 자아 형성의 재료로서 점점 뚜렷한 위상을 갖게 되었다. '나는 쇼핑한다, 고로 존재한다'는 말처럼, 어떤 물건을 구매하느냐에 따라서 정체성이 형성되고, 비슷한 소비 수준을 가진 이들끼리 동질감과 소속감을 공유한다. 핸드백과 자동차 그리고 아파트에 이르기까지 각각의 영역에서 여러 단계의 '소비의 급수'가 형성된다. 명품을 선호하는 것은 물건 자체의 사용가치보다는 그것이 발휘하는 메시지('나, 이 정도 되는 사람이거든') 때문이다. 상품은 언어이고, 소비는 커뮤니케이션이 된다.

소비자 정체성 형성의 다른 한 가지 차원은 소비자의 권리다. 상품의 종류가 급속하게 늘어나고 생산 및 판매 시스템이 점점 복잡해지면서 소비자의 권익이 침해당하기 쉽다. 무엇보다도 '정보의 비대칭'으로 인해 자신이 손해를 보고 있다는 사실조차 알지 못하는 경우가 많다. 이러한 상황에서 상품의 불량이나 기업의 비윤리적인 행태로 인해 피해를 입은 소비자들이 이의를 제기하고 시정과 보상을 요구하는 운동이 활발해진다. 소비자 운동에 참여하는 이들은 지극히 일부지만, 소비자로서의 권리 의식이 예전보다 전반적으로 높아졌다. 거기에는 그 권리를 보호해주는 제도의 뒷받침도 중요한 역할을 했다고 볼 수 있다.

노동자와 소비자에 덧붙여 논의해야 할 또 하나의 경제적인 입장이 투자자다. 산업사회는 생산과 소비라는 두 개의 커다란 영역이 맞물려 돌아가는데, 경제가 성장하려면 꾸준하게 투자가 이뤄져야 한다. 그것은 기본적으로 기업주의 몫이다. 그러나 사업의 규모가 조금만 커져도 기업주의 투자만으로는 턱없이 모자라게 된다. 그래서 주식회사라는 제도가 탄생했다. 이제 누구나 사업이나 기업을 선택하여 투자할 수 있게 된 것이다. 그리고 그 주식을 언제든 사고팔 수 있는 시장도 열렸다. 투자자들은 투자 대상의 사업이나 기업이 커다란 이윤을 창출하여 자신에게 많은 배당금이 돌아올 것을 기대한다. 그리고 주식을 사고팔면서 얻는 차익을 노리고 주식시장에 뛰어든다. 은행의 금리와 비교가 되지 않는 고수익을 얻을 수 있지만, 투자한 돈을 몽땅 날리는 위험도 감수해야 한다.

산업화의 초기 단계에서 투자자의 수는 노동자나 소비자에 비해서 훨씬 적었다. 직장인이나 주부들 가운데 주식 투자를 하는 사람들은 일부에 불과했던 것이다. 그런데 경제가 일정한 궤도에 진입하면 금융 부문이 팽창하면서 그 자체로 엄청난 이윤을 창출하게 된다. 그에 맞물려 일반인들이 투자에 관심을 갖고 몰려든다. 한국에서도 1980년대 후반부터 주식 투자가 꾸준하게 확산되어왔고, 부동산과 함께 재테크의 두 기둥으로 확고하게 자리매김되었다. 그리고 각종 펀드상품이 등장하여 경쟁적으로 고객을 끌어들이면서 수많은 사람들이 투자자의 대열에 합류하게 되었다. 2006~2008년 무렵 한창 펀드에 엄청난 돈들이 유입될 무렵에는 직장인 가운데 연봉보다 많은 돈을 재테크만으로 벌어들이는 사람들도 꽤 있었다.

이상에서 현대 경제에서 노동자, 소비자, 투자자의 입장이 어떻게 형성되는지 간단하게 살펴보았다. 이 세 영역들이 긴밀하게 맞물리면서 시너지를 내고 모두의 이익을 최대화하는 방향으로 움직일 때 경제는 탄탄하게 성장한다. 그러나 그것은 이상적이고 원론적인 모델일 뿐이다. 현실 속에서 그 세 영역들 사이에는 긴장이나 갈등이 내재되어 있다. 예를 들어 투자자나 노동자는 가능하면 싼 재료를 써서 비싼 상품을 만들려고 애쓰는데, 그것이 실현될수록 소비자는 손해를 보게 된다(노동운동과 소비자 운동이 만나기 어려운 이유가 거기에 있다). 다른 한편 투자자와 노동자의 이해관계도 충돌한다. 투자자는 노동자의 인건비 및 복리 후생비 그리고 더 나아가 아예 노동자의 수를 최소화하기를 원할 것이기 때문이다.

그러나 사실 노동자, 소비자, 투자자는 상호 배타적인 존재가 아니다. 개념적으로는 뚜렷한 경계가 있지만, 실제로는 전혀 별개의 사람들로 구성되는 것이 아니라는 말이다. 위에서 언급했듯이 우선 모든 사람들은 소비자로 살아간다. 직장인들은 노동자이면서 동시에 소비자다. 주식 투자를 아예 직업으로 삼고 사는 사람들도 동시에 소비자다. 그리고 직장에 다니면서 주식이나 펀드에 돈을 넣어놓고 있는 사람들은 노동자이면서 투자자이면서 소비자다. 따라서 위에서 언급한 이해관계의 충돌이 한 개인의 경제 행위 안에서도 그대로 드러날 수 있다. 즉 자신의 이익을 극대화하기 위해 선택한 것이 결국 스스로에게 손실을 끼치는 자가당착에 빠지는 것이다.

예를 들어 자기 회사의 주식을 산 직장인은 모순된 상황에 맞닥뜨릴 수 있다. 그는 주주의 입장에서, 경영 구조를 개선하여 수익률을 올림으로써 주가가 오르고 배당금이 늘어나기를 희망한다. 그런데 그렇게 되려면 구조조정을 통해 사원을 해고해야 한다. 스스로 목에 칼을 겨누는 꼴이다. 지금 시대를 가리켜 '주주 자본주의'라고 말할 정도로 투자자들의 입김이 점점 막강해지고 있다. 그들이 일으키는 가장 큰 문제는 단기적인 이익에 집착한다는 점이다. 당장 자기에게 돌아오는 손익에만 골몰하는 것이다. 따라서 주주들은 종업원들의 복리는 안중에 없다. 그리고 기업의 장기적인 성장 같은 것에도 관심이 없다. 그래서 10년, 20년 뒤를 내다보고 연구 개발에 투자하는 일에 제동을 건다. 그 점에서는 경영자의 이해관계와도 상충한다.

다른 한편 소비자 입장과 투자자 입장 사이의 충돌은 어떤가. 이는 노동자와 투자자 사이의 충돌보다 훨씬 더 보편적이라고 할 수 있다. 예를 들어 어떤 주부가 펀드에 돈을 넣었는데, 그 돈이 어느 제과업체에 투자되었다. 그 기업은 단기 수익에 쫓겨 비용을 최소화하는 과정에서 불량식품을 만들어 판매하게 된다. 공교롭게도 그 주부는 그 과자를 아들에게 사 먹여 탈이 난다. 세상에 그럴 수가 있냐고 분통을 터뜨리지만, 자신의 돈이 바로 그 제과회사에 투자되었다는 사실은 알지 못한다. 각양각색의 투자상품들이 쏟아져 나와 고객들을 현혹하지만, 우리는 오로지 수익률에만 혈안이 될 뿐, 그 돈이 어디에 투자되어서 어떤 방식으로 세상에 영향을 끼치는지에 대해서는 관심이 없다. '어떻게 해서든 돈만 부풀려서 되돌려다오.' 그런 '묻지 마' 투자는 우리의 생존기반을 흔들어버린다.

자본의 자가 증식 경쟁이 치열해지는 경제에서 기업들은 이윤 확장 일변도로 치닫게 된다. 그 결과 우리의 생활 세계 자체가 위태로워진다. 최근 한국에서 심각한 문제로 부각된 기업형 슈퍼마켓SSM도 그러한 흐름 속에서 등장하였다. 동네 구멍가게나 슈퍼마켓은 보통 사람들이 그나마 소자본으로 생계를 꾸릴 수 있는 터전이었다. 수출에 기대어 고도성장을 구가하던 시절에는 대기업들이 거들떠보지도 않던 영역이었다. 그런데 기존의 시장이 포화상태에 이르자, 끊임없이 시장을 확대해야 살아남는 경쟁 체제에서 대기업은 영역을 가리지 않고 자영업자들과의 경쟁을 불사하면서 자신의 영토를 넓힌다. 주부들의 반찬값까지 싹쓸이하고 있는 것이다. 세계 어느 나라에서도 동네의 작은 가게들이 이렇듯 한꺼번에 밀려나는 경우는 찾아보기 어렵다.

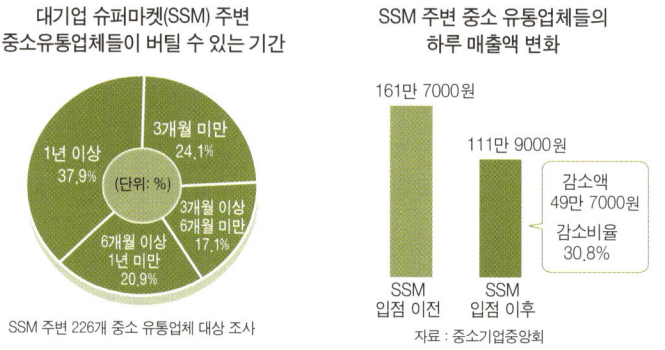

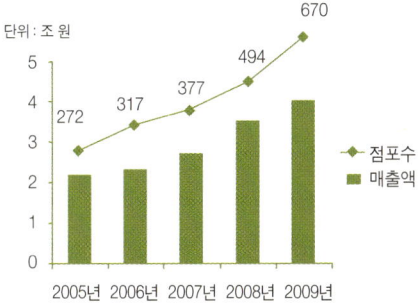

편의점 연도별 매출 추이

　기업형 슈퍼마켓은 대형할인마트와 마찬가지로 대량 구매와 일괄적인 물품 관리를 통해 소매가격을 낮춰줄 수 있다. 소비자들은 주머니 사정이 가벼워지므로 환영할 만한 일이다. 그러나 그러한 이익은 오래 지속되지 않는 경우가 많다. 기업형 슈퍼마켓이 입점하여 지역의 자영업자와 경쟁할 때는 가격을 낮추지만, 경쟁을 통해 자영업자가 멸망하고 독점적 지위를 확보하고 나면 다시 가격을 올리기 때문이다. 원래보다 더 올리는 경우도 많다. 그런 면에서 기업형 슈퍼마켓이 가격 인하의 효과를 불러온다는 것은 장기적으로는 맞지 않다.

　기업형 슈퍼마켓이 들어서면서 치러야 하는 더욱 중대한 대가가 있다. 사람들에게서 소박한 일자리를 빼앗아가는 것이다. 예전에는 회사를 퇴직하고 노후에 구멍가게 하나 운영하면서 살아갈 수 있었지만, 이제 점점 어려워지고 있다. 그나마 그런 가게를 운영하던 사람도 문을 닫고 대형할인마트에 비정규직으로 취직해야 할 판이다. 그나마 일정한 나이 이하의 여성들에게만 문이 열려 있다. 직장을 그만둔 남성이 퇴직금으로 슈퍼마켓 같은 것을 꾸리면서 제2의 인생을 시작할 수 있는 길은 점점 좁아진다. 적은 돈으로 할 수 있는 일이 없으니 너도 나도 주식이나 펀드로 몰려들고, 그것은 다시 보통 사람들의 밥벌이 터전을 옥죄어온다.

3. 화폐, 또 하나의 '이기적 유전자'

돈은 무조건 좋은 것이고 그것이 있으면 자동적으로 삶은 좋아진다고 여긴다. 그래서 다다익선多多益善이라고 생각한다. 그런데 정말로 그런가. 예를 들어 어느 부자 아빠에게 십 대 자녀가 매일 십만 원씩 용돈을 달라고 요구한다고 상상해보자. 알아서 쓸 테니까 용도는 묻지 말라고 하면서 말이다. 당신이 부모라면 응할 것인가. 그렇게 할 사람은 별로 없을 것이다. 돈의 가치를 아무리 신봉하는 부모라도 그 많은 돈을 아이에게 내어주지는 못한다. 자칫 아이의 심성이나 생활이 망가질 수 있다고 염려하기 때문이다. 돈에 대해 특별히 엄격한 태도를 취하는 사람이 아니라도, 청소년에게 너무 많은 돈이 주어지면 나쁜 결과로 이어지기 쉽다는 것을 잘 안다.

그렇다면 어른들의 경우에는 어떨까? 미성년자에게 갑자기 큰돈이 생기는 것이 위험하다면, 성인에게는 괜찮은가? 로또 당첨자들의 말로가 대개 어떤가는 잘 알려져 있다. 부모가 명확한 유언장 없이 막대한 재산을 남기고 타계하면 자녀들 사이가 흉측해지는 경우가 적지 않다. 개발 소문에 투기 바람이 불어 땅값이 치솟거나 토지 보상금으로 천문학적인 돈이 풀린 지역에 온갖 비극들이 이어진다. 석유나 다이아몬드 같은 광물자원의 노다지가 발견되어 오히려 저주의 땅으로 돌변하는 나라들이 아프리카 대륙에 많이 있다. 횡재는 재난이 되기 쉽다. 너무나 강력한 '돈독'이 마음과 인간관계 속으로 삽시간에 퍼져나가면서 모든 것을 집어삼키기 때문이다.

돈의 힘을 규명하기 위해 앞에서 비교한 노동자, 소비자, 투자자를 다시 살펴보자. 자본주의 사회에서는 노동자보다 소비자의 힘이 세다. 직장에서 하루 종일 눈치 보고 스트레스 받던 샐러리맨이 퇴근 후에 쇼핑을 할 때는 깍듯한 대접을 받는다. 돈의 힘은 그토록 절대적이다. 더 나아가 소비자는 기업주나 자본가도 벌벌 떨게 할 수 있다. 예를 들어 불량제품으로 피해를 입은 소비자 한 명이 대기업을 상대로 '맞짱'을 뜰 수도 있는 것이다. 집단 소송으로 들어가면 걷잡을 수 없다. 이미지에 타격을 입을까 전전긍긍하는 기업은 온갖 수단을 동원해 소비자들을 달래고 사태를 무마하려 한다. 지금처럼 인터넷과 소셜미디어가 발달한 시대에 기업의 오점 하나는 치명적인 악평이 되어 일파만파로 번져나갈 수 있기 때문이다.

그런데 소비자보다도 힘이 센 것은 투자자가 아닐까. 다만 그 힘이 일상에서 좀처럼 의식되지 않을 뿐이다. 돈의 익명성 때문이다. 4대강 개발사업에 반대하는 시민이라도 그 사업에 참여한 건설사의 주가가 오르는 것을 기뻐할 수 있다. 그 건설사가 4대강 개발사업에 참여하고 있다는 사실을 모른 채로 말이다. 향후 전망이 좋다는 증권사 직원의 권유에 따라 사놓았을 뿐이다. 그래서 주가의 동향을 들여다볼 때는 그 건설사의 승승장구를 응원하다가, 뉴스를 들여다볼 때에는 4대강 사업의 대책 없는 강행에 분노한다. 돈이라는 것이 일단 자기의 손을 떠나면 어떠한 방식으로 효력을 발휘하는지 추적이 되지 않는 시스템 속에서 벌어지는 자기 모순이다.

투자자의 힘이 세다는 것은 결국 돈 자체의 힘이 막강하기 때문이다. 이렇게 생각해보면 어떨까. 돈은 일종의 생물이라고. 그래서 모든 생물이 그러하듯이 후손의 번식을 위해서 분투한다고. 비유를 바꿔서 돈을 일종의 유전자라고 생각해보면 어떨까. 유전자에 대한 획기적인 개념을 제시한 책으로 리처드 도킨스 Richard Dawkins 의 『이기적인 유전자 The Selfish Gene』가 있다. 이 책에서 '이기적 유전자'라 함은, 사람이나 생물을 이기적으로 만드는 유전자를 의미하는 게 아니라, 유전자 자체가 무척 이기적이라는 뜻이다.

> **Tip**
> 도킨스는 진화생물학 영역에서 독보적인 위치를 갖고 있는 학자로서 한국에서는 『만들어진 신』이라는 책으로도 널리 알려져 있다.

생물의 번식이나 진화에서 주어를 바꿔보자. 눈에 보이는 동식물군이나 개체들이 아니라 그들을 구성하는 유전자들이 모든 변화의 주인공이라고 생각해보자. 그러니까 이 글을 읽는 당신도 "일시적인 유전자 조합을 보존하는 기구"22에 불과하다. 그렇다면 당신과 유전자의 관계는 무엇인가. 당신은 병들면 고통스러워하고 죽음의 그림자가 닥치면 두려워한다. 그런데 유전자도 그럴까? 도킨스에 따르면 만일 당신이 자녀를 한 명이라도 낳았다면 유전자는 당신의 몸에 아무런 미련을 갖지 않는다고 한다. 유전자는 오로지 자신의 연명에만 관심이 있기 때문이다. 이런 식으로 관점을 바꾸면 유전자가 우리를 위해 존재하는 것이 아니라 우리가 유전자를 위해 존재하는 셈이다.

최재천 교수는 이기적 유전자를 설명하면서 흥미로운 비유를 들었다. 흔히 '닭이 먼저냐 알이 먼저냐'라는 질문을 던지지만, 질문을 바꿔

---

22 • 리처드 도킨스, 이용철 옮김, 『이기적인 유전자』, 동아출판사, 1992, p. 48.

서 닭이 알을 위해 존재하는가 알이 닭을 위해 존재하는가, 라고 물어볼 수 있다는 것이다. 상식적으로 알은 닭이 그다음 세대를 이어가는 징검다리 내지 보조장치에 불과한 것이다. 그러나 달리 생각할 수도 있다. 알이 그다음의 알로 넘어가기 위해 닭을 이용하는 것이라고 해도 말이 된다. 생물체와 유전자의 관계도 그러하다. 유전자를 주인공으로 놓고 생명의 자기 복제 현상을 바라보아도 별로 무리가 없다.『이기적인 유전자』를 읽어보면 그 논거가 치밀하게 제시된다.

그러한 패러다임을 응용하여 이제 사람과 돈의 관계를 뒤집어 생각해보자. 돈이 사람을 위해 존재하는 것이 아니라 사람이 돈을 위해 존재한다. 돈이 이 세상의 주인공으로서 자기의 무한한 증식을 위해 사람들을 이용한다. 그 과정에서 사람들이 망가지고 사회가 균열되고 자연이 붕괴하는 것에 돈은 전혀 괘념치 않는다. 돈은 오로지 더 많은 돈으로 불어나기 위해 줄기차게 나아갈 뿐이다. 그리고 그 자기 복제의 속도는 갈수록 엄청나게 빨라진다. 궁극적으로 돈만이 살아남는 세상이 도래한다.

이 비유가 별로 무리라고 생각되지 않는 것은, 사람들이 돈과 관계를 맺는 방식 때문이다. 수많은 사람들이 무작정 돈 부풀리기에 매진한다. 10억 원만 생기면 더 이상 바랄 것이 없겠다고 생각하던 사람이 막상 그 꿈이 실현되면 생각이 달라진다. 주변에 20억, 30억 재산을 가진 사람들이 눈에 들어오면서 새로운 야망을 불태운다. 운 좋게 그 돈이 손에 쥐이면 이제 50억, 100억이 보인다. 그 많은 돈을 벌어서 어디에 쓰려고요? 이 질문에 대한 답은 없다. 그냥 막대한 재산을 소유하는 것 자체가 목적일 뿐이다. 제1장에서 인용한 피천득 선생의 수필「은전 한

닢」에 나오는 거지와 달리 그 욕심은 멈추지 않는다.

　술을 마시다 보면 내가 술을 마시는 것이 아니라 술이 나를 마신다는 느낌이 들 때가 있다. 마찬가지로 사람이 돈을 버는 것이 아니라 돈이 사람을 집어삼키는 듯하다. 어떤 목적에 필요한 돈을 버는 것이 아니라, 돈 자체를 부풀리는 것이 유일한 목적이 되어버리는 것이다. 돈이 궁극적이고 절대적인 존재가 되어 그의 존속과 확장을 위해 모든 것이 제물로 봉양된다. 모든 것을 바치지만 구원은 없다. 영화「반지의 제왕 The Lord of The Rings」에서 아무도 절대반지를 갖지 않았는데 모두가 그로 인해 불행해지는 것처럼 말이다.

　김밥으로 끼니를 때우면서 피 말리는 심정으로 모니터를 들여다보는 펀드매니저와 외환 딜러들, 돈은 벌었지만 건강이 무너졌고 가족관계도 바닥난 사업가, 토지 보상금 때문에 다투다가 작은아버지를 살해하여 구속된 사람(인천에서 실제로 벌어진 사건이다), 도박으로 전 재산을 날리고 길거리에 나앉은 카지노 노숙인…… 하지만 돈은 그런 인생들을 조금도 연민하지 않는다. 유전자가 자신이 구성하고 있는 생명체의 고통에 전혀 관심이 없듯이. 아니 어쩌면, 돈은 유전자보다도 더욱 이기적인지 모른다.

제 8 장

얼굴 있는 돈을 찾아서:
소액금융과 지역화폐

1. 그라민은행, 빈곤 탈출의 길잡이

"미수금 받아드립니다." 이렇게 씌어 있는 현수막을 곳곳에서 종종 마주친다. 채권자를 대신하여 돈을 받아내주고 수수료를 받는 신용 정보회사들이 걸어놓은 홍보물이다. 인터넷에서도 추심 대행업체들의 광고를 쉽게 찾을 수 있다. 안내문에 따르면 적법한 방식으로만 돈을 회수한다고 한다. 그러나 실제로는 그렇게 되지 않는 경우가 대부분이다. 실적에 따라 보수를 받는 영업 직원들은 어떻게 해서든 돈을 받아내려 하고, 그러다 보면 공갈이나 언어 폭력도 쉽게 휘두르게 된다. 영화 「물 좀 주소」(홍현기 감독, 2008)에서 주인공은 매번 수금에 실패하며 회사 내에서 실적 꼴찌를 면치 못하는 채권 추심원인데, 정작 그 자신도 빚 때문에 어느 사채업자에게 쫓기는 신세다. 숨통을 짓누르듯 조여오는 독촉에서 벗어나기 위해 다른 사람들에게 인정사정없이 윽박지를 수밖에 없다.

사정이 어려워서 갚지 못하는 착한 채무자이든 일부러 갚지 않는 악덕 채무자이든, 그들에게서 미수금을 받아내는 일은 자신과 타인의 인간성을 부인해야 수행할 수 있는 일이리라. 어떤 대학생이 리포트에 이런 글을 썼다. "가족끼리 아는 어떤 분이 사채업을 하신다. 원래 굉장히 온화한 분이셨는데 사채업을 시작하신 후로 인상이 많이 변하셨다. 아저씨께서 채무자들에게 돈을 갚도록 독촉하기 위해 일부러 위협적으로 보이도록 노력하기도 하셨다지만, 오랜만에 뵌 아저씨는 알고 지내던 나도 무서워할 만한 인상이 되어 있었다." 얼굴을 바꿔놓을 만큼 험악한 일이 채권 추심업인가 보다. 영화 「똥파리」(양익준 감독, 2008)에서 용역 깡패로 생계를 잇는 주인공은 어느 채무자의 집에 들이닥쳐 한바탕 폭행을 퍼붓고 나서 이렇게 말한다. "10초 후에 우리가 천사가 될지 악마가 될지 네가 결정하는 거야!"

그러한 협박에 시달리는 사람들 가운데 상당 부분은 빈곤한 사람들이다(협박하는 사람들 역시 인생의 막다른 골목에서 채권 추심업을 선택한 경우가 많다. 영화 「물 좀 주소」의 주인공처럼). 담보 능력과 수입이 부족하거나 '신용'이 불량해서 은행에서 대출을 받을 수도 없고, 결국 고금리의 사채업에 의존해야 한다. 심한 경우 연 200퍼센트의 이자까지 물리는 불법 사채의 늪에 빠지면 부채는 삽시간에 눈덩이처럼 불어난다. 이렇

영화 「물 좀 주소」 (2008) 포스터. 억대 연봉의 추심왕을 꿈꾸지만, 정작 자신도 빚에 쫓기는 신세인 주인공 등의 이야기를 다룬 리얼 코미디 영화이다.

듯 제도 금융에 접근할 수 없어 약탈적 대출predatory lending에 쉽게 노출되는 금융 소외계층unbanked이 전 세계적으로 늘어나고 있는 추세다. 미국의 경우 약 2천만 가구, 영국은 약 2백만 가구로 추산된다고 한다.[23] 한국의 경우에도 7등급 이하의 저신용자들이 8백만 명 이상인 것으로 파악된다.

경제의 사각지대로 밀려나 있는 이들에게 금융 지원을 하는 시스템으로 마이크로크레딧Microcredit이 있다. 가난한 사람들이 스스로의 힘으로 돈을 벌면서 경제적으로 자립할 수 있도록 지원하기 위한 '무담보 소액융자'로서, 1970년대 중반부터 라틴 아메리카와 아시아의 몇몇 나라들에서 개발 프로그램의 일환으로 시행되어왔다. 그 원조는 방글라데시의 그라민은행Grameen Bank으로(정식 설립은 1983년), 창립자 무하마드 유누스Muhammad Yunus 총재가 2006년 노벨 평화상을 받으면서 전 세계적으로 널리 알려지게 되었다. 그는 1976년 기아와 빈곤에 시달리는 마을을 조사하면서 가난한 사람들이 아무리 열심히 일을 해도 고리대금에 발목이 잡혀 처지가 바뀌지 않는 상황을 목격하고 자신의 쌈짓돈 27달러를 융자하는 것으로 이 사업을 시작했다. 2008년 현재 그라민은행은 누적 대출기금 75억여 달러, 방글라데시 전역에 2,500여 개의 지점을 두고 770만여 명에게 대출을 해주고 있다. 대출금 상환율은 99퍼센트에 이른다.

담보를 잡지 않는데도 돈을 떼이지 않는 비결은 무엇일까. 주요 대출 대상을 빈곤 여성들로 잡은 것, 5명이 하나의 조를 이루어 집단연대로 책임을 지면서 매주 한 번씩 모임을 갖도록 하는 시스템 등을 유누

---

[23] BBC 엮음, 『경제의 최전선을 가다』, 리더스북, 2007, p. 191.

스 총재는 꼽는다. 여성에 초점을 맞춘 까닭은 가계의 복지가 빨리 증진되기 때문이다. 남성들은 돈이 조금 생기면 흥청망청 탕진하기 일쑤인데, 여성들은 가족 전체의 살림과 자녀 교육에 알뜰하게 투자한다(남편이 워낙 무섭기 때문에 돈을 헤프게 쓰지 못하는 풍토 '덕분'이라고도 한다). 그리고 5인 1조로 그룹을 짓고 정기 모임을 갖는 까닭은 상호 결속과 책임 속에서 생계 행위가 튼실하게 다져지게 하기 위함이다. 은행도 대출자들과의 소통에 많은 에너지를 쏟는다. 단순히 돈을 빌려주고 상환 날짜 때까지 아무런 접촉이 없는 기존의 은행과 달리 여기에서는 대출자들이 경제적으로 성장할 수 있도록 지속적으로 관심을 갖고 정보 제공이나 컨설팅 등을 다각적으로 지원해준다.

그러한 사업의 밑바탕에는 사람의 잠재력에 대한 확고한 믿음이 깔려 있다. 가난한 사람들이 지니고 있는 힘, 그들이 대출금을 갚을 수 있는 능력을 신뢰하는 것이다. 말하자면 그라민은행은 단순한 경제사업이 아니라 사회운동이다. 기존의 통념과 관행에 도전하면서 생활의 양식과 철학에 변화를 일으키는 문화운동이다. 여성들이 주요한 대상이 된 것도 그런 점에서 의미가 있다. 남편을 앞세우지 않으면 은행에서 고객으로서 인정받지 못하는 가부장제 사회에서 자신을 경제의 주체로 자각하고 당당하게 일어설 수 있도록 북돋워주는 것이다. 대출자들은 돈을 빌리고 갚아가는 과정에서 새로운 자아와 만나게 되면서 내면의 에너지를 자각하고 삶에 대한 근본적인 태도를 바꿔나간다. 유누스 총재의 말을 들어보자.

> 난생처음 융자를 받은 사람들은 처음으로 원금을 갚을 때 무한한 기쁨을 느끼는데, 왜냐하면 자기가 원금을 갚을 수 있을 정도로 돈을 번다는 느낌을 처음으로 가져보기 때문이다. 〔……〕 그래서 만나는 모든 사람에게 자랑하지 않을 수 없다. 이들은 자긍심을 느끼고, 자기에게 이제까지 알지 못하던 커다란 힘이 있다는 자신감을 갖는다. 그라민은행은 소액 융자만을 주는 것이 아니다. 그라민은행은 사람들에게 자신 속에 잠재하고 있는 능력을 알게 하고 탐험하게 만드는 것이다. 그라민은행에서 돈을 빌리는 사람은 자기의 잠재력을 찾아내고, 이제까지 한 번도 써본 적이 없는 창조력을 발휘한다.[24]

가난이란 무엇인가. 국제협력기구 JICA는 이렇게 정의한다. "사람이 사람으로서 기초적인 생활을 영위하기 위한 잠재능력을 발휘할 기회를

---

[24] 무하마드 유누스·알란 졸리스, 정재곤 옮김, 『가난한 사람들을 위한 은행가』, 세상사람들의책, 2002, pp. 151~52.

박탈당하고, 그와 병행하여 사회나 개발 프로세스로부터 제외되어 있는 상태." 다시 말해 빈곤은 단순히 돈이 없는 경제의 문제만이 아닌 것이다. 사회에서 격리되어 자신의 능력을 펼치지 못하는 상황이 빈곤의 본질이다. 따라서 가난에서 벗어나려면 자아의 인격과 사회적 관계를 회복해나가야 한다. 융자는 그러한 변화를 매개하는 촉진제가 되어야 한다. 그래서 유누스 총재는 일관되게 주장한다. "마이크로크레딧 융자를 받는 것은 기본적인 인권이다."

2. 미소금융의 결정적인 맹점

그라민은행의 성공 사례는 우리에게 많은 것을 시사해주지만, 그 모델을 그대로 한국에 이식하기는 쉽지 않을 것이다. 사회 경제적 조건의 차이가 크기 때문이다. 만일 유누스 총재가 한국에서 소액 금융사업을 벌인다면 상당히 다른 접근을 취해야 할 것이다.

어쩌면 방글라데시가 더욱 쉬운 면이 있을 듯하다. 아직 산업화가 이뤄지지 않았고 학력 수준이나 근로 의욕이 전반적으로 낮은 상태이기에, 누구든지 삶의 태도를 근면 모드로 변환하고 열심히 노력하면 부富가 창출되기 때문이다. 노동시장이든 상품시장이든 미개척지인 상태라서 일거리를 찾기가 상대적으로 쉽다는 말이다. 그에 비해 한국은 노동력과 상품 모두 포화상태라서 틈새가 별로 없다. 그나마 서민들이 먹고 살 수 있는 영역까지 대기업이 잠식해가고 있다. 이런 환경에서 자영업자나 중소기업들은 악착같이 일을 해도 생존하기가 매우 버겁다.

또 한 가지 차이가 있다면 지역사회의 상황이다. 그라민은행이 대출의 조건으로 내걸고 있는 5인 1조 시스템은 상환률 99퍼센트의 핵심 비결 가운데 하나다. 각자 알아서 일하고 수익을 창출하는 것이 아니라 소그룹 안에서 협동하고 다른 멤버들에 대해서 공동으로 책임지는 구조인 것이다. 다른 사람들의 시선을 의식해서라도 열심히 일하고 빚을 갚으려 애쓴다. 돈을 갚지 않고 버티기가 어렵고, 낯선 곳으로 도주해버리는 것은 더욱 어렵다. 어느 동네에 가든 거기에는 이미 오랜 동안 형성되어온 이웃 관계가 있기에, 이방인으로 그 안에서 주민으로서 인정을 받기가 쉽지 않다. 말하자면 사회적인 규율이 작동하는 것이다.

한국에서도 그런 규율을 기대할 수 있을까? 방글라데시는 도시든 농촌이든 마을의 이웃관계가 살아 있다. 한국도 1980년대까지 판자촌이나 달동네가 그러했다. 그 덕분에 육아나 노인 봉양 그리고 소소한 일상사에서 품앗이가 이뤄졌고, 날품팔이 등의 일자리를 찾는 정보 네트워크가 작동했었다. 하지만 경제적 궁핍을 메워주던 그러한 사회적 관계가 지금은 거의 해체되어버렸다. 가난한 주민들은 재개발로 기존의 커뮤니티가 무너져 대부분 여러 곳으로 흩어졌다. 연립주택 지하로 들어간 경우 극도의 고립 속에서 살게 되고, 임대아파트에 입주한다 해도 예전의 이웃관계는 생겨나지 않는다. 그라민은행이 빈민들의 자활을 도모하는 데 활용했던 '사회적 자본'이 한국에서는 거의 고갈되었다고 볼 수 있다. 이러한 차이를 고려하지 않고 마이크로크레딧의 외형만 옮겨오게 되면 밑 빠진 독에 물 붓기가 되기 쉽다.

한국에서도 금융 소외 계층을 위한 자활 지원사업으로 '미소금융'과 '햇살론'이라는 것이 생겨났다. 서민의 경제적 자활을 위해 정부가 금융기관과 대기업 등을 독려하여 특별히 기금을 조성하였지만 운영이 쉽지는 않은 모양이다. 정부는 '친서민' 정책을 내세워 국민들의 호응을 얻으려 하고, 특히 선거철에 대대적인 홍보를 한다. 돈줄이 말라 있는 서민들이 귀가 번쩍해서 은행을 찾는다. 신용등급이 낮아 기존 은행에서 대출을 받지 못하는 사람들에게 무담보 무보증에 비교적 싼 이자로 돈을 빌려주기 때문에 신청자들이 쇄도할 수밖에 없다. 하지만 금융기관에서는 대출금을 회수하지 못할 경우 고스란히 손실을 떠안아야 한다. 따라서 대출 심사가 까다로워지고, 정부의 홍보만 믿고 은행 창구에 갔지만 '친절하게' 거절당하는 경우가 대부분이다. 실제로 전체 사업비의 10퍼센트정도밖에 집행되지 않았다고 한다.

정부의 입장에서는 모처럼 추진하는 서민 친화 정책이 생색이 나지 않아 안달이다. 그런데 수혜자를 늘리기 위해서는 대출 자격 요건을 완화해야 한다. 그것은 곧 도덕적 해이로 이어지기 쉽다. 실제로 대출 대상자들 사이에는 대부금을 공짜 돈으로 여기는 분위기가 있다고 지적된다. 손에 넣기는 매우 어렵고 일단 수중에 들어오면 책임이 따르지 않는 눈먼 돈으로 마이크로크레딧이 전락한다면, 서민을 위한 금융 제도는 얼마 지나지 않아서 기반이 허물어지고 말 것이다.

한편으로는 대출이 여전히 까다롭다고 불평이 쏟아지고, 다른 한편으로 도덕적인 해이에 대한 우려가 제기되는 까닭은 무엇인가. 책임과 열정을 가지고 사업의 궁극적인 목표를 성취하려는 사람이 없기 때문이다. 기존의 은행처럼 정해진 원칙대로 돈을 빌려주고 만기가 되면 회수하는 식으로 운영한다면 위에서 지적된 딜레마를 벗어날 길이 없다.

> **Tip**
>
> 2010년 9월, 이명박 대통령은 시장에서 만난 어느 상인이 어려움을 호소하자 자신이 차고 있던 손목시계를 채워주면서 이것을 가지고 미소금융을 찾아가라고 한 적이 있다. 객관적 기준으로 심사해서 대출이 가능하다면 받을 수 있는 것이고, 그렇지 않다면 받지 못하는 것이 원칙이다. 대통령의 처사는 그런 원칙과 관계없이 대출을 해주라는 직권 남용에 다름 아니었다.

그라민은행의 성공 비결은 그런 무사안일의 관료체제를 타파한 데 있다. 대출자들에게 밀착하여 그들의 능력이 충분히 꽃필 수 있도록 연구하고 지원하는 헌신이 없었다면 회수율 99퍼센트를 이룩할 수 없었을 것이다. 거기에는 사람에 대한 깊은 신뢰가 깔려 있었기에 가능했던 것이다.

우리 사회에서 '신용'이란 무엇인가. 은행에서 매기는 신용등급의 기준은 무엇인가. '신용회복위원회'라는 기관에서는 어떻게 신용을 회복시켜주는가. 아무리 열심히 일해도 저축하지 못하는 '제로 인생,' 금융기관에서 거부당하고 미래의 희망을 박탈당한 이들에게 무조건 돈을 준다고 해서 삶이 달라지지는 않는다. 자신의 능력을 자각하고 발휘하면서 부가가치를 창출하고 그것이 돈의 선순환 구조를 이뤄낼 때 실질적인 변화가 시작된다. 눈으로 당장 확인할 수 있는 담보나 보증 그리고 채무 상환 능력만 따지는 기존의 은행과 달리, 대출자들 안에 잠재되어 있는 힘과 그들의 사회적 유대가 빚어내는 창조적 시너지를 통찰하고 신뢰하는 것. 노벨 경제학상이 아니라 노벨 평화상을 받은 경제학자 유누스 총재의 그라민은행이 경제의 기적을 일으킨 '얼'은 바로 그것이다.

한국은 '사회적 자본'이 방글라데시보다 열악한 편이고, 전반적으로 사람들 사이의 신뢰는 점점 떨어지고 있다. 따라서 한국의 빈곤 탈출 프로젝트는 사회의 재생에 더욱 힘을 기울여야 한다. 단순히 경제적인 회생에만 초점을 맞춘 금전의 지원으로는 경제 상황조차 바꾸지 못한다. 삶은 유기적인 복합체이고, 경제는 그 한 차원이기 때문이다. 살림살이의 입체적인 얼개를 시야에 넣으

> **Tip**
>
> 그 한 가지 지표로 최근에 급증하는 소송을 들 수 있다. 『2010 사법연감』에 따르면, 2005년 555만 건이었던 소송 사건이 2009년에는 634만 건으로 증가했다. 민사소송 건수의 경우 인구가 2.5배인 일본에 비해 두 배 가까이 되고 있고, 최근 10년 사이에 소송 증가율이 인구 증가율을 다섯 배 이상 뛰어넘고 있다. 사회의 갈등 조절 기능이 점점 취약해지고 있음을 보여주는 단적인 증거다.

면서 변화를 일으킬 수 있는 계기들을 다양하게 포착해야 한다. 한편으로 마음의 숨은 힘을 두드려 일으켜내야 하고, 다른 한편으로 삶의 씨줄 날줄로 엮이는 관계의 생태계를 조성해야 한다. 그것은 대단히 미시적이고 구체적이며 섬세한 접근을 요구한다. 사람들이 자신의 내밀한 동기를 표출하면서, 그 에너지를 사회적인 역동으로 승화하여 경제의 토대로 조직해내는 작업이 필요하다.

바로 그러한 지향을 가지고 설립된 것이 '사회연대은행'이다. 그라민은행을 참고로 2001년 생겨난 마이크로크레딧 민간단체다. 이 단체는 IMF 금융위기 이후 빈곤층이 급증하는 상황에서 그 악순환의 핵심 고리 가운데 하나인 '금융 소외'를 해결한다는 목적으로 사업을 벌여왔다. 높은 은행 문턱에 가로막혀 가난에서 탈출하지 못하는 이들에게 무담보 무보증으로 사업 자금을 빌려준다. 돈만이 아니라 기획에서부터 창업, 경영기술 자문, 판로 개척 등을 각 분야에 걸쳐 전문가들의 힘을 빌려 노하우를 제공한다. 지원을 받고자 하는 사람들이 너무 많아(경쟁률이 보통 10 대 1) 엄격하게 심사를 하는데, 그 핵심 기준은 사업계획의 타당성과 자활 의지라고 한다.

이 단체는 '은행'이라고 이름은 붙어 있지만 예금을 받지는 않고, 기부금이나 투자를 받아 운영하고 있다. 따라서 기존의 금융기관처럼 이윤을 추구하지 않는다. 대출금에 대한 이자가 높지 않은 것은 물론이고, 이자가 아니라 연대정신이 늘어나는 것이 은행의 목적이라고 천명하고 있다. 노동시장의 사각지대에 놓여 있고 금융에서도 소외된 빈곤층의 경제적인 회복을 돕는 이러한 사업은 향후 사회적 경제의 확장 가능성을 가늠하는 중요한 시도라고 할 수 있다.

3. 레츠(LETS): 누구나 발행할 수 있는 화폐

폴 크루그먼Paul R. Krugman 교수의 『불황의 경제학The return of depression economics』에 이런 이야기가 나온다. 미국의 국회의사당에 근무하는 젊은 부부들이 공동육아협동조합Great Capitol Hill Baby-sitting Co-op을 만들었는데, 여기에서는 아이 돌보는 직원을 따로 고용하는 대신 모두가 서비스의 수요자이자 공급자가 되는 시스템이었다. 그래서 아이를 돌보는 사람들은 쿠폰을 발행할 수 있고, 아이를 맡기는 사람들은 쿠폰을 지불해야 한다. 그런데 그 쿠폰과 육아 노동이 비슷한 규모로 유지되지 못했다. 바캉스를 염두에 두고 많은 조합원들이 평소에 열심히 아이를 돌봐주면서 쿠폰을 모아두려 했다. 그러나 아이를 맡기려는 조합원이 부족하기 때문에 쿠폰이 점점 귀해졌다. 쿠폰을 가지고 있어도 사용하려 하지 않았다. 그 결과 베이비시팅의 기회가 점점 줄어들고, 조합은 불경기로 빠져들었다.

베이비시팅 쿠폰은 화폐의 일종이다. 그 자체로는 아무런 가치를 갖고 있지 않은 교환권이라는 점에서 그렇다. 다만 화폐의 경우에는 워낙 통용의 범위가 넓다 보니 절대적으로 선호될 뿐이다. 그렇게 불경기로 빠져들었다가, 휴가철이 되면 베이비시터 역할을 해줄 조합원이 갑자기 줄어들어 쿠폰이 남아돌 것이다. 일반적인 시장 원리가 작동한다면 쿠폰을 두 장 주어야 아이를 돌봐주는 상황이 될 수 있다. 말하자면 인플레이션이 일어나는 것이다. 경제의 실체를 함축적으로 보여주는 사례라고 할 수 있다.

공동육아협동조합원들이 돈 대신 베이비시팅 쿠폰을 사용한 것처럼, 여러 가지 물품이나 서비스를 교환할 수 있는 쿠폰을 공동체 내에서 발행하여 유통할 수는 없을까? 그렇게 되면 돈에 대한 의존이 줄어들 수 있지 않을까? 바로 그러한 문제의식에서 출현한 것이 지역화폐 LETS, Local Exchange and Trade System다.

레츠는 1983년 캐나다 밴쿠버 인근의 섬에 있는 인구 5만 명 정도의 코목스 발레에서 시작되었다. 지역의 주 산업인 목재가공소가 문을 닫자 실업자가 늘어나 심각한 불황에 빠지게 되었을 때, 마이클 린튼Michael Linton이라는 사람이 지역 내에서만 유통되는 통화를 만들어 국가 통화의 부족을 보완하면서 지역 내의 경제 순환을 구축하기 위해 레츠를 만든 것이다. 그 뒤에 레츠의 한계를 극복하기 위해 통용의 범위를 확대한 토론토 달러가 등장했다. 미국에서는 1980년에 모든 가치를 노동 투여 시간을 기준으로 환산한 '타임 달러'라는 것이 등장했는데, 주민들 사이에 서비스 교환을 통한 교류가 활성화되는 것을 목표로 하였다.

한국에 레츠가 알려진 것은 『녹색평론』이 1996년 미국 등의 외국 사례를 번역 소개하면서부터였고, 1998년 대전 지역의 '미래를 내다보는 사람들의 모임'에서 처음 시도를 하였다. 그 외에도 IMF 경제 위기 속에서 실업자들의 대안적인 일자리 창출 차원에서 여러 곳에서 시도를 하였지만, 몇 년 지나지 않아 중단된 경우가 많았다. 지금까지 명맥을 잇고 있는 지역은 대전(한밭 레츠), 부산(사하 품앗이), 과천(과천 품앗이), 인천(이웃사랑 품앗이), 대구(늘품) 정도다. 이 가운데 가장 널리 알려진 '한밭 레츠'는 지난 2000년 시작돼 국내 최대 지역통화로 자리 잡아 대전 시내에 거주하는(농산물 생산자의 경우 거주지 제한 없음) 사람들 중 현재 600여 명의 회원이 참여하고 있다. 그 안에는 병원이나 가게들도 있어서 의료, 농산물, 자원활동, 후원활동 및 어린이 봐주기와 과외 등이 거래된다.

　지역화폐로 통용되는 거래는 전체 경제의 규모에 비교하면 너무나 미미한 수준이다. 그러나 그것이 지니는 의미는 매우 급진적이다. 화폐라고 하면 중앙은행에서 찍어내는 돈만을 생각하고 그것만을 손에 넣으려 애쓴다. 그 돈만이 나의 삶을 안정되게 지켜줄 것이라고 믿기 때문이다. 그러나 글로벌하게 얽혀 있는 금융 시스템 속에서 통화의 가치는 외적인 요인들에 의해 늘 요동치고, 1997년 아시아의 통화 위기에서 경험했듯이 거대한 헤지펀드Hedge Fund의 직격탄을 맞고 순식간에 폭락하면서 경제가 파탄날 수도 있다. 그런데 만일 지역 차원에서 발행하여 유통하는 화폐가 있다면 국제적인 변수들에 좌우지되지 않을 것이다. 그러나 지역화폐는 그런 방어적인 목적을 위해 창안된 것이 아니다. 핵심은 경제활동의 목적이 돈벌이가 아니라 실제로 필요한 가치의 생성과 유통에 있다는 점이다.

> **Tip**
> 국제증권 및 외환시장에 투자해 단기이익을 올리는 민간 투자기금.

　그런데 왜 지역인가. 가격이라는 '보이지 않는 손'을 통해 수요와 공급을 이어준다는 시장은 매우 효율적이지만 커다란 맹점도 있다. 사회의 규모가 커지고 생활세계가 복잡다기해질수록 시장 메커니즘은 한계가 많아진다. 사람과 사람 사이의 경제적 인연을 맺어주기가 점점 어려워지는 것이다. 모든 사람들이 광범위한 노동시장과 상품시장을 통해서만 자신의 필요를 충족시키려 하는 동안, 정작 가까운 이웃끼리 쉽게 접속할 수 있는 가능성은 자꾸만 좁아진다. 아침 일찍 나가 밤늦게 들어오는 사람들 사이에, 상대방이 무엇을 갖고 있거나 할 수 있는지 알

수가 없다. 집에 있더라도 저마다 미디어를 통해 드넓은 세상사에만 온통 관심을 쏟고 있기 때문에, 나의 능력이나 소유물을 누가 필요로 하는지를 알기는 매우 어렵다.

예를 들어 집에 세면대의 하수구가 막혔다 하자. 그것을 혼자서 뚫을 수 없어서 고생하다가 수리공을 불러서 고쳤는데 알고 보니 바가지를 썼다. 그런데 바로 앞집에 그것을 능숙하게 해낼 수 있는 아저씨가 살고 있었다. 그에게 부탁했으면 돈도 들이지 않고 빨리 해결할 수 있었을 텐데 그렇게 하지 못했다. 관계가 단절되어 있거나 피상적으로만 알고 지내기 때문이다.

또 다른 예를 들어보자. 어떤 집에서 아이가 자라나면서 필요 없게 된 유아용품을 멀쩡한 채로 버린다. 그런데 바로 옆 동 아파트에 아이를 갓 낳은 어떤 집에서는 비싼 돈을 주고 새로운 용품들을 구입한다. 어떤 집에 혼자 사는 직장 여성은 반찬 만들 시간이 없어서 부실한 식사를 하거나 외식을 일삼는다. 그런데 바로 앞집에 혼자 사는 할머니는 왕년에 식당에서 요리를 했던 분이다. 이 모든 경우에 간단하게 서로의 능력과 필요를 연계할 수 있지만 기존의 상품시장 및 노동시장은 제대로 이어주질 못한다. 그런 식의 예를 들자면 끝이 없다. 지역화폐는 그런 단절을 매개하는 대안적인 미디어라고 할 수 있다. '보이지 않는 손' 대신 '보이고 들리는 정보(언어)'를 통해 경제적 관계를 구축하는 것이다.

그렇다면 지역화폐 시스템은 어떻게 작동하는가. 대전의 한밭 레츠(http://www.tjlets.or.kr)의 운영 원리를 알아보자. 회원들은 자기가 필요하거나 제공할 수 있는 물품이나 노동을 홈페이지 안에 있는 '거래하고 싶어요'에 등록한다. 그 정보를 토대로 회원들끼리 자발적으로 또는 중재소를 통해서 거래를 하게 된다. 가격은 상호 합의로 결정되고, 전체 액수의 30퍼센트 이상을 두루(한밭 레츠의 화폐 단위)로 지불한다. 거래가 끝나면 '거래했어요'라는 계정에 기록된다. 예를 들어 A가 B에게 1만 두루를 주고 물건을 구입했다면, A씨의 계정에는 -1만 두루, B씨의 계정에는 +1만 두루가 올라가는 것이다.

모든 계정은 0에서 시작하고, 물품이나 노동력을 제공하여 두루를 벌지 않아도 쓰는 것부터 먼저 할 수 있다. 말하자면 마이너스 통장으로 출발하는 것인데, 그렇게 해도 이자가 붙지는 않는다. 지금 당장 지불하지 않아도 언젠가 벌어서 계정을 맞추면 되는 다자간 품앗이라고 할 수 있다. 그렇다면 이런 의문이 들 것이다. 일부 회원들이 계속 마이너스로만 살아가면 어떻게 될까? 즉, 자신은 아무런 물품이나 노동을 제공하지 않고 받기만 하는 것이다. 동서고금을 막론하고 어느 공동체에서나 골칫거리인 '무임 승차자 free rider'이다.

공동체의 구성원들은 그 나름의 대응방식을 찾지 않을 수 없다. 사회적인 압력이나 배제 등의 제재가 가장 보편적이다. 그 제재가 효력을 발휘하지 못하면 공동체는 흔들린다. 지역화폐의 경우에도 누군가가 빌붙어 먹겠다고 작정하고 계속 마이너스 계정으로 치달을 경우, 다른 회원들은 서서히 그와의 거래를 기피하게 될 것이다. 그런데도 무임 승차

지역 화폐 거래 가상 모형도

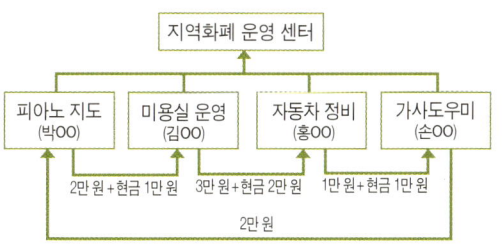

제8장 얼굴 있는 돈을 찾아서 : 소액금융과 지역화폐 | 151

자가 너무 많아지면 화폐 공동체는 유명무실해질 수밖에 없다. 그래서 한밭 레츠의 경우 회원 가입 때 그 취지와 마음가짐 등에 대해 숙지하도록 교육에 힘을 기울이고 있다.

무임 승차자가 아닌데 마이너스 계정으로 가는 회원이 있을 수도 있다. 예를 들어 육체의 질병 등의 곤경에 처해 받을 것만 많고 줄 수 있는 것은 없는 경우가 그것이다. 이러한 사정이 공동체 내에 충분히 숙지가 된다면 구성원들은 일종의 자원봉사 내지 기부의 개념으로 기꺼이 물품이나 노동을 제공할 수도 있다. 계정에는 +와 -가 기록되지만, 채권과 채무가 아니라 돌봄과 베풂의 흔적으로 남는 것이다. 지역화폐의 경제에서는 돈이 목표가 아니라 사람들 사이에 소통과 협력을 통해 가치를 창출하고 누리는 것이기 때문이다.

미국 포틀랜드의 지역화폐인 도르체스터 레츠Dorchester LETS의 조정자인 앤 리카르드는 자신의 공동체에 대한 가치를 다음과 같이 요약하고 있다. "가장 중요한 요소는 레츠가 아니었다면 서로 모르고 지냈을 사람들과 관계를 맺을 수 있다는 것과 비용에 대해 신경 쓰지 않고 서로를 도울 수 있다는 점입니다. 레츠는 사람들에게 마음놓고 도움을 청하고 도움을 줄 수 있게 해주었습니다."[25]

물론 레츠의 회원이라고 해서 지역화폐로만 살아가는 것은 아니고, 회원들 사이의 거래조차 100퍼센트 지역화폐로 이뤄지는 것이 아니다. 기존의 화폐를 지역화폐로 완전히 대체한다는 것은 완전한 자급 경제를 의미하는데, 그것은 비참한 빈곤의 나락으로 떨어질 수밖에 없다. 인류

---

[25] · 조너선 크롤, 박용남 옮김, 『레츠: 인간의 얼굴을 한 돈의 세계』, 이후, 2003, p. 63.

가 발명하고 쇄신해온 시스템의 장점을 충분히 활용하고 광역화된 규모의 경제에 자유롭게 편승하는 것이 바람직하다. 다만 그것으로 포섭되지 않는 경제의 잠재력을 발굴하고 기존의 화폐로 매개되지 않는 수요와 공급을 잇는 또 하나의 매체로서 지역화폐의 의의가 있는 것이다.

지역화폐에는 한 가지 중요한 전제가 깔려 있다. 이 세상에 쓸모없고 무능한 사람은 없다는 정신이다. 비록 노동시장에서는 설 자리가 없을지라도 누군가 그 사람을 필요로 할 수 있다. 보잘것없는 재주라도 누군가에게 기쁨을 줄 수 있다. 그리고 돈을 벌지 않고서도 내가 필요한 것을 타인으로부터 얻을 수 있다. 실제로 지역화폐 공동체에서는 많은 실업자나 소외 계층이 살아갈 힘을 얻고 경제적인 능력을 체득한다. 그 핵심은 사회적 관계의 복구다. 실업이 단지 경제적인 빈곤의 문제가 아니라 사회적 고립과 무기력이라는 더욱 근본적인 차원의 문제라고 볼 때, 지역화폐를 통해 타인 및 사회와의 접점을 회복한다는 것은 중대한 의미를 갖는다.

지역화폐를 통해 이뤄지는 거래는 인격적인 관계를 기반으로 한다. 주고받는 물건이나 노동에 그 나름의 사연이 있는 것이다. 우리는 엄청나게 많은 상품을 소비하고 살지만 그 사물들은 고유한 시간의 흔적을 지니지 못한다. 익명의 체제 속에서 대량으로 생산되고 유통되기 때문이다. 그에 비해 지역화폐로 매개되는 거래에는 저마다 독특한 스토리들이 스며든다. 서로를 알아볼 수 있는 관계 또는 설혹 친분관계가 없다 해도 의미와 지향을 공유하는 공동체의 테두리 속에서 이뤄지는 거래이기 때문에 당사자들이 영위해온 삶의 맥락과 뉘앙스가 자연스럽게 묻어나온다. 누군가의 얼굴과 생애가 묻어 있는 물건이나 노동은 단순한 상품이 아니다. 그것은 애틋함, 흐뭇함, 고마움 같은 정서가 녹아들어 있는 선물이기도 한 것이다.

지역화폐는 돈의 본질을 새삼 상기시켜준다. 돈 그 자체가 절대적인 가치를 지닌 것으로 여기면서 무한정으로 획득하고 축적하는 사회에서, 사람과 사람 사이에 생겨날 수 있는 다양한 이음새는 차단된다. 사회적 관계와 협동을 촉진해야 할 돈이 오히려 그것을 가로막는 것이다. 그래서 수많은 '무능력자'가 생겨난다. 지역화폐는 노동시장이라는 거대한 경쟁무대로 나가지 않고서도 일상의 가까운 곳에서 일거리를 찾을 수 있도록 도와준다. 돈이 있어야만 대접받는 상품시장이 아니어도 필요한 것을 얻을 수 있는 길을 열어준다. 물품에 사연을 담고 노동에 보람을 실어 거래하면서 삶의 소소한 즐거움을 만들어가는 것, 타인을 통해 자신의 존재 가치를 확인하고 공적인 행복감을 누리는 것, 지역화폐가 추구하는 세계가 바로 그것이다.

4. 부(富)를 매개하는 돈으로

'돈'이라는 명사는 '돈다'라는 동사에서 유래했다고 한다. 제2장에서 언급했듯이 통화通貨라는 단어에도 무엇인가가 오간다는 뜻의 '通' 자가 들어가 있다. 돈은 혈액과 마찬가지로 끊임없이 소통해야 한다. 그 흐름이 원활하지 않으면 '유동성 위기'가 올 수도 있다. 그런데 지금 돈은 어떻게 움직이고 있는가. 글로벌한 금융 시스템 속에서 순식간에 천문학적인 규모의 돈이 광속으로 지구촌을 누비지만, 지역에서는 돈이 점점 말라가고 있다. 대기업은 현금('실탄'이라고도 표현한다)을 잔뜩 비축하고 있지만, 중소기업과 자영업자들은 상시적인 유동성 위기에 시달린다.

　신체로 비유하자면 대동맥에는 너무 많은 피가 너무 빠른 속도로 흘러 다니는데, 모세혈관에는 피가 돌지 않아 점점 창백하게 굳고 비틀어져가는 형상이다. 그렇다면 대동맥을 뛰어다니는 피는 무엇을 실어 나르고 있는 것일까. 산소와 영양분을 실어 나르면서 신진대사를 돕고 있는가. 그 순환기능이 제대로 작동하고 있다고 보기가 매우 어려운 상황이다. 그러므로 돈의 성격이 바뀌어야 한다. 자신의 확대 재생산을 위한 '이기적 유전자'가 아니라, 진정한 부富의 증진을 도모하는 매개체여야 한다.

　그렇다면 그 구체적인 존재 방식은 무엇인가. 결국 대안적인 금융 시스템이 요청되는데, '구상일본構想日本' 대표이자 '도쿄재단' 회장인 카토우히데키加藤秀樹 씨는 그 본질을 지역에 밀착한 '얼굴이 있는 금융'이라고 개념화하면서 세 가지로 핵심을 간추린 바 있다.[26] 그 내용을 요약하면 이러하다.

1) 리스크의 평가에서 가치의 평가로

　글로벌 금융에서는 시장의 리스크 평가 기능과 리스크 분산 기능을 중시했으나 기대만큼 작동하지 못했다. 너무나 복잡한 거래들이 얽히고설켜 리스크를 일일이 파악할 수 없는 상황에서 한 번 문제가 터지면 걷잡을 수 없는 연쇄 파급이 일어나 시스템 전

---

[26] 加藤秀樹, 「グローバルとローカルが共存 金融は〈世界 制度〉に」, 『WEDGE』, 2009. 8.

체의 기능 부전으로 이어지기 쉽다. 대안적인 금융에서는 리스크보다는 가치평가를 보다 정밀하게 수행함으로써 리스크를 억제해야 한다. 풍부한 자연, 안전한 환경, 인적 자산, 축적된 노하우, 관계의 자산 등 기존의 금융에서는 숫자로 평가되기 어려운 가치들이 논외의 대상으로 무시되었지만, 앞으로는 그렇듯 눈에 보이지 않는 가치들을 포착하는 시스템이 필요하다.

2) 단기의 평가에서 장기의 평가로

'얼굴이 보이지 않는' 관계에서 이뤄지는 거래는 사태를 단기적으로 판단하고 당장 사고팔 수 있는 금전적 현재 가치만을 따지게 된다. 그러나 토지나 금융자산의 시가 時價는 외부 요인에 의해 수시로 변동하는 것으로, 기업의 경영 능력이나 장래성과 무관한 경우가 대부분이다. 장기간에 걸친 관계에서는 시가 평가 자체가 무의미할 뿐 아니라, 자칫 거기에 얽매이다 보면 지속적인 성장에 필요한 것들을 놓치기 쉽다. 따라서 지역에 밀착한 '얼굴 있는' 금융에서는 시가 평가를 적용하지 않는 부분을 인정해야 한다. 그리고 투명성 제고라는 명분으로 사분기마다 기업 실적을 공개하는 단기화 추세도 문제가 있다. 지역 경제에서는 오히려 5~10년 단위의 기업 경영에 관한 사항이나 재무제표에는 드러나지 않는 자산을 포함하는 장기적 경영 실적 공개 같은 것이 검토되어야 한다.

3) 책임의 전가에서 책임의 공유로

글로벌 금융에서는 리스크를 최대한 분산시켜 위험한 사태를 미연에 방지하는 '책임 전가' 시스템을 구사했다. 채권의 증권화에 의한 리스크 분산은 채권자와 채무자의 거리를 멀고 복잡하게 만들어 채권 회수의 연쇄 고리가 깨질 때 총체적이고 연쇄적인 파국을 피할 수 없었다. 그에 비해 지역 밀착 금융에서는 '책임 공유'가 가능하다. '얼굴이 보이는' 가운데 누가 어떤 행위를 하는가를 명확하게 파악할 수 있기 때문이다. 그러한 환경에서는 통상적인 회사의 경영 방식보다는 협동조합에서 공동 책임을 지는 조직 운영 방식이 적합할 것이다.

이상의 세 가지 핵심은 앞서 살펴본 그라민은행의 철학이나 운영 방식과 상통한다. 물론 지역 밀착의 금융만으로 자금 순환이 보장되는 것은 아니다. 규모가 너무 작아서 예금과 대출 사이에 불균형이 생기기 쉽다. 따라서 기존의 대규모 금융과의 유연한 연계 속에서 자금을 융통하는 것이 필요하다. 일정한 접점을 확보하면서도 그 막강한 흡수력에 휘둘리지 않기 위해서는 돈의 궁극적인 목적이 무엇인지 초점을 놓치지 말아야 한다. 돈의 자가 증식이 아니라 주민들의 삶을 향상시키기 위해서 돈이 어떻게 매개될 수 있을까를 고민해야 하는 것이다.

지역에 꼭 필요한 사업을 위해 시민들이 출자하거나, 공공의 이익을 도모하는 프로젝트에 선별 투자하는 '사회적 은행social bank'의 움직임도 그런 점에서 주목할 만하다. 예를 들어 일본의 아오모리 현의 어느 마을에는 풍력발전소가 세워졌는데, '그린 에네르기 아오모리'라는

아오모리에 세워진 시민출자의 풍력발전소.

비영리 조직NPO이 뜻있는 개인들의 투자를 받아 추진한 것이다. 투자자들은 자산 운용의 목적만이 아니라 전통 기술을 차세대에 계승한다는 취지에 공감하여 기꺼이 출자하였다고 한다.

다른 한편, 간접 금융의 모델인 '사회적 은행'으로서 나고야 시의 '커뮤니티 유스 뱅크 모모CYBM'가 주목을 받고 있다. 이곳에서는 "돈이라는 도구를 가지고 출자자와 융자 대상을 연결하여 자손들이 살아갈 수 있는 지속가능한 지역 만들기에 공헌한다"는 목표를 내세우고 있다. 에너지 자급이나 무농약 야채 재배 등 뜻이 있지만 기존의 은행에서 융자를 받기 어려운 사업들에 돈을 빌려준다. 말하자면 금융의 '지산지소地產地消'라고 할 수 있는데, 출자자들은 금전적인 이윤보다는 자신의 돈이 지역을 바꿔가고 있음에 보람을 느낀다고 한다.

물론 그러한 공익사업은 일차적으로 국가나 지자체의 몫이다. 그러나 관료제 시스템은 비효율과 부패의 위험이 늘 도사리고 있다. 거기에는 납세자들의 무관심이 맞물려 있다. 정부의 재정은 모든 세금을 다 총괄했다가 다시 여러 지출 항목들로 나누어 운영하기 때문에 납세자들이 자신이 낸 돈이 어디에 쓰이는지 알 수가 없다. 그에 비해 시민 출자나 사회적 은행의 경우 시민들은 자신의 돈이 어떤 목적으로 어떻게 투자되고 있는지를 눈으로 확인할 수 있다. 그래서 사업의 성공을 위해 관심을 갖고 참여도 하고 감시도 한다. 애정과 책임을 공유하는 금융에서 돈은 소유주의 소망을 배반하지 않는다.

제9장

우애(友愛)의
경제를 디자인하자

1. 시장 규칙과 사회규범

어느 모임에서 돈에 얽힌 경험 가운데 잊히지 않는 것을 한 가지씩 꺼내 스토리텔링하는 시간을 가진 적이 있다. 어느 주부가 이런 이야기를 털어놓았다. 유치원에 다니는 딸아이가 소풍 가는 날, 딸이 가깝게 사귀는 한 아이가 있었는데 그 엄마가 직장일로 바쁜 것 같아서 그 아이의 도시락까지 함께 싸서 보냈다. 그런데 며칠 후 그 엄마가 고맙다는 뜻으로 자기 딸을 통해서 돈 천 원을 보내왔더란다. 몹시 당황스럽고 언짢았다. 분명히 금전적으로 이득이 생겼는데 왜 기분이 나빴던 것일까. 돈을 받고도, 아니 돈을 받았기 때문에 오히려 마음이 상하는 것을 어떻게 설명해야 할까.

경제학과 심리학을 결합시킨 '행동경제학^{Behavioral economics}'에서는 여러 가지 실험을 통해 인간의 선택과 그 동기에 대해 연구한다. 그 가운데 이런 실험이 있다. 실험에 참가할 사람들을 모집하여 수행해야 할 과제 하나를 부여한다. 컴퓨터 화면 안에서 작은 구슬들을 마우스로 클릭해 옆 바구니로 옮기는 일이다. 이 지루한 과업을 수행한 실험 참가자들은 세 그룹으로 나뉘었고, 보상의 방식이 각각 달랐다. 첫번째 그룹에게는 돈을 주기로 했는데, 그 안에는 다시 500원을 받는 그룹과 5,000원을 받는 그룹으로 나뉘었다. 두번째 그룹에게는 사탕을 주기로 했는데, 이 경우에도 500원짜리 사탕과 5,000원짜리 사탕을 받는 그룹으로 다시 나뉘었다. 그리고 세번째 그룹에게는 어떠한 보상도 하지 않기로 했다.

결과는 어떠했을까. 우선 첫번째 그룹에서 500원을 받은 사람들보다 5,000원을 받은 사람들이 더 많은 구슬을 옮겼다. 보상에 비례해서 과업을 수행한 것이다. 그에 비해 두번째 그룹의 경우에는 얼마짜리 사탕을 받았는가가 결과에 별로 영향을 끼치지 않았다. 놀라운 것은 세번째 집단이었다. 아무런 보상이 주어지지 않았는데도 앞의 두 그룹보다 더 많은 구슬을 옮긴 것이다. 보상이 없는 걸 알면서도 열심히 노력한 이유는 무엇일까?

비슷한 주제의 또 다른 실험이 있다. 자동차에서 무거운 짐을 내려야 하는 상황을 만들어놓고 길을 지나는 행인에게 도움을 청한다. 그런데 여기에서 두 가지 상반된 방식으로 접근한다. 하나는 그냥 도와달라고 하는 것이고, 다른 하나는 1달러를 드릴 테니 거들어달라고 부탁하는 것이다. 그래서 어느 요청에 더 많이 응하는가를 비교해보았다. 이 결과도 위의 실험과 비슷하게 나왔다. 순수하게 도움을 구하는 경우에는 모두 흔쾌히 응했던 반면, 돈을 주면서 흥정하는 경우 거의 다 거절을 하였다. 당신이 행인의 입장이라면 어떻게 반응하겠는가를 상상해

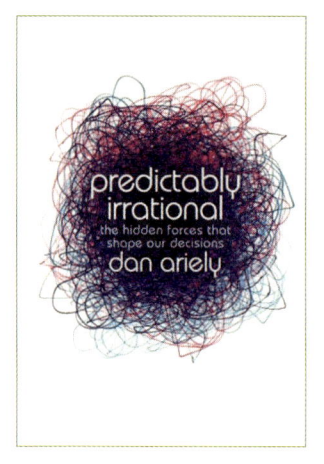

행동경제학자 댄 애리얼리의 저서. 인간은 경제 행위에서 예측 가능한 방향으로 비합리적인 선택을 한다는 주장을 간결한 제목으로 압축하였다. 근대 표준경제학의 전제를 뒤집는 관점이다. 한국어로는 『상식 밖의 경제학』으로 번역되었다.

보면 그 결과가 쉽게 이해될 것이다(물론 아주 큰돈을 제시했다면 '이게 웬 떡이냐' 하면서 요청을 바로 수락하는 사람들이 있었을 것이다. 그러나 1달러 정도라면 대개 차라리 받지 않고 하는 쪽을 선택한다).

돈을 받고 하는 일보다 무상으로 하는 일을 선호하고 더 최선을 다하는 사례는 많이 있다. 그러한 태도의 차이에 대해 행동경제학에서는 이렇게 설명한다. 전자의 경우 '시장 규칙'이, 후자의 경우 '사회규범'이 작동한다고. '시장 규칙'이란 주고받는 가치를 정확하게 돈으로 따져서 거래하는 것이고, '사회규범'이란 당장의 손익을 떠나 인격적 교류를 불러일으키는 마음의 원리라고 할 수 있겠다. 인간이 소중하게 생각하는 것은 시장규칙이 아니라 사회규범에 의해서 행해지는 일들이다. 근대사회에 접어들어 시장적인 교환이 절대적인 중요성을 띠게 되었지만, 그런 가운데서도 자발적 호혜의 영역은 의외로 끈질기게 존속되어 왔다. 선물을 건네고 밥을 사주며 불우이웃돕기 성금을 내는 등 무상無償의 경제는 계속 유지되고 있는 것이다.

자원봉사에 나선 사람들이 금전적 이윤 동기 이상으로 강력한 의욕을 발휘하는 이유도 인격적인 관계 속에서 자신의 존재가치가 빛을 발휘하기 때문이다. 그런데 그렇게 시작한 일도 돈을 받게 되면 돈이 외적인 강제로 작용하여 거기에 얽매이게 될 수 있다. 강의실에서 만난 어느 학생이 다음과 같은 글을 썼다.

얼마 전에 '하이 서울 페스티벌'이라는, 서울시에서 개최한 축제에 자원봉사자로 참여했었는데, 사전교육에서 담당자가 이런 이야기를 들려주었다. 몇 회째였는지는 기억이 안 나지만 자원봉사자들에게 수고비를 주었더란다. 생각지 못한 수고비를 받은 자원봉사자들의 얼굴에는 화색이 돌았다고 한다. 그런데 축제를 돌아다니던 그 축제 담당자가 축제 도중에 잠시 쉬고 있는 자원봉사자들을 만났는데, 자원봉사자들이 죄를 지은 표정과 행동을 취하며 후다닥 원래 자리로 돌아가 일을 하더라는 것이었다. 그때 그 사람은 마치 자원봉사자들에게 돈을 쥐여줌으로써 그들을 일용직 노동자로 스스로를 생각하게 만든 것이 아닌가 하는 생각이 들었다고 한다.

'사회규범'이 '시장 규칙'에 자리를 내어주게 되면 관계의 속성이 완전히 달라지는 것이다. 아울러 주고받은 재화나 서비스의 본질도 금전적으로 매겨지는 가격으로 한정되어버린다. 더욱 정확하게 말하자면 가치가 크게 축소되는 것이다.

앞서 언급했던 주부의 경우를 다시 생각해보자. 그분이 천 원을 받고 기분이 꿀꿀했던 까닭은 무엇인가. 논리적으로 설명하면 이러하다. 자신이 그 아이에게 싸서 보내준 도시락은 물질 이상의 그 무엇이 담긴 것이었다. 그것은 돈으로 환산될 수 없는 가치를 지닌다. 그런데 상대방은 그 가치를 인정하지 않은 채 도시락 재료비만 되돌려준 셈이다. 인격적인 유대 위에 베풀어준 호의를 무시하고 금전적인 거래로 관계를 축소시킨 것이다. 물론 천 원을 보내준 엄마는 최소한의 성의로 감사의 뜻을 전한 것일 수 있다. 그러나 비록 선한 의도에서 나온 행동이라도 불편한 결과를 자아내는 경우는 많다. '사회규범' 차원에서 행한 일을 '시장 규칙' 차원에서 해석하고 받아들이는 것은 인간관계의 거부로 여겨질 수 있다.

다른 한편 사심 없이 호의를 베풀어준 줄 알았는데, 알고 보니 금전적인 이익을 노린 것임이 뒤늦게 밝혀질 때도 퍽이나 당혹스럽다. 베이징 공항의 입국 통로에서 그런 일을 겪은 적이 있다. 짐이 많아서 카터에 실어 밀고 나오는데 갑자기 어떤 아줌마가 나타나 함께 밀어주기 시작했다. 괜찮다고 손짓을 했는데도 아랑곳하지 않고 계속 밀면서 따라왔다. 얼굴에는 친절한 미소를 띠고 있었다. 그런데 리무진 버스에 도달해 짐을 싣고 나니 그 여인은 다짜고짜 돈을 달라고 요구했다. 돈을 주지 않으려 하자 화를 내면서, 가방 하나에 1달러씩 받아야 한다고 막무가내로 손을 내밀었다. 농촌에서 살기 어려워 도시로 올라온 사람들이 생계를 잇는 방식이긴 하지만, 그 급작스러운 표정의 변화가 당황스러웠다. 돈이 아까웠다기보다는, 순수한 친절을 가장하여 접근하였다가 한순간 돌변하여 돈을 뜯어내는 수법이 야속하게 느껴졌다.

그 경우에는 다시 만날 일이 없는 사람이었기에 그냥 잊고 넘어갈 수 있지만, 만일 원래 알던 사람이 그런 식으로 나를 이용했다면 관계는 곧바로 끝장날 것이다. '사회규범'이 '시장 규칙'에 의해 침해될 수 있는 가능성은 상존한다. 그것은 공동체적인 유대를 위협할 수 있다. 화폐의 역사를 사회학적 관점에서 깊게 분석한 고병권 박사의 『화폐, 마법의 사중주』라는 책에 다음과 같은 구절이 있다.

화폐는 어떤 질적인 차이도 알아보지 못한다. 화폐는 자신이 마주한 사람의 혈통, 성별, 나이를 묻지 않는다. 화폐는 철저한 평등주의자이며, 모든 차이들을 교환 가능한 것으로 만드는 동일자이기도 하다. 원시공동체들은 화폐가 초래할 파괴적 효과를 두려워했다. 그렇기 때문에 그들은 구성원들 간의 자유로운 상업적 교환을 금지했고, 교환이 불가피한 경우조차 그것을 교환이 아닌 것으로 위장했다.[27]

원시공동체들이 화폐가 초래할 '파괴적 효과'를 두려워했다고 했는데, 그 이유는 경제적 관계가 사회적 관계들을 해체하기 때문이었다. 이것은 원시공동체만의 이야기가 아니다. 화폐가 사람들을 이어주는 주요 매체로 자리 잡으면서 관계가 변질되는 사례는 역사 속에서 그리고 우리의 경험 속에서 무수히 찾아낼 수 있다. 화폐라는 것은 특정한 인간관계 속에서 작동한다. 또는 인간관계 자체를 바꾸거나 창출한다.

"구성원들 간의 자유로운 상업적 교환을 금지했고, 교환이 불가피한 경우조차 그것을 교환이 아닌 것으로 위장"한 것, 이것 역시 원시공동체만의 이야기가 아니다. 사실상 교환이지만 '교환이 아닌 것으로 위장'하는 일은 현대사회에서도 빈번히 일어난다. 예를 들어 친구끼리 밥을 사주는 것도 엄밀하게 말해 교환 행위다. 경제적 여건이 비슷하다면 서로 번갈아가면서 밥값을 지불하는 것을 편안하게 생각한다는 것이

[27] 고병권, 『화폐, 마법의 사중주』, 그린비, 2005, p. 290.

그 증거다. '지난번에 자네가 냈잖아. 그러니까 오늘은 내가 낼게'라고 하면서 마음속의 장부에 균형을 잡으려 애쓴다. 항상 얻어먹기만 하면 미안해지고, 반대로 항상 내가 밥값을 내야 하는 상황이 되면 약간 밑지는 느낌이다. 언제나 전략적으로 빌붙어서 얻어먹으려고만 하는 친구가 있다면 서서히 멀리하게 된다.

그렇듯 우정을 기반으로 한 호혜互惠, reciprocity조차 교환적인 속성을 지니고 있지만, 흥미롭게도 우리는 종종 '교환이 아닌 것으로 위장'한다. 예를 들어 친구가 밥을 사주었을 때 '잘 먹었다'고 감사의 표시를 하는데, 만일 그 말에 이어서 '지난번에는 내가 밥값을 냈었지?'라고 하면 분위기가 싸늘해질 것이다. 그 감정의 코드를 논리적으로 분석하면, 한턱 쏜 것의 의미를 탈색시키고 부채 상환의 제로섬게임으로 바꿔버린 것이다. 그래서 호의와 고마움은 증발되고 만다. 교환이 아니라 '순수한 베풂'인 것으로 받아들이는 것이 밥을 사준 사람의 입장에서 기분이 좋은 것이다.

'내가 밥을 살 테니까, 네가 차 한잔 사'라고 하면서 명백하게 균형을 맞추는 경우에도 마찬가지다. 만일 이러한 교환이 시장 규칙을 따르는 것이라면, 한 친구가 밥을 사준 것이 다른 친구에게 빚이 되어 차 한잔을 사는 것으로 그것을 갚는 셈이다. 그렇게 되면 호의를 발휘할 수도 고마움을 느낄 수도 없다.

그러나 사회적 관계 속에서 오가는 호혜로 받아들이면 계산법은 전혀 달라진다. 전자가 '1-1=0'이라면 후자는 '1+1=2'가 된다. 즉 한 친구가 다른 친구에게 빚을 졌다가 갚은 것이 아니라, 각각 한 번씩 베풀고 고마움을 느낀다. 그래서 방금 밥을 산 친구가 차를 얻어마시고 나서 '잘 마셨다'고 감사의 표시를 한다. 만일 그렇지 않고 '내가 밥을 샀으니까 네가 차를 사는 것은 당연하지'라는 투의 말을 하면 관계는 썰렁해진다. 교환이지만 교환이 아닌 듯 위장해야 하는 것이다.

2. 비시장 부문이 탄탄해야 시장도 건실하다

「도쿄 소나타」(구로사와 기요시 감독, 2009)라는 영화가 있다. 부부와 두 아들로 구성된 어느 중산층의 이야기인데, 구성원 모두 저마다 비밀을 간직하고 있는 상황을 통해 현대 가족의 단절과 소통 가능성을 질문하는 작품이다. 둘째 아들은 음악에 비상한 관심과 소질을 갖고 있지만 아버지의 반대 때문에 피아노를 몰래 배우고, 큰아들은 부모와 전혀 상의도 없이 미군 부대에 입대할 준비를 진행 중이다. 그리고 아버지는 어느 날 갑자기 해고를 당하게 되는데, 그 역시 이 사실을 가족들에게 숨긴다. 본인은 물론 가족 모두에게 전혀 예상하지 못했던 그 상황을 도저히 알릴 수 없었던 것이다. 그래서 매일 출근하는 척하면서 공원이나 도서관으로 향한다. 노숙인들 틈에 끼어서 무료 급식을 받아먹기도 한다. 어느 날 공원에서 우연히 옛 직장 동료를 만나는데 그는 대화 도중 연신 휴대전화를 받으며 분주하게 업무를 처리한다.

영화 「도쿄 소나타」의 한 장면. 구조조정을 당했지만 가족들에게 알리지 못한 채 양복 차림으로 '출근'하여 고용센터 앞에서 순서를 기다리고 있는 주인공.

그런데 나중에 알고 보니 그도 역시 실직한 상태였고, 그 사실을 숨기기 위해 전화벨이 울리도록 장치해두고 혼잣말로 떠들며 일을 하는 척 했던 것이다. 그 친구는 결국 스스로 목숨을 끊는다.

한때 일본에는 해고당한 샐러리맨들이 그 사실을 완벽하게 감출 수 있도록 도와주는 회사가 성행했다. 서비스는 간단하다. 일종의 유령회사를 만들어 명함을 만들어주고 전화가 오면 여직원이 받아서 아무개 과장님 지금 외근 중이시라고 하면서 메시지를 받아놓는다. 그리고 그 클라이언트가 맡겨놓은 퇴직금 가운데 매달 얼마씩을 통장에 입금하여 배우자를 안심시킨다. 한국에서도 IMF 직후에 가족이나 친척들에게 실직 사실을 숨겨야 했던 남성들이 적지 않았고, 지금도 그러하리라. 자본주의 사회에서 실업은 곧 사회적 죽음으로 체감되기 때문이다.

실업의 문제를 기존의 노동시장이나 국가 정책을 통해서만 해결하는 데는 한계가 있다. 우리는 경제의 근본을 되짚으면서 인간에게 '일'이라는 것이 무엇인가를 따져볼 필요가 있다. 사람은 다른 동물과 달리 자신에게 필요한 것을 혼자의 힘으로 조달하는 것이 불가능하다. 가족 단위로도 몹시 어렵다. 그래서 일찍부터 인류는 일정한 규모의 집단을 이뤄 살아왔고, 상호 협동의 체계를 정교하게 발달시키면서 삶의 양과 질을 높여왔다. 그렇듯 인간이 필요한 가치를 함께 생산하고 나누는 활동을 '경제'라고 할 수 있다.

어느 미국인이 인디언 시장에서 양파를 파는 어느 노인과 나누었다는 이야기 한 토막이 있다. 미국인이 노인에게 가격을 물었다. 10센트라고 대답하자, 미국인은 좌판에 있는 양파를 모두 사면 얼마에 해줄 수 있느냐고 물었다. 이에 대한 노인의 대답은 뜻밖에도 한꺼번에 양파를 모두 팔 수 없다는 것이었다. 그 이유를 묻자 노인은 다음과 같이 대답했다.

> 나는 양파만 팔려고 나와 있는 것이 아니라오. 나는 지금 인생을 살러 여기 나와 있는 거요. 난 이 시장을 사랑하오. 북적대는 사람들을 사랑하고, 햇빛을 사랑하고, 흔들리는 종려나무를 사랑하오. 친구들이 다가와 인사를 건네고, 자기 아이들, 농사에 대해 이야기하는 것을 사랑한다오. 그것이 내 삶이오. 바로 그것을 위해 하루 종일 여기 앉아 양파 스무 줄을 파는 거요. 그런데 한꺼번에 몽땅 다 팔면 돈은 벌겠지만 그걸로 내 하루는 끝이오. 사랑하는 내 삶을 잃어버리는 것이오. 그렇게는 할 수 없소.[28]

시장은 인간 사회에서 중요한 장소로 자리매김되어 왔다. 일정한 규모 이상의 사람들이 모이면 자연발생적으로 물물교환이나 거래가 이뤄지고 시장이 형성되는 듯하다(1995년 르완다 사람들이 몰려들었던 자이레 난민촌에는 무려 8만 2천여 개의 업종이 형성되었다고 한다. 그리고 제2차 세계대전 때 아우슈비츠 강제수용소에서는 신용거래 서비스까지 제공되는 시장이 있었다고 한다).

인간이 육체적으로 매우 나약한데도 이토록 거대한 문명을 이룩해 낼 수 있었던 것은 교환과 협동을 통한 끊임없는 혁신 덕분이다. 인간은 언제부터인가 핏줄이 섞이지 않은 타인과 기꺼이 도움을 주고받으

---

[28] 시튼, 김원중 옮김, 『인디언의 복음』, 두레, 2000, p. 171.

면서 개체와 소집단의 약점을 극복해왔다. 자급자족으로는 궁핍을 면할 수 없지만, 과감하게 경계를 넘어 다른 집단에 접속하여 교환하고 분업하면서 고도의 지적 능력과 사회적 시스템으로 풍요를 일궈온 것이다. 교역은 문명이나 농업보다도 선행하는 위대한 발명품이었다.

그런데 교역은 단순한 상행위만이 아니었다. 거기에는 인간들 또는 집단들 사이에 폭넓은 교류가 수반되었다. 여러 가지 정보와 풍습이 전파되고 만나는 통로가 바로 교역이었다. 시장도 단순히 물건과 돈이 오가는 거래의 장소만이 아니었다. 그곳은 다양한 이벤트가 벌어지고 다른 지역의 소식들이 교신되는 허브이기도 했다. 한국어에서도 '장터'라고 하면 다채로운 광경들이 연출되고 떠들썩한 북새통을 떠올리게 된다. 사람과 사람의 만남이 이뤄지고 문화가 생성되면서 삶의 즐거움이 드러나고 공유되는 비일상의 시공간이 바로 시장이었다.[29] 위에서 소개

조선시대 후기의 장터 모습

[29] 김찬호, 『문화의 발견: KTX에서 찜질방까지』, 문학과지성사, 2007, p. 152.

한 일화의 인디언 상인이 앉아 있는 시장은 그러한 속성을 상당 부분 간직하고 있었던 것이다.

좀더 추상적으로 말하자면 인간의 역사 속에서 '경제적 관계'는 언제나 '사회적 관계' 위에 성립하고 존속했다고 할 수 있다. 예전에는 어디에서나 그리고 누구에게나 흔했던, 그러나 지금은 점점 사라져가는 '단골'이 단적인 예가 된다. 일회적인 거래로 끝나는 것이 아니라 지속적인 만남 속에서 서로에 대한 신뢰가 쌓인 관계가 단골이다. '외상'이 빈번히 행해질 수 있었던 바탕도 바로 거기에 있다. 물건이나 서비스를 구매했으면서 돈을 곧바로 지불하지 않는 것은 상인 입장에서는 짜증나는 일이다. 그러나 외상은 '채무'라기보다는 단골 관계의 지속을 확인하는 '보증' 비슷한 것이라고 할 수 있다. 그래서 어느 날 밀린 외상값을 모두 갚아버리면 당황스러워하기도 한다. 돈이 많이 들어온 것은 좋지만, '이 손님 이제는 발길을 끊으려는 것 아닐까' 하는 걱정이 들기 때문이다.

이렇듯 오랜 역사 속에서 시장은 공동체의 기반 위에 있었다. 그래서 구성원들과의 인격적인 관계를 무너뜨리면서 자신의 이익을 꾸준하게 획득하는 것은 거의 불가능했다. 상인들 사이에서도 서로가 지켜야 할 상도(商道)가 암묵적인 규범으로 자리 잡고 있었다. 그런데 사회적 기반이 깨져나가면서, 이제는 안면몰수하고 '장삿속'만 챙기는 것이 가능해졌다. 도시화가 진행되어 익명적인 관계가 늘어나고 지역에 뿌리 내리지 않는 '뜨내기'들이 많아지면서 눈앞의 사리사욕만 채우는 상행위가 만연한 것이다.

물론 지역사회가 해체되고 인간관계가 익명화된 현대사회에서도 선불리 그렇게 안면몰수하면서 잇속만 챙기기 어려운 상인들이 있다. 자신의 브랜드가 널리 알려져 있고 그 신뢰도가 매상을 결정적으로 좌우하는 대기업이 그들이다. 그들에게는 사회 전체가 일종의 마을처럼 기능하기 때문이다. 그래서 '쥐머리가 든 새우깡'처럼 어쩌다가 심각한 불량품이 나왔을 때만 민첩하고 철저하게 사태를 수습하는 정도로는 안 된다. 사회공헌팀을 따로 두어 다양한 공익활동을 펼침으로써 기업 이미지를 관리한다.

사회적 신뢰를 충실하게 쌓지 않고 당장의 금전적 이익만 추구하는 행태는 단지 비도덕적인 것만이 아니다. 그것은 자본주의 경제 자체의 지속가능성을 위협한다. 문명 비평가 제레미 리프킨 Jeremy Rifkin 은 그 점에 대해 다음과 같이 설파했다.

> 인류 문명이 처음 생겼을 때부터 현재에 이르기까지, 문화는 줄곧 시장보다 우위에 있었다. 사람들은 공동체를 만들고 정교한 사회적 규약을 만들었다. 공유할 수 있는 의미와 가치를 재생산하고 사회적 자본의 형태로 사회적 신뢰를 구축했다. 사회적 신뢰와 사회적 교환이 어느 정도 발전한 다음에야 공동체는 비로소 상업과 교역에 뛰어들었다. 요컨대 상업 영역은 언제나 문화 영역에서 파생되었다. 상업 영역은 언제나 문화 영역에 의존했다. 문화는 합의된 행동 기준을 낳는 원천이기 때문이다. 〔……〕 그런데 상업 영역이 문화 영역을 삼키기 시작하면 상업적 관계를 낳는 사회적 토대 자체가 허물어지기 시작한다. 〔……〕 산업 시대에 자연 자원이 인간의 남용으로 고갈되어버릴 위기를 맞이했

던 것처럼, 문화 자원도 과도한 영리 추구로 인해 언제 고갈되어 버릴지 모른다.30

지금 우리가 직면하고 있는 경제 위기의 핵심은 여기에 있다. 시장이 비시장의 영역에 의존한다는 것이다. 비시장의 영역이란 무엇인가. 그것을 잘 정리한 그림이 하나 있어서 소개한다. 이 도표는 카토노시하루加藤敏春 씨의 『에코머니의 신세기エコマネの新世紀』(勁草書房, 2001)에 나온다.

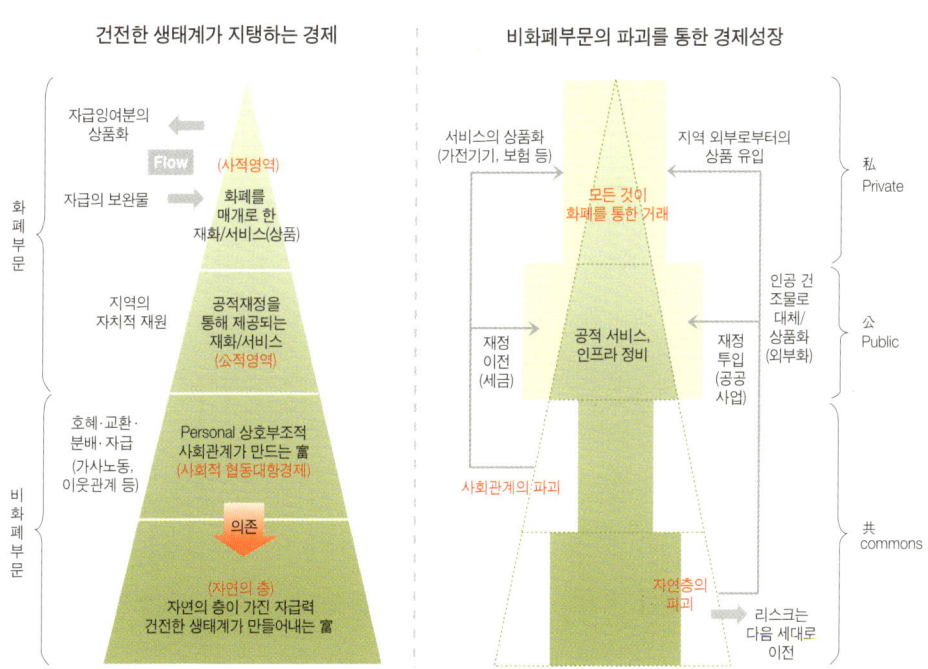

자료: 多辺田政弘, 「환경과 인간의 공존시스템에 관한 경제학적 일고찰: '코몬즈 경제학'을 위해」, 『국민생활연구』 제28권 4호, 1989년 3월, pp.15~34 수정.

30 · 제레미 리프킨, 이희재 옮김, 『소유의 종말』, 민음사, 2001, p. 21.

이 도표에서는 경제의 영역을 크게 화폐 부문과 비화폐 부문으로 나누고 있다. 화폐 부문은 다시 시장 원리로 굴러가는 사적 영역과 공공 재정으로 운영되는 공적 영역으로 나뉘고, 비화폐 부문은 개인들 사이의 상호 부조가 만들어내는 사회적 경제와 이 모든 것의 필수불가결한 바탕인 자연 생태계로 나뉜다. 건전하게 지속하는 경제는 아래 부문으로 내려갈수록 부피가 커지는 피라미드 구조를 띤다. 근본적인 토대일수록 넓고 탄탄해야 하기 때문이다.

그런데 오른쪽 그림에서 보여주고 있듯이, 지금 자본주의는 비화폐 부문으로 구성되는 하부 구조를 파괴하면서 성장하고 있다. 금융 부문에서 발생한 막대한 부실이 공공 재정을 갉아먹고, 경기 부양이라는 명목으로 강행되는 토목사업이 생태계를 궤멸시킨다. 그리고 모두가 시장을 향해 질주하는 동안, 이웃은커녕 가족과도 제대로 관계를 맺지 못하는 '사회적 관계의 파괴'가 진행된다. 저출산은 어떤가. 양육의 가치가 저평가되는 반면 자녀 교육에 들어가는 비용이 자꾸만 늘어나는 가운데 아이 낳기를 꺼리고, 이는 결국 경제 전체에 치명타가 되어가고 있다.

이 도표에 표기되지 않았지만 '사회적 경제 부문'에 '문화 영역'을 병렬시킬 수도 있겠다. 1990년대에 접어들어 "쥬라기 공원Jurassic park」 영화 한 편의 매출이 현대자동차의 연 매출액보다 높다"는 말과 함께 문화산업에 국가와 기업이 지대한 관심을 보였다. 2000년대에 들어서 아시아에 한류韓流의 강풍이 불면서 소프트 파워의 위력을 실감하기도 했다. 그러나 한국의 문화 컨텐츠 경쟁력은 몹시 미약하다.

문화의 창조력은 오랜 기간 숙성되어야 한다. 돈과 무관하게 축적되고 발효된 '끼'와 에너지가 문화산업의 비옥한 토양이 된다. 그런데 우리는 그동안 여러 가지 가치를 너무 성급하게 상품으로 가공해 돈벌이하는 데 급급했다. 한류의 경우에도 돈이 좀 된다 싶으니까 너도나도 뛰어들어 '짝퉁'을 만들어내다 보니 금방 바닥이 난 것들이 많다. 국내 시장을 겨냥한 문화산업도 그런 위기를 맞는 경우가 많다. 조금이라도 재미있고 색다르다 싶은 '꺼리'가 있으면 허겁지겁 붙잡아서 적당히 포장하여 띄우고, 그 과장된 상품의 자극성이 빛을 바래면 미련 없이 폐기처분하고 나서 또 다른 '먹이'를 찾아 나선다. 그 게걸스러움 때문에 우리의 문화는 점점 천박해지고, 문화상품이라는 것도 수명이 매우 짧다.

오랜 시간에 걸쳐 무르익고 피어난 가치가 돈 때문에 훼손되거나 사라지는 예는 많다. 서울의 대학로나 홍대 앞의 경우 예술인들이 옹기종기 모여들어 그 공간만의 독특한 분위기를 만들어내었고, 거기에 끌려 많은 젊은이들이 찾아오게 되었다. 그래서 지자체에서는 그 공간을 문화 특구로 지정하였다. 그런데 유동 인구가 늘어나고, 다른 지역과의 차별성이 부각되면서 일대의 건물주들은 임대료를 대폭 올려버렸다. 그것을 감당하지 못하는 예술인들은 결국 그 동네를 떠나게 된다. 애당초 그 지역의 가치를 높여주고 경제적인 이득까지도 가져다준 원천이, 돈에 의해서 쫓겨나는 셈이다.

한국 사회의 위기는 단순히 경제의 어려움이 아니라 더욱 근본적으로 부가가치 생산 능력이 심각하고 급격하게 고갈되어가는 데 있다. 자본주의의 경쟁력은 비자본주의적인 영역들이 얼마나 건실하게 작동하느냐에 따라 보장된다. 이것이 바로 자본주의의 역설이다. 자본주의 시장 경제가 원활하게 돌아가기 위해서는 거기에 포섭되지 않은 사회 문화적 바탕이 있어야 하는 것이다. 그 바탕이란 신뢰, 감정, 의미, 공유된 원체험 같은 것이다. 이제 '가치'라는 것을 보다 폭넓게 바라볼 필요가 있다. 당장 돈이 되지 않는다 해도 긴 안목으로 꾸준하게 비축해가는 문화적인 자원에 주목해야 한다. 시장에서 가격이라는 잣대로 인정받지 못하지만 실질적으로는 매우 중요한 가치들이 문화 속에는 풍부하게 내재되어 있다. 그리고 그 풍부함은 삶의 질로 이어지고, 탄탄한 문화상품의 원천이 되기도 한다.

영화 「풀몬티 The Full Monty」(피터 캐터니오 감독, 1997)는 실직자들의 재기를 유쾌하게 그려낸 코미디다. 영국의 철광산업이 내리막길에 접어들어 일자리를 잃어버린 남자들이 스트립쇼 무대를 공략하면서 무기력과 절망의 늪에서 탈출하는 우여곡절이 영화의 줄거리다. 그렇듯 엉뚱한 도전이 가능했던 것은 지역사회가 살아 있었기 때문이다. 공연을 제안한 술집 주인은 평소에 알고 지내던 이웃이다. 그리고 관객들이 어줍지 않은 퍼포먼스지만 열광하면서 갈채를 보내준 것도 동네에서 늘 보던 아저씨들이 변신을 하고 쇼를 펼치니 폭소를 터뜨린 것이다. 이 모든 것이 '사회'의 힘이다.

대기업의 수출과 대규모의 토목사업에 의존하는 한국의 경제 성장은 지역사회 및 일상생활과 점점 괴리되어가고 있다. 내수시장의 침체와 고용 사정의 악화 사이에 악순환이 계속된다. 이대로 가면 양극화가 심화되어 대다수 중산층과 서민들의 삶은 더욱 피폐해질 것이다. 그런데 내수와 실업의 문제를 기존의 노동시장이나 국가의 정책을 통해서만 해결하는 데는 한계가 있다. 경제의 근본을 되짚으면서 인간에게 '일'이라는 것이 무엇인가를 따져보아야 한다. 무엇이 필요한가. 지역

내에 잠재되어 있는 자원과 에너지를 발굴하여 일거리와 일자리로 조직화하는 전략이 절실하다.

3. '돈맹'과 'MQ'의 새로운 정의(定義)

스무 살 가을밤이었다. 어느 낯선 간이역 대합실에서 깜박 잠이 들었는데 새벽녘, 어떤 서늘한 손 하나가 내 호주머니 속으로 들어왔다.

순간 섬뜩했으나, 나는 잠자코 있었다.

그때 내가 가진 거라곤 낯선 칼 한 자루와 맑은 눈물과 제목 없는 책 따위의 무량한 허기뿐이었으므로.

그리고, 이른 아침 호주머니 속에선 뜻밖에 오천원권 지폐 한 장이 나왔는데,

그게 여비가 되어 그만 놓칠 뻔한 청춘의 막차표를 끊었고, 그게 밑천이 되어 지금껏 잘 먹고 잘 산다.

그때 다녀가셨던 그 어른의 주소를 알 길이 없어…… 그간의 행적을 묶어 소지하듯 태워 올린다.

— 이덕규, 「자서 自序」

이덕규 시인이 첫 시집 『다국적 구름공장 안을 엿보다』(문학동네, 2003)를 펴내면서 덧붙인 '작가의 글'에 나오는 유명한 일화다. 가난한 청춘의 한 시절에 갈 곳을 모른 채 기차역에서 쭈그리고 있을 때, 그 누

> **Tip**
> 그 경험을 시로 풀어낸 작품으로 「막차」가 있다. "이쯤에서 남은 것이 없으면/반쯤은 성공한 거다/밤을 새워 어둠 속을 달려온 열차가/막다른 벼랑 끝에 내몰린 짐승처럼/길게 한 번 울부짖고/더운 숨을 몰아쉬는 종착역//긴 나무의자에 몸을 깊숙이 구겨넣고/시린 가슴팍에 잔숨결이나 불어넣고 있는/한 사내의 나머지 실패한 쪽으로/등 돌려 누운 선잠 속에서/꼬깃꼬깃 접은 지폐 한 장 툭 떨어지고/그 위로 오늘 날짜/별 내용 없는 조간신문이/조용히 덮이는// 다음 역을 묻지 않는/여기서는 그걸 첫차라 부른다" (「막차」 전문)

> **Tip**
> '공익을 위하여'라는 뜻의 라틴어 'pro-bono publico'의 줄임말이다. 전문적인 지식이나 서비스를 공익 차원에서 제공하는 것을 말하는데, 경제적 여유가 없는 개인이나 사회단체들에 대해 무보수로 변론이나 자문을 해주는 활동 등이 주를 이룬다.

군가가 말없이 주머니에 돈을 찔러 넣어준 것이다. 그 한 푼으로 '청춘의 막차표'를 구입하여 다시금 길 찾기에 나설 수 있었다고 시인은 고백한다. 술 한잔 값도 되지 않을 단돈 5천 원이, 고뇌와 방황에 지친 젊은이에게 값을 따질 수 없는 가치로 힘을 발휘한 것이다. 시인은 그 기적을 베풀어준 분을 가리켜 '어른'이라고 부르고 있다. 자기보다 어린 세대의 어려움을 살피면서 그 올곧은 성장을 위해 손을 내밀어주는 자만이 '어른'이라는 호칭을 받을 만한 것이리라.

젊은 시절 그런 어른을 만나 생애의 변곡점을 찍었던 이들이 가끔 있다. SCG Social Consulting Group라는 단체를 만들어 전문가들 재능 기부 운동 ('프로보노' 라고 한다)을 펼치고 있는 회계사 고영 씨도 그 가운데 한 명이다. 그는 어느 인터뷰에서 다음과 같이 말했다.

대학에 다닐 때 등록금을 내지 못해 학업을 포기해야 할 무렵, 학교 인근을 방황하다가 노점의 '영철버거' 앞을 지나가게 됐지요. 영철이 형(영철버거 사장)이 고개를 떨구고 걸어가는 절 불러 세워 햄버거를 내밀더군요. 제 얘기를 듣고 자신의 막노동 시절 얘기를 해주며 위로를 해주었지요. 얼마 후 영철이 형이 흔쾌히 한 학기 등록금 300만 원을 건넸습니다. 그때 '자기도 어려우면서 남을 도와줄 수 있구나' 하는 생각에 눈물이 났습니다.[31]

고영 씨는 자신의 재능뿐 아니라 돈도 엄청나게 기부한다. 넉넉하지 않은 형편인데도 결혼 전에는 수입의 80퍼센트를, 결혼 후에는 20퍼센트를 기부한 돈을 모두 합하면 1억 원 이상이라고 한다. 그리고 SCG에 소속된 변호사, 세무사, 변리사, 의사 등 전문가 200여 명이 시민단체나 사회적 기업에 무료로 컨설팅해주는 가치가 한 달에 13억 원이나 된다고 한다. 그가 이렇듯 기부에 인생의 길을 정하게 된 계기는 대학생 시절 등록금이 없어서 학업을 포기하려 했을 때 햄버거 가게 사장의 격려와 금전적 지원 때문이었다. 가난한 젊은이에게 투자된 300만 원은 지금 막대한 '효과'를 거두고 있다.

'투자'는 사람들의 지대한 관심사다. 관련 서적들이 쏟아지고 성공 사례들이 입소문을 탄다. 각종 금융기관에서 '투자 신탁'을 받는다. 그런데 그 모든 투자의 목적은 오직 한 가지, 돈을 부풀리는 것뿐이다. 금전의 재빠른 증식을 꾀하는 재테크가 삶의 바탕을 무너뜨리는 자가당착에 대해서는 앞에서 상술한 바 있다. 머니게임의 규모가 커지고 참가자들이 늘어나면서 어느덧 경제 전체를 좌지우지하는 힘이 되었다. 그런데 돈 그 자체가 궁극적인 목표로 절대화되면서 우리가 진정으로 무엇을 원하는지에 대한 질문은 실종되어버렸다.

이제 투자의 개념이 달라져야 한다. '돈'에서 '가치'로 주어가 바뀌어야 한다. 즉 투자의 목적은 더 좋은 삶과 세상을 만드는 것이어야 한다. 진정한 투자는 자신의 돈이 어떻게 쓰여서 어떠한 결과를 빚어내는

---

31 · 「재능 기부해보세요. 당신이 행복해져요」, 경향신문, 2010년 9월 1일자.

지를 생각하면서 그러한 변화에 동참하는 마음으로 이뤄져야 한다. 그라민은행 유누스 총재는 '사회적 주식시장 Social stock market'이라는 것을 제안한 바 있는데, 예를 들어 환경 친화적인 기업들의 주식을 상장하여 그 뜻에 동참하는 사람들이 투자할 수 있는 공간을 마련해주어야 한다는 것이다. 거기에 투자하는 사람들의 목적은 돈이 아니라 지속 가능한 삶의 실현이다. 앞 장에서 소개한 일본의 커뮤니티 은행이 그 한 가지 모델이라 할 수 있다.

한국에서 꾸준하게 성장하고 있는 여러 생활협동조합에서도 조합원들이 정기적으로 출자를 하는데, 이것도 그러한 투자에 가깝다. 많은 사람들이 주식이나 펀드에서 짭짤한 재미를 보고 있던 때에도 적지 않은 출자금이 모였다. 금전적인 수익이 목적이라면 불합리한 선택일 것이다. 그런데도 조합원들이 기꺼이 돈을 내는 것은 친환경 농업을 살리고 건강한 식생활을 넓히기 위함이다. 그리고 자신의 투자 덕분에 동네에 새로운 가게가 열리고 주민들의 먹을거리에 변화가 오는 것을 목격하면서 보람을 느끼기 때문이다. 이렇게 투자한 조합원들은 자신의 돈이 구체적으로 어떻게 쓰이고 있는지를 늘 확인할 수 있다. 그리고 그 사업이 잘 굴러갈 수 있도록 제안하고 참여한다. 특별히 조합 활동을 하지 않는다 해도 조합에서 운영하는 매장을 자주 이용하는 것만으로도 적지 않은 힘이 된다.

외형적인 성장이 삶의 풍요로 이어지지 않는 낡은 경제에서 이제 벗어나야 한다. 핵심은 생활이다. 가정과 동네에서부터 생활세계를 충실하게 복원하지 않으면 부실한 경제의 체질을 개선할 수 없다. 생활의 본질은 협동이다. 생활은 사람과 사람의 관계를 통해 건설된다. 삶을 풍요롭게 가꾼다는 경제 본연의 목적을 생각해볼 때, 사회적 협동을 통해 수행되는 일이 중심에 놓여야 한다. 그리고 그것은 기존의 시장에 완전히 편입되지 않은 채 부가가치를 생산하고 나눌 수 있는 대안적 경제 영역을 요구하며 또한 가능하게 한다. 생활협동조합, 사회적 기업, 커뮤니티 비즈니스, 지역 화폐LETS, 재활용 가게, 공정무역 등의 경제적 실험들이 비非시장 내지 반半시장의 영역을 확대하고 있다.

그러한 시도들은 돈의 성격을 바꾸면서 진정한 풍요를 꾀하는 운동이다. 거기에서 돈은 독점하고 축적하는 대상, 타인을 지배하는 도구가 아니다. 이제 돈은 끊임없이 흐르면서 사람과 사람을 매개하고 사회적인 부가가치를 일궈낸다. 중국의 고전 『대학大學』에 "재물이 모이면 백성이 흩어지고, 재물이 흩어지면 백성은 모인다財聚則民散 財散則民聚"는 말이 있는데, 돈이 잘 돌면 사람들의 마음이 모아진다는 말이다. 카를로스 카스타네다Carlos Castaneda는 풍요로움을 순환이라는 관점에서 파악하면서 다음과 같이 쓰고 있다.

> 풍요로움을 뜻하는 'affluence'는 '흐르다'라는 뜻의 라틴어 'affluere'에서 유래된 것입니다. 그러므로 풍요로움이라는 말은 곧 '풍요 속에서 흐른다'라는 뜻입니다. 돈도 사실 우리가 교환하는 생명 에너지의 상징입니다. 우리는 우주에 제공하는 봉사의 결과로 그 생명 에너지를 사용합니다. 돈은 다른 말로 'currency'라고 하는데, 이 역시 에너지가 갖고 있는 흐름의 성질을 가지고 있습니다. 'currency'라는 말은 '달리다' 혹은 '흐르다'라는 의미의 라틴어 'currere'에서 유래된 것입니다.

그러므로 돈의 순환을 막는다면, 즉 돈에 집착하고 돈을 모으는 것이 유일한 의도라면 돈은 곧 생명 에너지이므로 당신의 삶 속으로 다시 흘러들어가는 생명 에너지의 흐름 역시 차단되고 맙니다. 생명 에너지가 당신에게 흘러들게 하려면, 그 에너지를 순환시켜야 합니다. 강물처럼 돈 또한 계속 흘러야 합니다. 그렇지 않으면 강물처럼 돈도 부패하고 응고되어 그 자체의 생명력은 사그라지고 마는 것입니다. 그 생명력을 계속 유지하는 방법은 순환하게 하는 것뿐입니다.[32]

우리는 과연 무능한가. 어쩌면 돈이 우리를 왜소하게 만들었는지도 모른다. 노동시장에서의 위치가 사람을 평가하는 절대 기준이 되면서 무능력자가 양산된다. 돈으로 매개되지 않고 사람과 사람이 맺어질 수 있는 고리들을 다양하게 재생 내지 생성해야 한다. 특히 청년들에게 공적인 자아를 경험하면서 성장할 수 있는 장이 마련되어야 한다. 그를 위해서, 시장을 통하지 않고서도 사회와 접속할 수 있는 회로가 다양하게 열려야 한다. 비非시장적인 영역들이 든든하게 버티어줄 때 시장도 건실해질 수 있다. 지역화폐에서 커뮤니티 비즈니스와 생활협동조합에 이르기까지 국내외에서 다채롭게 시도되는 사회적 경제는 사회 속에 시장을 새롭게 위치시키려는 실험들이다.

거기에서는 국가 관료 시스템의 '규격'이나 거대한 시장경제의 '가격'과는 달리 개개인의 '인격'에 기반한 관계를 지향한다. 그리고 거기

---

[32] 디팩 초프라, 박윤정 옮김, 『풍요로운 삶을 위한 일곱 가지 지혜』, 더난출판사, 2003, pp. 34~35.

에 깔려 있는 보편적인 가치는 '우애友愛'라고 할 수 있다. 발도르프 교육의 창시자 루돌프 슈타이너Rudolf Steiner에 따르면, '자유, 평등, 박애'라는 근대 시민사회의 이념은 각각 '문화, 국가(정치), 경제'의 영역들에서 강조되어야 한다. 국가는 법 앞의 평등이라는 대원칙에 근거하여 국민의 기본권을 보장해야 하고, 문화는 인간의 자유로운 표현이 허락되는 영역이므로 국가가 섣불리 개입해서는 안 된다. 그리고 경제는 박애의 정신에 기초해야 한다. 경제는 사람들 사이의 협동을 도모하여 풍요롭고 즐거운 삶을 실현해가는 활동이기 때문이다. 돈벌이가 그러한 사회적 목표에 우선시될 때, 경쟁이 절대 원리가 되고 협동은 위축된다.

'돈맹'이라는 말이 있다. 금융상품이나 재테크에 문외한을 가리키는 말로서, 문맹이나 컴맹만큼이나 뒤처진 사람으로 여겨진다. 'MQMoney Quotient'라는 말도 있다. 돈을 잘 굴리는 데 필요한 지능을 가리키는 말로, IQ, EQ 등과 함께 현대인에게 요구되는 능력이라고 한다. 그런데 자기 소유의 돈만 늘리는 수완만으로 돈맹과 MQ를 정의해야 할까.

돈은 엄청난 힘을 지니고 있다. 똑같은 돈이 빈국의 상하수도 시설에 투자될 수도 있고, 강을 오염시키면서 수익을 올리는 악덕 기업에 투자될 수도 있다. 돈은 사람들을 도박과 탕진으로 몰아넣을 수도 있고, 벅찬 꿈과 창의성을 불러일으킬 수도 있다. 사람들 사이에 유대를 북돋울 수도 있고, 적대 관계를 부추길 수도 있다. 자신이 투자하는 돈이 어떠한 회로로 흘러드는지에 관심을 갖지 않는다면 그것이야말로 '돈맹'이다. '눈먼 돈'의 행로를 바로잡고 자신이 지금 어떠한 경제에 참여하면서 어떤 사회를 함께 빚어가고 있는지를 알아차리는 '앎literacy'이 필요하다.

안철수 교수는 오랜 기업 경영의 경험 속에서 깨달음 하나를 얻었다. 돈과 가치의 관계를 혼동하지 않도록 밝은 분별력을 견지하기 위해 음미해볼 만한 구절이다. "중요한 결정을 내릴 때에는 돈과 명예만 빼고 생각해야 올바른 답을 낼 수 있다. 내가 올바른 결정을 내리면 돈과 명예가 따라올 수 있지만, 돈과 명예를 보고 내린 결정은 결국에는 올바르지 못한 선택이었다는 것이 드러나게 마련이다."[33]

---

[33] 김상훈, 『컴퓨터 의사 안철수 네 꿈에 미쳐라』, 미래를 소유한 사람들, 2007, p. 143.

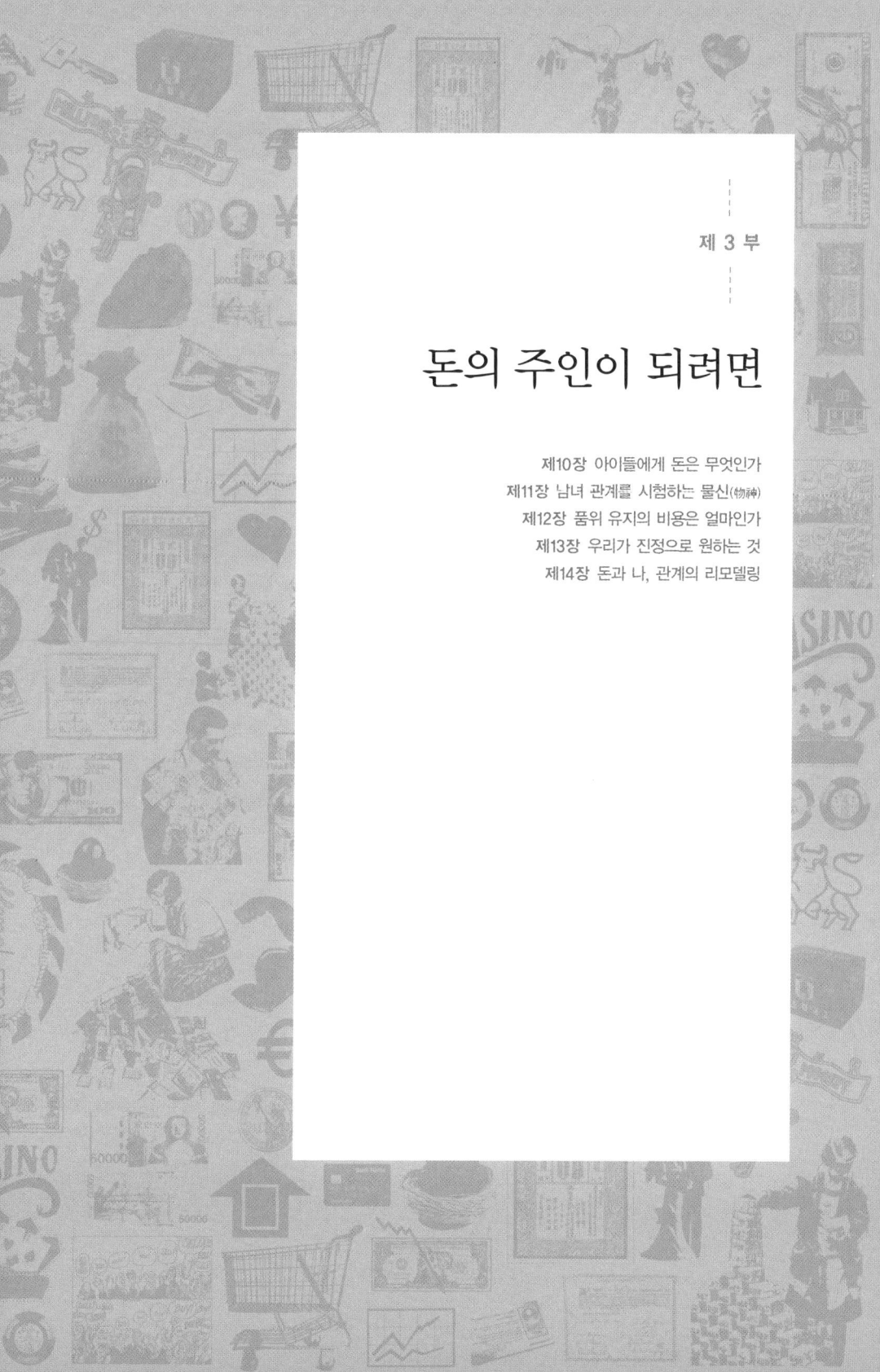

제 3 부

돈의 주인이 되려면

제10장 아이들에게 돈은 무엇인가
제11장 남녀 관계를 시험하는 물신(物神)
제12장 품위 유지의 비용은 얼마인가
제13장 우리가 진정으로 원하는 것
제14장 돈과 나, 관계의 리모델링

제10장

아이들에게
돈은 무엇인가

1. 일찍 돈맛을 알게 되는 환경

어느 구멍가게에 코흘리개 아이 세 명이 군것질을 하러 왔다. 첫번째 아이가 주인 할아버지에게 눈깔사탕 다섯 개를 달라고 했다. 그런데 눈깔사탕 상자는 아주 높은 선반 구석에 올려두었기에 사다리를 놓고 올라가 꺼내야 했다. 힘들게 눈깔사탕 다섯 개를 꺼내 준 다음 다시 올라가 상자를 얹어놓고 사다리에서 내려온 할아버지는 그다음 아이에게 무엇을 줄까? 하고 물었다. 그 아이는 담담하게 대답했다. 저도 눈깔사탕 다섯 개요. 할아버지는 힘이 빠졌다. 방금 함께 주문했으면 두 번 일을 하지 않을 텐데……

하지만 어린애들이니까 그러려니 하고 아무 말없이 사탕을 꺼내줄 생각이었다. 그런데 상자를 꺼내려 하니 세번째 아이가 걸렸다. 그 아이도 똑같은 주문을 하지 않을까 싶었던 것이다. 그래서 미리 물어보았다. 너도 눈깔사탕 다섯 개냐? 아이는 고개를 가로저으면서 아니라고 했다. 할아버지는 아까처럼 힘들게 눈깔사탕 다섯 개를 꺼내 두번째 아이에게 건네주고 나서 상자를 다시 선반 위에 올려놓았다. 사다리에서 내려온 할아버지가 세번째 아이에게 물었다. 그래, 넌 무얼 줄까? 아이는 태연하게 말했다. 눈깔사탕 세 개요.

어린아이들이 돈의 쓰임새를 깨닫는 것은 인지 발달에서 중요한 비약이다. 발달심리학의 연구결과에 따르면, 아이들의 경제관념은 5세 전후에 시작되어 사춘기에 이르기까지 꾸준하게 형성된다. 시장놀이를 하면서 거래와 돈의 기본 원리를 터득하고, 11세 무렵 이윤의 개념을 이해하게 된다. 그런데 전통사회에서 아이들이 어른들의 생산활동이나 집안일을 거들면서 노동의 주체로서 경제활동에 참여했던 반면, 지금은 거의 모든 아이들이 소비의 주체로서 경제를 경험한다. 아이들은 일찍부터 '돈맛'을 알아간다.

1년 중 아이들의 용돈이 가장 풍성해지는 것은 세뱃돈을 받는 설날이다. 세뱃돈은 꽤 오래된 풍습이지만, 예전에는 워낙 가난했고 아이들의 수가 많았기 때문에 금액이 아주 적었다. 그런데 이제는 아이들의 수가 줄어들어서, 웬만한 집에서는 친척들이 모이면 아이들보다 어른들이 더 많다. 아이 한 명당 받는 세뱃돈의 액수가 올라갈 수밖에 없다. 해마다 설날 지출되는 세뱃돈의 규모가 무려 2조 원 안팎이라고 한다. 그 가운데 아이가 너무 어려서 엄마의 지갑으로 곧바로 들어가는 것을 절반 정도 잡아 제한다 해도 무려 1조 원의 돈이 아이들에게 현찰로 가는 것이다. 알뜰하게 저축하기도 하지만 평소에 갖고 싶었던 물건들을 구매하거나 친구들과 노는 데 쓰는 아이들도 많다.

한국의 부모들은 자녀의 시간 낭비에 대해서는 엄격한 데 비해 돈 낭비에 관해서는 관대한 편이다. 그리고 경제 교육이라고 하면 재테크나 부자 되기를 목표로 하는 프로그램이 점점 많아지는 반면, 돈을 알뜰하고 합리적으로 관리하는 습관과 방법을 습득하는 기회는 줄어들고 있다. 부모들도 후자에는 별로 신경 쓰지 않는 편이다. 자신은 경제적인 어려움을 겪으면서도, 정작 아이들에게 올바른 경제관념과 의사 결정 능력을 키워주지 않는다. 돈에 쪼들리는 것은 많이 벌지 못하는 탓이라고 여기면서, 소비 습관에 문제가 있다고는 생각지 않기 때문이다. 그 결과 아이들은 공부만 열심히 해서 좋은 대학 나오고 훌륭한 직장에 들어가지만, 합리적인 재무 관리 능력을 갖지 못해 돈에 쪼들리기 일쑤다. 입사하자마자 마이너스 통장을 만들고, 별 생각 없이 소비의 규모를 늘려 고비용 생활 구조를 만들어버린다.

그렇게 되는 배경을 짚어보자. 청소년기 자녀를 키우는 부모들은 공부하느라 힘들어하는 아이가 돈 좀 쓰는 것은 크게 문제 삼지 않는다. 그리고 집과 학교와 학원으로 쳇바퀴를 돌면서 놀이의 시공간이 극도로 제한되어 있는 청소년들에게 소비는 잠시나마 자유로운 공기를 쐴 수 있는 여가다. 학교나 가정에서 거의 주어지지 않는 '선택'이라는 것을 경험할 수 있고, 형형색색의 상품과 이미지로 자아와 일상을 다채롭게 꾸며볼 수 있다. 그래서 상품의 종류와 등급에 매우 민감하다.

서울 마포의 어느 초등학교 6학년 학생 30명을 대상으로 '어린이날 받고 싶은 선물'을 조사했는데 순위는 다음과 같았다. (1) 현금과 문상(문화상품권의 줄임말), (2) 자기가 직접 선택한 휴대전화 또는 MP3, (3) 노트북 게임기, 강아지, (4) 자유 시간. 그리고 받아도 별로 반갑지 않은 선물로는 필기구, 책, 엄마가 고른 MP3가 나왔다.[34] 똑같은 MP3라고 해도 자신이 고른 것과 엄마가 고른 것 사이에 엄청난 차이가 있다는 것이 흥미롭다.

그러한 소비의 취향을 매개로 또래 집단의 소통이 원활해지고 유대가 돈독해진다. 돈이 없으면 놀이와 친구의 폭이 극도로 제한된다. 아파트의 '등급'과 평수에 따라서 교우 관계가 형성되는 현상은 이미 진부한 이야기다. 남자아이들이 많은 시간을 보내는 피시방에서 '현질(게임 캐릭터나 장비, 도구, 게임 머니 등을 현금을 지불하고 사는 행위)'을 하지 않으면 신나게 놀 수가 없다. 여러 가지 경로를 통해 아이들의 손에 들어온 문화상품권도 책이나 공연을 위해 쓰이는 것이 아니라 대부분 게임 아이템으로 교환된다. 온라인 게임 머니 거래 사이트의 모든 현금 지불수단은 공인인증서나 휴대폰 인증을 필요로 하지만 문화상품권은 실명 및 성인 인증을 요구하지 않는 유일한 지불수단이다. 아이들이 받고 싶어 하는 선물로 문화상품권이 높은 순위에 오르는 것은 그 때문이다.

2. 구체적인 경험과 문제 해결 능력

동네에서 구멍가게가 사라지고 24시간 편의점이 들어서면서 청소년들은 돈의 힘을 더욱 실감할 수 있게 되었다. 구멍가게에서 물건을 살 때는 상인과 고객의 관계 이전에, 동네 아저씨 혹은 아줌마와 동네 아이의 관계다. 아이의 가족이나 생활에 대해 잘 알고 있는 경우도 많

---

[34] 「어린이날, 어버이날 그들이 진짜 원하는 선물은?」, 『KTX 매거진』, 2009년 5월호.

다. 그에 비해 편의점의 점원은 동네 사람들과 인격적 관계를 맺지 않는다. 단골이라는 것이 아예 없다. 그래서 모든 고객들을 똑같은 방식으로 대한다. 매뉴얼로 정해져 있는 인사말로 깍듯하게 대하는데, 청소년이라고 해서 예외는 아니다. 어른과 마찬가지로 정중하게 맞이하고 서비스해준다. 커피 전문점이나 햄버거 가게에서도 마찬가지다(표준화된 접객은 맥도날드화 McDonaldization의 중요한 일부를 이룬다).

인간의 역사에서 이것은 매우 예외적인 경험이라고 할 수 있다. 아이들이 집 바깥에서 어른들과 사회적 관계를 맺지 못하고, 그 대신 경제적인 관계만을 아주 단편적이고 순간적으로 경험하는 것은 최근 몇십 년 사이에 벌어진 상황이다. 사회적 관계가 배제된 경제적 관계에서는 돈이 절대적이다. 상점 주인은 고객이 구매력이 있을 경우에 한해서만 존중해준다. 돈을 가지고 있으면 집에서 부모로부터 좀처럼 받기 어려운 환대를 받을 수 있다. 특히 백화점 같은 곳에서는 손님을 극진하게 모신다. 심지어 어느 교복 가게 주인이 자기 가게 상품을 구매하도록 유혹하는 과정에서 고등학생들에게 술을 접대한 일까지 있었다.

돈의 위력을 믿을수록 인격적인 관계에 대한 신뢰는 줄어든다. 요즘 청소년들이 돈을 얼마나 신봉하는지를 알려주는 통계들이 있다. 한국투명성기구가 2008년 청소년 반부패인식지수 Youth Integrity Index를 가지고 조사한 바에 따르면, '10년 감옥 사는 한이 있어도 10억 원을 번다면 부패 저지를 수 있다'고 응답한 중고생이 17.7퍼센트였다. 그리고 어느 설문조사에 따르면 대학생의 44퍼센트가 '아버지에게 원하는 것은 재력뿐'이라고 대답했다. 또한 한국 교육을 연구하는 미국의 어느 인류학자가 어느 초등학교에서 현장조사를 하면서 장래의 희망을 적어보라고 했더니 '부자'라고 답을 한 아이들이 절반이었다고 한다. 연예인이나 교사나 과학자 등의 직업이 많이 나오지 않을까 기대했는데, 그런 구체적인 장래상을 가지고 있지 않았던 것이다. 무엇을 하든 돈만 많으면 된다고 생각하는 듯하다. 자신이 하고 싶은 일이나 직업을 생각할 틈이 없이 공부에만 매달리고, 그 공부는 오로지 돈벌이의 수단으로만 여겨진다.

돈 중심의 세계관은 흥부와 놀부에 대한 인식에도 투영되고 있다. 학교에서 『흥부전』을 가지고 수업을 할 때 놀부를 나쁘게 생각하는 학생들이 줄어들고 있다고 한다. "흥부는 고생 고생하다가 끄트머리에 가서야 겨우 잘살게 되고, 놀부는 잘살다가 잠시 망했지만 곧 동생 흥부의 도움으로 다시 잘살게 되잖아요. 만약 세상이 이렇다면 나라면 놀부를 하겠다. 뭐 하러 흥부를 해요?"라는 반응 같은 것이다.[35] 놀부가 비난을 받기는커녕, 합리적인 경영 마인드와 벤처 정신의 소유자로 여겨지기도 한다. 한때 잘 팔리던 아동 도서 가운데 『놀부는 어떻게 부자가 됐나요?』(어린이문화진흥회, 2002)라는 책이 있는데, 그 제목에서처럼 이제 놀부는 본받아야 할 인간상으로까지 격상되었다('놀부보쌈'이라는 브랜드로 고속 성장을 해온 '주식회사 놀부'는 놀부를 '생명력이 있고 현실적이며 능동적이고 끈질긴 인간'으로 해석하고 있다).

아이들은 사회의 거울이다. 돈만 있으면 된다는 생각은 결국 어른들에게서 물려받은 유산이다. 아이를 키우면서도 그 강박이 무의식적으로 작용한다. 집단적으로 만연되어 있어서 당연하게 받아들여진다. 한

---

[35] 김응교, 「한국 『흥부전』과 일본 『혀 잘린 참새(舌切雀)』 그리고 문화교육」, 『인문과학』 제41집, 인문과학연구소, 2008.

국인의 일상 문화를 연구하는 강의에서 한 수강생이 다음과 같은 관찰을 보고서에 적어낸 적이 있다.

얼마 전 나는 돌잔치에 갈 일이 있었다. 요즘은 돌잔치를 집에서 하지 않고 돌잔치 전문 식당에서 이벤트 형식으로 하는 경우가 많다고 들었는데 역시 그 집도 돌잔치 전문 업체에 의뢰해서 돌잔치를 성대하게 치렀다. 식당에 도착해서 돌잔치의 주인공인 아기와 인사하고 앉으니 요란한 소리가 들리며 돌잔치의 하이라이트인 돌잡이가 시작되었다. 돌잡이 상에는 청진기, 돈, 수채화 붓, 연필 등등 다양한 것이 있었다. 그중에서 아기는 수채화 붓을 잡고 싶어 했다. 그러자 아기의 부모는 화들짝 놀라더니 얼른 돈을 아기에게 흔들었고, 결국 아기는 돈을 잡았다. 그러자 부모는 만족한다는 표정을 지었고, 사람들도 "돈이 최고지"라며 다들 박수를 쳤다.

아이가 수채화 붓을 집으면 화가가 될 것이니, 가난한 예술가가 되

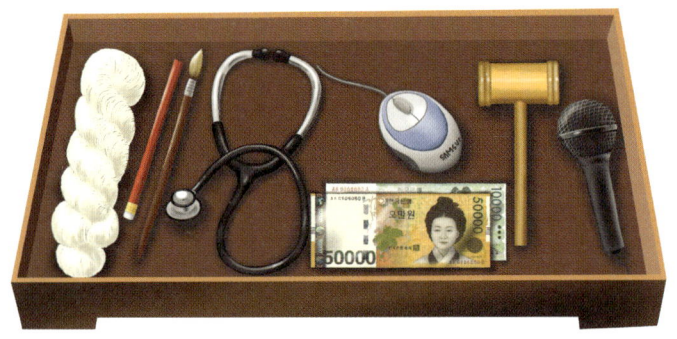

어 라면으로 끼니를 때울지도 모르는 운명을 부모는 방치할 수 없었던 것이다. 돌잡이가 평생을 좌우한다고 굳게 믿는 속신俗信도 흥미롭거니와, 인생의 드넓은 가능성을 오로지 돈이라는 잣대 하나로 판단하여 축소시키는 사고방식은 무섭기까지 하다. 억지로라도 돈을 쥐게 할 만큼 아이를 부자로 키우고 싶은 열망은 간절하다. 돈에 대한 맹신은 일종의 가풍家風이 되고 사회적인 기풍(에토스)이 되어 아이들의 세계관과 가치관을 형성한다.

이제 걸음마를 배우기 시작한 아이가 자기 앞에 놓여 있는 물건들 가운데 돈을 외면하고 붓에 시선이 가는 것은 자연스럽다. 네모반듯한 종이에 복잡한 그림과 문양들이 새겨져 있는 지폐는 아이의 눈에 흥미로운 대상이 아니리라. 그에 비해 길고 가느스름한 나무 대롱의 끝 부분에 부드러운 털 뭉치가 달려 있는 붓은 호기심을 끌기에 충분하다. 만져보고 요모조모 살피면서 탐구하고 싶은 물건이다. 하지만 어른들의 눈에 붓은 흔해빠진 잡동사니에 지나지 않는다. 반면에 돈은 무엇과도 교환할 수 있는 마법의 도구다. 붓은 구체적인 질감을 지닌 사물이지만, 돈은 추상적인 기능을 지닌 미디어다.

발도로프 교육의 창시자 루돌프 슈타이너에 따르면, 아이들이 너무 일찍 구체적인 삶에서 배제되어 추상적 관념적 세계에 갇혀 지낼수록 돈에 더욱 집착하게 된다고 한다. 요즘 아이들이 살아가는 일상이 꼭 그렇지 않은가. 놀이를 통해 신체의 역학과 율동을 익히지 못하고, 물건이나 공간과 사귀면서 그 안에 기억을 담아두지 못한다. 그 대신 백화점의 디스플레이와 광고 카탈로그의 이미지들로 감수성이 채워진다. 사물의 역사성이나 아우라는 존재하지 않고, 그 물건들에 얽힌 스토리와 여러 빛깔의 상념이 사라진다. 다양한 사람들과 어우러지면서 관계의 역동을 실감하기 어렵다. 경험의 박탈은 학습에도 영향을 미친다. 학부모 교육 전문가 손병목 씨는 한국의 초등학생들이 4~5학년 때 공부를 버겁게 느끼는 까닭을 다음과 같이 설명한다.

> 초등학생의 공부 성장이 일찍 중단되는 가장 큰 이유는 '경험'의 부족에 있다. 피아제가 말한 '구체적 조작기'에 있는 아이들은 눈에 보이고 조작하고 만질 수 있는 것에 대한 공부는 쉽게 할 수 있는 반면, 보이지 않고 만질 수 없는 것들에 대한 공부는 매우 어려워한다. 우리나라 초등 교육과정은 전반적으로 5학년을 기준으로 '형식적 조작기'로 넘어간다. 대표적인 것이 분수의 등장이다. 5학년 때는 분수의 사칙연산을 집중적으로 다루는데 이때 수학 포기자가 대거 나타난다. 〔……〕2학년 때 분수 개념이 나올 때부터 5학년 때 본격적으로 분수 연산을 할 때까지 사과를 많이 잘라본 아이가 수학을 잘한다. 아이가 직접 과도를 들고 사과를 반 토막 내고, 그 사과를 잘라가면서 분수를 몸으로 경험하고 느낀 아이라야 분수와 친해지게 된다.[36]

아이들에게 돈이나 성적 같은 숫자보다 중요한 것은 몸을 통한 경험이다. 추상적인 기호를 조작하기 전에 구체적인 사물들과 충분하게 교섭해야 한다. 그것은 지적인 성장뿐만 아니라 정서적인 바탕을 충실하

---

[36] 손병목, 「말로 가르치기 전 자녀와 소통하라」, 경향신문, 2010년 3월 9일자.

게 가꿔가는 통로이기도 하다. 어린 시절에 그러한 '삶'을 넉넉하게 누리지 못하게 되면 어른이 되어 공허한 자아를 돈이나 쾌락으로 채우려 한다. 또한 친밀한 관계의 부재를 권력의 획득으로 보상하려 한다.

자기가 진정으로 무엇을 원하는지 탐색할 시공간이 생략된 채 공부하는 기계로만 자라날 때, 스스로의 인생을 헤쳐나갈 능력을 체득하지 못한다. 어떤 어른이 되고 싶다는 꿈이 없이 시험 문제 풀이에만 골몰하면서 삶에 대한 무력감은 깊어진다. 그래서 어떤 어려움에 부딪히거나 필요한 것이 있을 때 돈 없이 해결하는 상상력이 부족하다.

아이들이 성장 과정에서 시험문제를 엄청나게 풀기는 해도, 실제로 삶에서 직면하는 문제들을 풀어내는 기회는 좀처럼 갖지 못한다. 모든 것을 구매를 통해서만 충족하려는 습관이 어릴 때부터 형성된다. 다른 방법을 생각하거나 시도할 수 있는 생활의 여건이 마련되어 있지 않은 탓이기도 하다. 다음은 어느 대학생의 경험담이다.

내가 작년에 미국에 있을 때 이야기다. 우리는 필요한 것이 있으면 서로에게 이야기를 해서 빌렸다. 다들 학생들이기 때문에 모두 가진 사람은 없고, 주위를 수소문해보면 가진 사람이 있었다. 문화적으로 서로 묻고 공유하는 것이 아주 당연했다. 자본주의를 좌지우지하는 나라에서 말이다. 예를 들이 주변 도시로 나갈 일이 있으면, 그 근처로 갈 일이 있는 친구를 찾아서 차를 태워달라고 이야기한다. 파티를 하는데 그릇이 부족하면 서로 빌리고 빌려준다. 재미있는 것은, 유럽이나 일본에서 온 친구들은 빌려달라, 도와달라는 이야기를 서슴없이 하는 것처럼 보였는데,

나를 포함한 한국 학생들은 도와달란 말을 하기까지 오랜 시간이 걸렸다.

한국에 돌아와서 느낀 것은 필요한 것이 있다면 사야 한다는 것이었다. 올해 초 나는 망치가 필요했고, 한 번 쓰고 말 것이기 때문에 가능하다면 어디서 빌리고 싶었다. 하지만 빌릴 데가 없었다. 동네에 아는 사람이 없어서고, 있어도 한 번도 그런 말을 해보지 않았다. 한 번만 쓰면 되는데 사야 한다는 것은, 내 돈을 쓰는 것이고, 자원 낭비인 것이다.

아이들에게 절실한 것은 자신의 '역량'을 발굴하고 키워가는 경험이다. 어떤 문제에 부딪히면 우선 스스로 처방을 생각해내는 지혜, 부족한 것이 있으면 다른 사람의 도움을 구할 줄 아는 사회적 지능이다. 필요한 물건이 있으면 무조건 구입할 생각부터 하는 것이 아니라 손수 만들어보든가 주변 사람들에게 빌리거나 얻는 방법부터 고민해볼 줄 알아야 한다. 쓰던 물건이 고장 났을 때도 그냥 버리고 새것을 사기 전에 제 손으로 고쳐보겠다고 도전할 줄 알아야 한다. 모든 것을 돈으로 해결하는 습성으로는 새로운 영역을 개척하지 못한다. 어느 정도의 결핍이 창의성을 유발한다.

3. 스스로 동기 부여할 수 있는 마음

물질적으로 점점 풍요로워지는데도 자꾸만 무기력해지는 까닭은 자기 안에서 솟아오르는 에너지로 삶을 꾸려가지 못하기 때문이다. 타인에게서 살아가는 힘을 얻지 못하기 때문이다. 미국의 철강왕 앤드루 카네기 Andrew Carnegie는 자녀들에게 "내가 관대하게 돈을 많이 주면 너희는 내 돈만 기억하고 나를 기억하지 못할 것이다"라고 했는데, 돈맛에 길들여지면 사람과의 깊은 관계를 지속적으로 맺어가는 마음이 박약해진다. 그리고 뭐든 사달라면 다 사주는 양육 환경, 즉각적인 만족에 익숙하게 하는 소비사회에서는 무엇을 꾸준하게 연마하고 축적하는 품성이 자라나기 어렵다. 구매력은 순식간에 획득할 수 있지만, 지적 능력이나 노동의 기술은 시간이 걸린다. 그 지루한 과정을 견디면서 성장을 꾀하고 소질을 개발할 수 있도록 도와주는 것이 바로 교육의 핵심이다. 외적인 강제나 이해관계가 아니라 내면에서 우러나오는 의욕을 발견할 수 있어야 한다.

부산 동래구에서 초등학생과 유치원생을 키우는 어느 주부는 아이들에게 음료수 자판기를 사주었다. 자판기 관리를 통해 노동의 가치와 성실함을 가르치기 위해서였다. 그리고 거기에서 나오는 수익금으로 어려운 이웃을 도움으로써 세상의 밝은 면과 어두운 면을 함께 볼 수 있도록 하기 위해서였다. 아이들은 일주일에 서너 번씩 자판기 청소를 하거나 깡통 음료수를 갈아 끼워 매월 1만~3만 원을 기부했다. 덕분에 아이들이 많이 민첩해지고 성실해졌다고 한다.[37] 자신이 직접 땀을 흘려 일한 보람을 경제적인 행위 속에서 느낀다는 점이 매우 중요하다. 그리고 자신에게 주어지는 돈이나 상품이나 서비스를 대할 때 그 과정에 깃든 사람들의 수고를 상상하면서 감사하는 마음을 가질 수 있다.

---

[37] 「아이 잘 키우는 비법 있네」, 『시사IN』, 2008년 12월 20일자.

그러나 대부분의 아이들에게 그러한 노동과 보람은 차단되어 있다. 아이들이 성적이 오르면 MP3를 사주겠다고 약속하는 부모들이 있다. 아이들은 그것을 목표로 열심히 공부한다. 그런데 그렇게 외적인 보상으로 학습을 유인하게 되면 중요한 것을 잃어버릴 수 있다. 앎 그 자체가 즐거워서 배우려는 욕망, 즉 내발적인 학습 동기가 거세되어버리는 것이다. 애당초 순수하게 내적인 동기로 시작한 일이라 할지라도 일단 어떤 보상 쪽으로 동기가 바뀌게 되면, 그 외적인 유인이 사라진 다음에 원래의 내적인 동기를 회복하지 못한다는 것이 심리학의 여러 연구 결과에서 밝혀졌다.

바로 그러한 메시지를 담은 일화가 있다. 미국에서 유대인 차별이 노골적인 행동으로 자행되던 20세기 초의 일이라고 한다. 아이들도 어른들을 따라 덩달아 유대인들을 손가락질하며 괴롭혔다. 그 한 가지로, 어느 동네에서 유대인이 사는 집에 아이들이 자꾸만 돌을 던졌다. 아이들로 하여금 그 해코지를 그만두게 하기 위해 주인은 꾀를 냈다. 아이들이 돌을 던질 때마다 잘한다면서 돈을 주는 방법이었다. 아이들은 당연히 환호성을 질렀다. 그러나 아이들은 그렇게 돈에 길들여졌고, 이제 유대인을 괴롭히기 위해서가 아니라 돈을 받기 위해서 돌을 던지게 되었다. 그러던 어느 날 주인은 돈이 다 떨어졌다면서 그냥 공짜로 던져줄 수 없겠느냐고 사정을 했다. 아이들은 실망하면서 더 이상 오지 않았다고 한다. 유대인 학대라는 내적 동기가 금전이라는 외적 동기로 바뀌었기에 원래 상태로 회복이 되지 않았던 것이다.

일이든 공부든 스스로 동기를 부여할 수 있어야 진정으로 능력 있는 사람이다. 그 동기는 삶 자체가 주는 기쁨에서 생성된다. 자기와 타자가 유의미하게 연결되어 있을 때 잠재력을 힘차게 두드릴 수 있다. 자신의 소양과 세계의 가능성을 즐겁게 탐색할 수 있을 때, 주변의 뭇 현상과 사물들에 마음의 촉수를 들이대면서 의식과 감성을 가다듬어갈 수 있을 때, 아이들은 행복하고 유능한 인간으로 자라난다. 경제적 풍요는 그러한 삶의 생태계를 훼손할 수도 있고, 안전한 성장이 깃드는 사회 문화적 공간의 토대가 될 수도 있다. 돈과 삶의 관계를 어떻게 설정할 것인가. 아이들이 어른들에게 묻고 있다.

제 11 장

남녀 관계를
시험하는 물신(物神)

1. 사랑에 속고 돈에 웃고

> 난 밤낮없이 일하지, 온갖 청구서나 세금을 내야 하니까. 불쌍하지 않아? 그렇게 일해도 항상 난 쪼들려. 이게 뭐야 도대체. 난 꿈속에서 계획을 세우곤 해. 아주 부자를 만나서 일할 필요가 없었으면 좋겠어. 빈둥거리며 놀기만 할 수 있다면 얼마나 좋을까. 돈, 돈, 돈. 부자들의 세상이란, 분명히 재미있을 텐데. 돈, 돈, 돈. 부자들의 삶이란, 언제나 행복한 것일 거야.
>
> —Abba의 「Money, Money, Money」 중에서

불경스러운 우스갯소리 하나. 톡톡 튀는 아이디어로 창안해낸 물건들을 선보이는 어느 박람회에 기발한 기계 하나가 출품되었다. 이른바 '배우자 자동판매기'로서, 돈을 넣고 자기가 원하는 이성을 고르면 며

칠 후 그를 만나 파트너로 삼을 수 있는 장치였다. 결혼하고 싶어도 마음에 드는 상대를 찾기가 점점 어려워지는 세태에 맞춰 어느 결혼중개업체에서 개발한 것이다. 그런데 당연히 우승을 차지하리라 예상된 이 자동판매기는 준우승에 머물렀다. 그렇다면 우승을 차지한 발명품은 무엇이었을까. 배우자를 집어넣으면 현금이 나오는 반납기였다.

전혀 허황된 발상은 아니다. 2009년 터져 나온 골프 황제 타이거 우즈의 불륜사건에서 꼬리에 꼬리를 무는 상대 여성들의 폭로와 함께 세간의 관심을 끌었던 것은 그의 부인 엘린이 이혼을 하게 될 경우 받게 될 위자료 액수였다. 결국 2010년 이혼을 하면서 약 5억 달러(6천억 원)를 받았다(그러나 그보다 훨씬 많은 액수의 위자료도 있었다. 호주의 미디어 재벌 머독은 이혼하면서 아내에게 17억 달러(약 2조 260억 원), 마이클 조던은 2,002억 원을 위자료로 치렀다.) 그들 아내들의 입장에서는 배우자를 반납하고 거액을 받은 셈이다. 그럴 경우 그녀는 배신을 당한 피해자이지만, 많은 사람들의 경제적 질투심을 유발하기에 충분하다. 신파극의 고전 「사랑에 속고 돈에 울고」를 개작해서 「사랑에 속고 돈에 웃고」라는 작품이라도 나올 법하다.

결혼에는 적지 않은 돈이 필요하다. 어느 시대에나 그리고 어느 사회에서나 그랬다. 아프리카의 월드뮤직 장르 가운데 세계에 많이 알려진 노래 가운데 하나로 「말라이카Malaika」라는 곡이 있는데, 남녀간의 결혼과 돈에 얽힌 사연을 담고 있다. '말라이카'라는 말은 스왈리히어로 '천사'라는 뜻이다. 해리 벨라폰테Harry Belafonte와 미리암 마케바Miriam Makeba가 듀엣으로 부른 것이 가장 인기가 있다. 인터넷에서 검색해서 들어보기 바란다. 가사의 내용은 다음과 같이 단순하다.

나의 천사, 나 그대를 사랑하오. 난 아무것도 가진 게 없소만, 나의 천사 그대와 결혼하고 싶소. 돈이 내 영혼을 괴롭히네요. 그대 인생의 반려, 난 어이 하리오. 〔……〕

전통사회에서 결혼할 때 당사자의 집안들 사이에 오가는 재화는 크게 두 종류인데, 하나는 지참금dowery이고, 다른 하나는 신부대bridewealth이다. 지참금은 신부가 가져가는 것으로서 한국의 혼수 전통은 이 계열에 속하는 것이고, 신부대는 신랑이 신부의 집에 치르는 것으로서 아프리카에서 가장 널리 공유되어온 관습이다. 그렇다면 왜 '신부대'를 내야 하는가. 신부가 지니고 있는 노동력과 출산력을 그녀가 속한 친족 집단으로부터 넘겨받는 대가로 해석될 수 있다. 그러나 그러한 경제적인 차원의 교환과 함께 사회적이고 상징적인 차원의 의미도 매우 중요하다. 즉 두 집단(모든 결혼 상대를 오로지 상대방 집단에서만 정하면서 복합적이고 지속적으로 사돈 관계를 맺는 경우가 많다) 사이의 공동체적 결속을 다지고 시집간 여성을 잘 대해주겠다는 맹세를 확인하는 것이다. 신부대가 완전히 치러지기 전까지 신랑은 신부에 대해 성적 또는 경제적인 권력을 완전하게 행사할 수 없다.

신부대는 신부의 가치가 어떻게 매겨지느냐에 좌우된다. 따라서 그 사회가 무엇을 중요하게 여기느냐에 따라서 똑같은 조건의 신부라 해도 '가격'은 천차만별일 수 있다(앞서 인도네시아의 어느 오지에서 한국 여성이 자신의 신부대를 확인하고 놀랐던 예를 들었다. 60~61쪽 참조). 그리고 신부대는 돈만이 아니라 가축, 곡물, 옷, 무기 등으로도 치러지며, 신랑이 노동력을 제공하는 것도 가능하다(『구약성서』의 「창세기」를 보면 야곱이 라헬과 헬라 두 자매를 신부로 맞아들이기 위해 장인 집에서 각각 7년씩 일을 하는 대목이 나오는데, 바로 그에 해당한다). 「말라이카」라는 노래의 주인공은 바로 그 신부대가 없어서 결혼을 할 수 없는 신세를 한탄하고 있는 것이다.

근대사회에 접어들어 낭만적 사랑이 보편화되면서 결혼은 그러한 집단 사이의 교섭이 아니라 당사자들 사이의 합의에 기초하게 되었다. 이제 부부를 맺어주는 핵심 고리는 애정과 신의다. 따라서 그것은 경제적인 이해타산과 거리가 있는 것으로 여겨진다. 가령 나에게 호감을 보이고 접근한 이성이 알고 보니 재산에 눈독을 들이고 있었다는 것을 안다면 크게 실망할 것이다. 이른바 '조건'을 떠나서 '나'라는 사람 자체에 대해 관심과 호의를 가질 때 나도 가슴을 열 수 있다. 순수한 사랑은 금전적 욕망을 물리칠 수 있다고 생각한다. 둘 사이에 마음만 통하면 물질의 빈곤함은 물론 다른 난관(예를 들어 신체의 장애, 부모의 반대, 학력의 격차 등)도 넉넉히 극복할 수 있다고 믿는다.

2. 경제력, 연애와 결혼의 지렛대

젊은이들은 연애에 많은 관심을 갖고 있지만, 순애보는 점점 희미한 그림자로 뒷걸음질치는 듯하다. 『한겨레21』에서 표지 이야기로 가난한 청춘들의 힘겨운 연애 풍속도를 다룬 적이 있다.[38] 지하철 아르바이트를 하면서 연하의 남자 친구를 사귀게 된 어느 여성은 잦은 통화로 휴

---

[38] 「사랑은 88만원보다 비싸다」, 『한겨레21』, 2009년 8월 10일자.

『한겨레21』 772호 (2009년 8월 10일자) 표지 사진. 제호는 "88만원 세대의 슬픈 사랑"이었다.

대전화 요금이 3만 원 더 늘어나자 '누나 동생으로 남기로 하자'라며 사실상 이별을 통보해야 했다. 대학에 입학하면서 등록금을 대출받았고 그 후 집안 사정이 더욱 어려워지면서 하루 종일 아르바이트를 뛰어야 하는 그에게 사랑은 사치였던 것이다. 그와 비슷한 처지에 있는 다른 여성은 데이트하는 시간조차도 한 시간에 800원이라는 아르바이트 비용으로 환산하는 버릇을 가지고 있는데, 애인을 만나면서도 지금 자신이 이러고 있을 때인가 하면서 마음에 여유를 갖지 못해 미안했다고 한다. 경제적인 여건이 넉넉지 않은 젊은이들에게 연애는 힘들고 결혼은 불가능해 보인다. 사랑 없는 돈, 돈 없는 사랑, 그 둘 사이에서 갈팡질팡하는 이들도 많다.

남성들의 경우 경제적인 압박은 더욱 심하다. 여성의 데이트 비용 분담이 일반화되는 추세이긴 하지만, 아직은 남성이 조금 더 내는 것을 당연시하는 분위기가 남아 있기 때문이다. 어느 남자 대학생이 자신의 경험담을 들려주었다. 친구에게 소개팅을 받은 여학생이 마음에 들어 고급 레스토랑에 데려가 맛있는 것을 대접했다. 그런데 아뿔싸, 계산할 때 직불카드의 잔액이 부족한 것이 밝혀져 결국 상대방이 모두 지불해야 했다. 체면이 손상되었다는 자괴감에 그 뒤로 다시는 연락도 하지 못했다고 한다. 만일 여학생이 그런 일을 당했다면 상대적으로 자존심이 덜 상했으리라 짐작된다. 경제력이 곧 능력이라는 등식이 아직까지는 남성에게 더욱 선명하게 적용되기 때문이다.

진화심리학에서는 필요 이상의 비싼 물건을 구매하는 행태를 성 선택에서 우월성을 차지하기 위해 경쟁하는 본성에서 비롯된 것이라고 본다. 최근의 많은 연구들에 따르면 남성들은 짝짓기에 관심이 많을 때 과시적 소비를 늘리는데, 이는 수컷 사자의 갈기나 수컷 공작새의 화려한 꼬리와 비슷한 맥락으로 해석된다. 그러한 과시가 지나쳐서 어떤 남자들은 소개팅을 하고 상대가 마음에 들 경우 그녀의 마음을 끌기 위해 외제차 판매장에 데려가서 여러 모델들을 살펴보면서 가격을 묻곤 한다고 한다. 자신의 구매력을 과시 또는 과장하기 위한 술책이다. 물론 그것은 일부 젊은이들 사이에서 벌어지는 일이지만, 연인 관계를 맺을 때 상대의(특히 남성의) 경제력은 점점 중요한 매력 포인트가 되어가는 것이 일반적인 추세다. 1980년대에 유행했던 변진섭의 노래 「희망사항」의 가사 중에 나오는 "내가 돈이 없을 때에도 마음 편하게 만날 수 있는 여자"는 정말로 희망사항일 뿐이다.

> **Tip**
> 제프리 밀러, 『스펜트』(동녘사이언스, 2010)에 따르면 인간은 진화 과정을 통해 '성공적인 번식을 추구'하기보다는 '성공적인 번식으로 이끈 신호, 경험, 물건 등을 뒤쫓도록 진화'했다.

남성들이 이성에게 호감을 사기 위한 전략으로 경제력을 과시하는 습성은 한국에서 유난히 두드러진 것일까. 어느 핀란드 여성은 한국에서의 경험을 회고하는 글에서 한국 남자들이 멋있다고 칭찬을 하다가 돈에 대한 이야기로 넘어가면서 다음과 같이 빈정거린다.

그렇지만 참 희한한 남자들도 많이 봤다. 예를 들어, 자기가 돈을 얼마나 많이 버는지 자랑하는 남자를 보면 참 어이가 없다. 핀란드에서는 자기 자랑을 하면 '머리에 오줌이 가득 찼다'라고 표현한다. 이는 여자를 '꼬실' 때 쓰는 '멘트'가 절대 아니다. 핀란드 여자들은 그런 부류의 남자들을 보면 '돈이 진짜 그만큼 많으면 자랑할 필요가 없잖아'라며 속으로 비웃을 뿐이다. 핀란드에서는 원래 '없으면 시끄럽다'는 표현을 많이 쓴다. 한국 표현으로는 '빈 수레가 요란하다'쯤 될 것 같다.[39]

유럽의 대다수 나라에서 돈이 많다고 으스대는 사람은 뭔가 많이 모자란 사람으로 경멸당한다. 그런 문화에 익숙해 있는 사람이 돈 자랑하는 한국 남성을 보면 가소롭다고 느끼게 되는 것이다. 그런데 엄밀하게 따져 보면 남자에게만 문제가 있는 것은 아니다. 그러한 과시가 통용되는 사회적 풍토가 있고, 두꺼운 지갑 앞에 깜빡 죽는 여성들이 있기에 아무렇지도 않게 돈 자랑이 버젓이 행해지는 것 아닐까. 그리고 여성들 가운데도 부富로 자기를 증명하고 위세를 부리는 이들을 어렵지 않게 만날 수 있다.

팔레스타인 남성이 제닌 인근의 세일라트 알 다헤르에서 열린 자신의 결혼식에서 하객들이 축의금으로 낸 지폐를 온몸에 붙인 채 서 있다. (문화일보, 2009년 8월 14일자)

그러나 그렇게 경제적 여유를 자랑할 처지에 있는 남녀는 지극히 일부에 불과하다. 특히 미혼의 젊은이

---

[39] 따루 살미넨, 「멋있지만 불쌍한 한국 '오빠'들」, 조선일보, 2007년 7월 26일자. 따루 살미넨은 헬싱키 대학교에서 동아시아학을 전공했다.

들은 많이 쪼들리게 마련이다. 그래서 연애의 조건에서 경제력을 은근히 따지게 된다. 소비지향적인 연애 문화에서 파트너를 선택할 때 돈은 점점 중요한 덕목으로 자리 잡아가고 있다. 그리고 함께 가정을 꾸려갈 배우자감으로 상대를 고를 때 재력은 한층 더 절대적인 기준으로 부각된다. 그래서 이제는 여성들이 이성을 소개받을 때 상대방이 정규직인지를 확인하고, 연봉을 사전에 확인하는 경우도 적지 않다고 한다.

대체로 한국 여성들은 남성의 경제력을 어느 정도 기대할까? 결혼정보업체 '듀오'에서 조사한 바에 따르면, 2008년 여성들이 희망하는 신랑감의 연봉은 6천만 원을 넘는다. 물론 이 역시 '희망사항'일 뿐, 실제로는 그에 훨씬 못 미치는 경우에도 소개를 받고 결혼에도 이른다. 그렇긴 해도 일단 기대치가 그렇게 높다는 것은 많은 남성들이 주눅 들기에 충분하다. 예전에 어느 여대생이 방송에서 키 180센티미터 이하의 남자들을 루저loser라고 폄하해 곤혹을 치렀는데, 만일 '연봉 6천 이하의 루저!'라고 발언했다면 파장이 훨씬 컸을지 모른다.

경제력은 남성들만의 고민이 아니다. 취직이 너무 어렵고 설령 직장을 얻었다 해도 노동의 강도와 스트레스가 엄청난 현실에서 직장을 포기하고 전업주부 엄마를 모델로 '든든한' 남편감을 잡아 '취집(취직 대신 시집을 간다는 뜻)'하고 싶다는 소망이 여성들에게 생겨나지만, 이것 역시 만만치 않다(앞서 인용한 아바의 노래는 그런 처지에 있는 여성의 심경을 담고 있다). 남성들도 배우자의 경제력을 요구하기 때문이다. 정규직으로 착실하게 근무해도 독립하기 어려울 만큼 집값과 전세금이 높은 현실에서 당연한 것인지 모른다. 위에서 인용한 조사에 따르면 남성들이 배우자감에게 기대하는 연봉은 3천6백만 원 정도였다. 신랑과 마찬가지로 신부에게도 대졸 평균 초임을 넘어서는 수준의 연봉이 요구되는 것이다. 고소득 전문직으로 분류되는 의사조차도 맞벌이를 원한다. 집안 살림과 육아에 충실하기를 바라는 남편 및 시어머니와 직장에 나가서 자기의 일을 하고 싶어 하는 아내 사이의 갈등을 어쩌다가 접하면 이제 격세지감이 들 정도다.

불황이 장기화되고 생활비는 치솟는 경제 상황에서 장래에 대한 불안이 가중되어 배우자의 경제력에 대한 기대가 커진다. 결혼시장은 노동시장에 연동되면서 진입 장벽이 자꾸만 높아진다. 미혼과 만혼이 늘어나고 그것은 저출산으로 직결된다. 많은 젊은이들이 나이가 들어서도 독립하지 못하고 부모에게 얹혀살면서 눈칫밥을 먹어야 한다. 일본에서는 그런 이들을 가리켜 '파라사이트(기생충) 싱글 Parasite single'이라는 모욕적인 이름을 붙이기도 했다.

3. 사랑은 가질 수 없는 것을 주는 것

결혼과 돈 사이에서 좌충우돌하는 해프닝을 코믹하게 그려낸 연극으로 「오월엔 결혼할꺼야」(김효진 작)라는 작품이 있다. 2006에 초연되어 지금까지 장기 공연으로 흥행하고 있다. 주인공은 고등학교 동창 관계에 있는 스물아홉 살의 여성 세 명이다. 변두리 동네의 보습학원 강사인 세연, 신춘문예 등단을 꿈꾸지만 현재는 야한 소설을 쓰며 생계를 꾸리는 정은, 그리고 별다른 직업이 없는 지희. 그들은 지난 10년 동안 공동으로 적금을 부어왔는데, 그렇게 해서 마련한 목돈을 셋 중에 가장 먼저 결혼하는 사람에게 몰아주기로 되어 있었다. 약간의 도박성이 있다고 볼 수 있다. 그런데 어느 날 지희가 결혼 날짜를 잡았다고 느닷없이 선포한다. 이에 나머지 두 친구는 패닉 상태에 빠진다. 백수인 데다가 연애 한번 변변히 해보지 못한 친구가 가장 먼저 결혼하는 것도 충격이었지만, 그것은 문제가 아니다. 알뜰살뜰 아껴서 모아온 돈 3,850만 원이 그 친구의 독차지가 될 판이기 때문이다. 물론 그렇게 하기로 약속하고 시작한 공동 적금이었지만, 막상 그렇게 집행이 되는 상황이 눈앞에 닥치니 견딜 수가 없는 것이다.

이에 세연과 정은은 그 돈을 잃지 않기 위해 연합 작전에 돌입한다. 지희가 결혼하기로 되어 있는 6월 1일보다 앞서서 둘 중에 한 명이 결혼할 수 있도록 공조하고, 만일 성공하면 그 결혼 자금을 절반씩 나누기로 약속한다. 지희에게 몽땅 빼앗기는 것보다는 그렇게 해서 절반이라도 건지자는 계산에 의기투합한 것이다. 이제 남은 기간은 딱 한 달. 그 안에 신랑감을 구해 결혼식까지 올려야 하는 것이다. 세연과 정은은 지금까지 인연을 맺었던 남자들을 모두 검색하여 만나본다. 하지만 녹록지 않다. 옛 애인을 만났더니 반가워하기는 하지만 이미 결혼한 몸이

연극「오월엔 결혼할꺼야」(김선애 연출, 극단 아이온)의 장면들. 스물아홉 살 미혼여성 세 명이 겪는 사랑과 결혼 그리고 돈에 대한 생각들을 그린 코미디극이다.

다. 한때 과외공부를 가르쳤던 남자아이를 불러냈지만 막상 결혼 이야기를 꺼내자니 차마 입이 떨어지지 않는다.

결혼 자체가 목적이 아니라 결혼 자금을 쟁탈하기 위해 한 달 내에 밀어붙이는 프로젝트가 제대로 진행될 리가 없다. 짙은 회의가 밀려온다. 도대체 지금 내가 뭘 하는 거지? 그렇게 우왕좌왕하는 과정을 통해 세연과 정은은 사랑과 결혼 그리고 돈에 대해서 거듭 질문을 던지게 된다. 그리고 우정과 의리가 속절없이 흔들리는 체험 속에서 친구와 자아를 새롭게 직면하게 된다. 연극은 어떻게 마무리될까? 두 친구가 결혼을 체념한 상태에서 지희가 나타나 다시 한 번 폭탄선언을 한다. 결혼이 깨져버렸다고. 세연과 정은은 갑작스런 파혼 소식에 '어머 어떻게 해?'라고 놀라며 위로의 제스처를 취한다. 물론 진심은 그게 아니다. 관객들을 향해 돌아서면서 즐거운 안도의 미소를 짓고 서로 부둥켜안으며 주저앉는다. 그리고 막이 내린다.

연애와 결혼을 돈의 속박에서 풀어줄 사랑의 가능성은 있는가. 고전평론가 고미숙 씨는 『사랑과 연애의 달인, 호모 에로스』(2008)라는 책에서 사랑의 참맛을 경험하기 위해서는 화폐 권력에 저항해야 한다고 주문한다. 한 가지 구체적인 방안으로 데이트할 때 돈을 쓰지 말고 몸을 쓰는 게 좋다고 하면서 다음과 같이 말하고 있다.

> 우리시대의 연애가 썰렁해진 건 무엇보다 '차이'가 부재하기 때문이다. 경제적 수준은 물론 학벌, 가족관계, 거기다 외모까지 비슷한 사람들끼리 만나 어떻게 열정이 폭발하겠는가. […] 사랑에 빠지기에는 둘 다 몸이 너무 무거운 탓이다. 자가용과 아파

트, 그럴듯한 직업과 연봉 등이 척도가 되는 한 몸은 한없이 무거워진다. 동시에 욕망은 잠식되어간다. 화폐야말로 욕망의 흡혈마왕이라는 것, 잊지 마시라. 그러니 이 화폐가 쳐놓은 저지선을 뚫지 않고서야 어찌 사랑의 열정을 누릴 수 있겠는가? 〔……〕 쇼핑은 자가용에 대한 욕망과 포개진다. 쇼('**데이'에 맞춰 이뤄지는 이벤트들, 저자 주)-쇼핑-자가용, 이렇게 이어지는 회로를 차단하는 것도 화폐 권력과의 대결이라는 측면에서 큰 의미가 있다. 그러기 위해서는 틈나는 대로 걸어야 한다. 아니면 자전거를 타거나. 사랑이란 무엇보다 생명의 활기로 표현된다.[40]

여러 가지 악조건 속에서도 어쨌든 삶이 이어질 수밖에 없다면, 그것을 조금이라도 견딜 만한 것으로 가다듬고 살 만한 가치가 있도록 격상시켜야 한다. 힘겨운 인생의 여정에 서로 부축하고 격려하면서 지속 가능한 경로를 함께 더듬어가는 동반자가 필요하다. 연인이나 부부가 그러한 동지로 맺어지려면 고비용으로 기우는 일상의 습관과 사회적 통념에 제동을 걸어야 한다. 그리고 자신들에게 최적의 삶이 무엇인지를 냉정하게 정의해야 한다. 더 나아가 단둘만의 관계를 넘어 세상의 변화를 향한 꿈을 공유하는 공동체적 연대로 나아가야 한다. 연애와 결혼이 감정 노동이라는 또 하나의 버거운 짐이 되지 않고 미지의 세계를 다채롭게 상상하는 놀이가 될 수 있도록.

200억대의 자산을 가진 40대 미혼 여성이 "연하의 배우자를 찾습니

---

[40] 고미숙, 『사랑과 연애의 달인, 호모 에로스』, 그린비, 2008, p. 194~96.

다"라고 신랑감을 공개적으로 모집하여 화제가 된 적이 있다. 수많은 남성들이 응모했지만 찾지 못했다고 한다. 돈이 아무리 많아도 그것만으로 얻을 수 없는 것 가운데 하나가 사랑임을 새삼 확인하게 된다. 결혼이 이기심의 동맹이 될 때 그 가정은 소유욕을 확대 재생산하게 된다. 배우자를, 그리고 자기 자신을 돈 버는 기계로 대상화하고, 자녀들은 부모를 현금인출기로 수단화한다. 그런 가정에서 자란 젊은이들의 연애는 돈을 매개로 좌충우돌할 수밖에 없게 된다.

경제적 자립이 어려워 성인기로 진입하지 못하는 청춘에게 낭만적 사랑은 무엇인가. 입시를 위한 선행학습에는 열심이었으나 자신이 꿈꾸는 인생의 선행 모델이 없어 암중모색하는 그들에게 애인은 누구인가. 세상살이의 고달픔을 동병상련하며 함께 어른으로 성장해가는 파트너가 아닐까. 그러한 남녀가 빚어내는 연애에서 돈은 소비의 수단만이 아니라 각자 추구하는 가치에 관하여 대화하는 화두가 될 수 있다. 결혼을 약속한 사이에서라면 돈은 공동의 생애를 구체적으로 설계하는 매개체가 될 수 있다. 그 만남 속에서 다양한 삶의 시나리오들이 시뮬레이션된다.

소비와 소유가 아닌 삶의 확장 속에서 남녀가 만날 때 과도한 금전의 압박에서 스스로를 지킬 수 있는 힘이 생겨난다. 빡빡하게 조여오는 현실에 틈을 내어 사랑이 깃드는 여백을 빚어낸다. 자신이 진정으로 원하는 것을 탐색하고 창조하는 연습, 그것은 고도의 철학을 요구하는 것이면서도 의외로 평범한 일상에서 실마리를 찾을 수 있다. 사랑은, 자기 안에 그리고 상대방에게 감춰져 있는 보석을 찾아가는 여행이다. 고귀한 인격과 존재의 신비를 깨닫고 나누는 축제다. 정신분석학자 자크 라캉Jacques Lacan은 말한다. "사랑은 가질 수 없는 것을 주는 것"이라고.

제 12 장

품위 유지의 비용은 얼마인가

1. 돈을 밝힐 수 없는 인간관계

　　20대 초의 어느 날, 나는 너무 가난해서 고통스러웠던 적이 있었다. 그런데 어느 날 친구에게서 다정한 안부 편지가 왔다. 부유하고 마음도 따뜻한 친구가 보낸 편지를 다 읽고 나서 보니 봉투 속에 시퍼런 만 원권 신권이 몇 장 딱 붙어 있는 게 아닌가! 편지엔 아무 말도 하지 않고 돈을 보낸 친구의 속 깊은 마음에 나는 눈물을 흘렸다. 나는 그 돈을 긴요하게 썼다. 그런데 며칠 후 친구에게서 전화가 왔다. 편지를 넣을 봉투가 없어 찾다가 아버지 책상에 놓인 봉투에 모르고 편지를 넣어 부쳤으니 돌려달라고 했다. 아무것도 모르는 친구의 요구는 당연했지만, 나는 그 돈을 다시 마련하면서 홀로 울었다.[41]

누구나 돈을 좋아하지만 돈은 때로 인간관계를 불편하게 만든다. 아예 처음부터 경제적인 차원에서 맺어진 관계는 괜찮다. 소비자로서 물건을 사면서 값을 재고 깎아달라고 흥정하는 것은 자연스럽다. 또는 노동자로서 임금을 교섭하는 것도 당연하다. 전혀 모르는 사람과 불미스러운 사건에 휘말려 손해배상을 청구하는 것도 정당한 권리다.

그런데 문제는 사적으로 친밀한 사람들과의 관계다. 친구나 선후배, 친척, 직장 동료 등과 돈 문제가 얽히면 참으로 곤혹스러워진다. 액수가 적다면 내가 좀 손해 보고 말지 하면서 없었던 일로 하고 그냥 넘어갈 수 있고, 정반대로 엄청나게 큰 액수라면 정색하고 따질 수 있다. 그런데 금액이 애매할 때는 고민이 된다. 말을 꺼내자니 치사해 보일 것 같고, 그냥 넘어가자니 잠이 오지 않는 정도의 액수로 얽히게 되면 판단과 처신에도 신중해야 한다. 자칫 관계가 끝장날 수도 있기 때문이다.

실제로 돈 문제 때문에 가까운 사람들과 상처를 주고받고 의절한 경우들을 흔히 접할 수 있다. 그래서 아무리 가까운 사이라 해도, 아니 가까운 사이일수록 친구나 형제 사이에 돈 거래를 하지 않는 것이 현명하다고 생각하는 사람들이 많다. 돈 거래는커녕 자신이 웬만큼 주머니 사정이 어려워도 속내를 털어놓지 못하는 경우가 많다. 부끄러워서 감추는 것일 수도 있고, 부담을 줄까 봐 내색을 하지 않는 것일 수도 있다. 위에 인용한 소설가의 경우에도 안부 편지를 보내올 정도로 절친한 벗을 사귀고 있었지만, 그 친구는 소설가가 얼마나 어렵게 지내고 있는지는 알지 못하고 있었던 것 같다.

---

41 · 권지예, 「빈 봉투」, 조선일보, 2009년 10월 2일자.

경제력이 곧 위신이 되는 사회에서 사람들은 자신의 금전적 궁핍을 노출하고 싶어 하지 않는다. 그것은 곧 체면에 관계된 문제이기 때문이다. 사회적 지위가 높은 사람일수록 그러한 외형에 신경을 많이 쓰는 경향이 있다. 한국의 어느 유명한 의상 디자이너는 바로 그 약점을 이용하여 아주 비싸게 옷값을 받는다고 한다. 그 비결은 무엇일까. 고객들을 사회적으로 저명한 인사들이 옷을 맞추러 오는 시간과 같은 날 비슷한 시간대에 배치한다. '우연히' 마주친 그들은 누구든 금방 얼굴을 알아볼 만한 사람들이기에 비록 예전에 만나본 적이 없는 사이라 할지라도 자연스럽게 서로 인사를 나누게 된다.

'유유상종類類相從'이라고 해야 할까. 그들은 함께 섞여 있는 사람들의 면면을 통해 자신이 얼마나 중요한 사람으로 분류되고 대접받고 있는지를 새삼 확인한다. 그리고 그런 VVIP('Very Very Important Person'의 약자로서 요즘 백화점에서 실제로 쓰이는 말이다)들의 옷을 맞춰주는 디자이너에게 자신의 의상을 맡기기를 잘했다는 뿌듯함도 느낄 것이다. 바로 여기에 공략 포인트가 있다. 디자이너는 그 '특별' 고객들이 함께 있는 자리에서 각각의 옷값을 높게 부른다. 고객들은 너무 비싸다는 생각이 들어도 싸게 해달라고 흥정하지 못한다. 옆에 함께 있는 사람들을 서로 의식하여 웬만하면 그냥 받아들이는 것이다. 체면에 편승하여 짭짤한 수익을 올리는 디자이너의 꾀가 돋보인다.

우리는 지위가 높은 사람들이 돈 '몇 푼' 가지고 왈가왈부하는 것은 어울리지 않는다고 여긴다. 많은 사회에서 재물에 대한 집착은 명예와 함께 가기 어렵다. 돈 욕심을 적나라하게 드러내면 다른 사람들로부터 존경을 받지 못한다. 돈을 언급하거나 직접 취급하는 것만으로도 사회적 위신이 손상될 수 있다. 가령 교사가 수업 시간에 등록금을 아직 납부하지 않은 학생들을 일일이 호명하면서 독촉한다면 교육자로서의 권위를 잃어버릴 것이다. 의사가 환자에게서 치료비를 직접 받고 거스름돈을 거슬러 준다면 병원의 품격이 떨어질 것이다.

전통문화에서도 무릇 선비에게는 재물을 너무 가까이하지 않고 이해득실을 시시콜콜 따지지 않는 미덕이 요구되었다(물질적인 순결함을 지키는 청백리淸白吏를 치켜세우면서 관료의 이상적인 모습으로 상정했던 것도 그 연장선상에서 이해할 수 있다). 장례식 때 운구를 메고 가는 상여꾼들이 '노잣돈'을 요구하며 멈춰 설 때 서슴지 않고 돈을 꽂아주어야 가문의 체통이 선다. 혼례를 앞두고 함이 들어올 때 함 값을 내놓으라고 떼를 쓰는 신랑 친구들에게도 아낌없이 돈을 풀어야 경사慶事의 분위기가 달아오른다. 너무 타산적인 태도를 취하지 않는 것이 어느 문화권에서든 귀족들의 품위 유지에 핵심이다.

그러한 의식은 지금도 일상 속에서 여러 관행으로 지속되고 있다. 한국 주재 외국인 비즈니스맨들 사이에 공유하는 문화 적응의 팁 가운데 음식점에서의 식사 값 지불에 관한 것이 있다. 여럿이 식사를 할 때 자신이 돈을 내고 싶으면 화장실에 가는 척하면서 자리에서 일어나 카운터에 가서 계산을 하라고 지침을 준다. 그렇지 않고 식사가 다 끝나고 한꺼번에 나갈 때 계산을 하려고 하면 반드시 실랑이가 벌어진다는 것이다. 손익을 민감하게 따지는 사회 분위기와 어울리지 않는 풍경 같지만, 친구나 직장 동료들 사이에서는 한턱을 쏘는 것이 관계 유지를 위한 '투자'이기도 하다. 물론 돈을 내지 않으려고 구두끈을 천천히 매거나 화장실로 피신하는 얄미운 사람들이 가끔 있기는 하지만.

그래서 한국 사회에서는 이른바 '품위 유지비'가 쏠쏠하게 들어간다. 나이와 직위에 따른 위계서열을 엄격하게 의식하는 문화이기에 '윗사람'이 될수록 아무래도 부담이 커질 수밖에 없다. '능력'이 된다면 넉넉한 씀씀이로 자기 사람들을 많이 만들고 그 관계들을 지속시킬 수 있지만, 돈이 궁하면 마음도 쪼들리게 된다. 그런데 품위 유지비가 언제나 개인의 돈으로만 충당되는 것은 아니다. 기업이나 관공서 같은 조직에서는 업무 추진비나 판공비 같은 계정으로 예산이 따로 잡혀 있어서 회식이나 접대에 들어가는 비용으로 공식 처리할 수 있도록 되어 있다. 물론 그로 인한 폐해는 클 수밖에 없다. 공과 사의 경계가 애매해지고, 법인카드를 남용하는 도덕적 해이로 이어지기 일쑤다.

한국인들이 공금에 대한 감각이 얼마나 무른지 우리끼리 지낼 때는 잘 모른다. 그런데 내가 일본에서 현장 연구를 할 때 공금에 관한 문화 충격을 하나 겪었다. 내가 매일 드나들면서 연구를 하던 시청에서 어떤 특별 세미나에 참석했는데, 끝나고 난 뒤에 초빙 강사 그리고 세미나 담당 공무원과 함께 식사를 하게 되었다. 그 자리에 정식으로 초대된 것이 아니라, 함께 이야기를 나누다 보니 거기까지 자연스럽게 합류하게 된 것이다. 세 명이 식사를 끝내고 나오면서 계산대 앞에서 나는 혹시나 해서 내 식사 값은 내가 지불하겠다고 제안을 했다. 예정에 없던 '불청객'이었기에 '빈말'로 그렇게 말을 해본 것이다. 한국 같았으면, 무슨 소리냐고 하면서 한꺼번에 계산했을 것이다. 더구나 그 공무원은 나와 거의 매일 만나는 사이로서 동갑내기 친구로 가깝게 지내고 있었고, 나의 일본 생활을 세심하게 도와준 분이었다. 그런데 그분은 "아, 그렇게 하시겠어요?" 하면서 두 명분의 식사 값만 계산하는 것이었다.

보기에 따라서 너무 융통성이 없고 쌀쌀맞은 대응이라고 할 수도 있겠지만, 그만큼 공과 사를 철저하게 구분하는 문화가 정착되어 있는 것이다. 일본 공무원 조직의 비리와 부패는 한국보다 훨씬 적다.

2. 위세의 두 얼굴 - 위엄과 허세

사회적 위신은 우선 본인이 지켜야 하는 것이지만, 다른 한편으로 타인이 그에 걸맞은 대우를 해주는 것도 병행되어야 한다. 돈에 관련해서도 마찬가지다. 예를 들어 스승의 날 교육청이 교사들에게 만 원씩 지급했던 일, 촌지를 받지 않겠다는 내용의 편지를 교장이 학부모들에게 일괄적으로 보냈던 일 등은 교사의 권위를 바닥에 떨어뜨린 사건으로 기억된다. 물론 교사들 가운데 돈을 밝히는 이들도 없지 않겠지만, 그렇다고 모든 교사를 그러한 부류로 싸잡아 조치를 취하는 것은 인격을 무시하는 처사라고밖에 할 수 없다.

다른 한편으로, 돈을 주고받을 때 일정한 예법을 갖추지 않으면 상대방의 자존심을 상하게 할 수 있다. 그 암묵적인 규칙이 지켜지지 않아 당황스러웠던 경험이 필자에게 있다. 오래전에 어느 단체의 의뢰를 받아 강연을 했는데, 행사가 끝난 뒤 주최 책임자와 함께 도심의 대로를 걸어가게 되었다. 이런저런 이야기를 나누다가 헤어지기 직전 그는 "아 참, 강사료를 드려야지요" 하면서 주머니에 손을 넣었다. 나는 그가 당연히 봉투를 꺼낼 줄 알았다. 그런데 그의 손에는 지갑이 들려 있었다. 그것을 열어 수표를 몇 장 꺼내 세어보고 나서, "수고하셨습니다"라는 말과 함께 그대로 건네주는 것이었다. 참으로 난감했다.

생각하기에 따라서 아무런 문제가 아닐 수도 있다. 오히려 그렇게 알맹이만 꺼내서 주는 것이 간소하고 친환경적이다. 돈을 꺼낸 다음에 휴지통에 들어가버릴 종이봉투를 한 장이라도 아끼는 것이 좋지 않은가. 그러나 아무런 포장이 없이 '적나라한' 돈을 직접 받을 때는 왠지 모멸감 같은 것을 느낀다. 그 상황에서라면 누구나 그런 기분이 들 것이다. 자원 절약을 외치는 환경운동가도 돈을 건넬 때 쓰는 봉투를 없애자고 주장하지는 않는다. 아무리 나무가 없어지고 종이가 귀해진다 해도, 축의금이나 부의금을 봉투 없이 현찰로 달랑 건네는 모습을 상상하기는 어렵다.

그것이 변질되어 권위주의의 관행이 되기도 하는데, '금일봉金一封'이 그 예가 될 수 있다. 수재의연금 등을 기부할 때 국회의원이나 고위공직자들이 금액을 밝히는 대신 쓰는 말이다. 언론에서 기부자 명단을 보도할 때 그렇게 '배려'를 해주는 것으로, 그들이 보통 사람들과 다르다는 것을 공공연하게 드러내는 듯하다. 그러한 특권의식은 체면 문화의 부정적인 유산으로 보인다. 금일봉이라는 형식에 거부감이 느껴진다면, 그 까닭은 내용을 은폐함으로써 권력과 지위를 과시하려는 태도가 읽히기 때문이다.

예의나 매너는 본질적으로 '불필요한 것'이다. 그런데 역설적으로 그 불필요함 때문에 필요한 것이다. 돈을 집어넣는 봉투는 편리함을 위한 도구 이상의 의미를 갖는 일종의 상징이다. 그것은 관계와 소통에 '격格'을 부여하는 매체라고 할 수 있다. 따라서 봉투를 받을 때에도 나름대로의 격식이 요구된다. 결혼식 축의금 같은 경우에는 더욱 각별한 정성을 담아야 한다. 그런데 예식장 입구에서 축의금을 접수하는 사람들이 최소한의 예의도 지키지 않는 경우가 있다. 봉투를 받자마자 곧바로 열어 액수를 확인하고 기입하는 것이다. 이는 하객에 대한 크나큰 불손이다.

선물의 경우 받은 사람이 그 자리에서 풀어보는 것이 즐거운 의례일 수 있지만, 돈의 경우에는 오히려 커다란 결례가 된다. 축의금을 무슨 입장료처럼 '납부'하는 것 같고, 축하하는 마음이 무시되는 듯하다. 게다가 축의금을 내는 사람에게만 식권을 '지급'하는 시스템도 종종 있는데, 돈을 내고 밥을 사 먹는 것 같아 민망하다. 엄청난 비용을 들이는 결혼식이 싸구려 시장판으로 전락되고 마는 까닭은 혼주가 하객을 온 마음으로 맞이하지 않기 때문이다.

조선 양반가에서도 봉제사奉祭祀와 함께 중시했던 것이 접빈객接賓客 아니었던가. 손님을 깍듯하게 대우하는 것이 지체 높은 가문의 임무였고, 지나가는 행인이나 걸인도 외면해서는 안 되었다.

금전적으로 각박하지 않고 아량을 베푸는 것은 사회적인 신망을 얻는 데 중요한 덕목으로 여겨진다. 특히나 전통사회에서는 돈 하나만으로 위세를 부리기 어려웠다. 산업사회에 접어든 이후에도, 돈이 많다고 아무 데서나 빼길 수 있지는 않았다. 돈이 없다는 이유 하나만으로 주눅 들지도 않았다. 심지어 대학에서는 부잣집 아이들이 부모의 경제력을 숨기고 일부러 허름한 차림으로 다니는 경우도 많았다. 시대를 고뇌하는 젊은이에게 어느 정도의 가난은 명예로운 표식이기도 했다. 도시든 농촌이든 빈곤 속에서도 기개를 잃지 않고 당당하게 삶을 빚어가는 얼굴들이 있었다.

그런데 고도성장의 열매를 많은 사람들이 누리고, 본격적인 소비사회로 이행하면서 가치의 척도가 돈으로 획일화되어갔다. 그리고 사람들은 때와 장소를 가리지 않고 자신의 재력을 과시하기 시작했다. 돈이 좋은 것은 필요한 재화를 구매할 수 있는 것 말고도, 그럴듯 뽐낼 수 있기 때문이다. 부자라는 사실 자체로 부러움의 대상의 된다. 부富의 소유는 존경의 기준이 되고 본질적으로 명예로운 것이 된다. 그러한 사회에서는 돈이 단순한 경제의 차원을 넘어 위세재Prestige goods로서의 효용까지 지니기 때문에 돈에 대한 과도한 집착이 만연한다. 돈이 교환의 수단이 아니라 궁극적인 가치요 최종적인 획득 대상이 된다. 거기에서 사람들은 '돈만 있는' 삶을 맹렬하게 추구한다.

> **Tip**
>
> 이에 대해서는 일찍이 소스타인 베블렌이 『유한계급론』이라는 책에서 '과시적 소비(conspicuous consumption)'라는 개념을 중심으로 분석한 바 있다.

　기부 행위조차도 금전적인 과시욕의 발로인 경우가 있다. 미국 최대의 부동산 재벌 도널드 트럼프Donald J. Trump가 2003년 발렌타인데이에 무려 100만 달러를 자선사업에 기부한다고 발표했는데, 그가 평소에 영위해온 초호화판 생활에 비춰 도저히 어울리지 않아서 커다란 의문을 자아냈다. 오로지 자기의 재산 불리기에만 몰두해온 억만장자가 그렇듯 큰돈을 아무런 대가도 바라지 않고 선뜻 내어놓은 동기는 무엇일까? 그에 대해 심리학자들은 짝짓기에 성공하기 위한 전략으로 분석한다. 이른바 '노골적 자선Blatant benevolence' 내지 '경쟁적 이타주의Competitive altruism'를 통해 상대방의 환심을 사려 했다는 것이다.

　그러나 어떤 공동체에서는 그런 이타주의적 과시가 통하지 않는다. 인류학자 리차드 리Richard Lee는 자신이 현지 조사를 했던 남아프리카 칼라하리 사막의 쿵 부시맨족에서의 난처했던 경험을 들려준다. 현지 조사가 끝나갈 무렵 그는 그동안 신세를 졌던 사람들에게 감사의 표시로

크리스마스를 기해 커다란 황소 한 마리를 선물하기로 했다. 모처럼 포식을 즐기면서 춤을 추고 축제를 즐길 수 있도록 한턱 쏘고 싶었던 것이다. 여기저기 수소문한 끝에 마음에 드는 소를 구입할 수 있게 되었다. 부시맨 전부가 배불리 먹고도 남을 만큼 덩치가 크고 살진 황소였다. 예정대로 그 소를 잡아서 맛있게 먹으며 이틀 밤낮 동안 흥겨운 놀이판을 벌였다. 그런데 사람들의 반응이 시큰둥했다. 고맙다는 인사는커녕 어디에서 그렇게 병들고 야윈 소를 잡아왔느냐고 빈정댔다.

농담치고는 좀 심하다 싶어 가장 기분 나쁘게 말을 했던 한 사람을 찾아가 자기를 곤경에 빠뜨리며 모욕을 준 까닭을 물었다. 그는 이렇게 대답했다. "교만 때문이지요. 〔……〕 어떤 사람이 너무 많은 짐승을 잡게 되면 그는 자기가 무슨 추장이나 그에 버금가는 대단한 사람이 된 걸로 착각하게 되죠. 그리고 다른 사람들을 자기 하인이나 자기보다 못한 사람으로 여기게 돼요. 그렇게 되는 것을 그냥 보고만 있어서는 안 돼요. 〔……〕 그의 자만심이 언젠가는 우리들 가운데 누군가를 죽일 것이기 때문이지요. 그래서 우리는 항상 그가 사냥한 짐승의 고기가 정말 형편없다고 말하는 거예요. 이런 식으로 그의 마음에 교만함이 차지 않게 하여 그를 겸손하게 만들어주는 거지요."[42] 이러한 관행에 대해 다소 위화감이 느껴질 수도 있지만, 재화의 과시를 통제하는 공동체의 문법이라는 차원에서 그 의미를 평가할 수 있을 것이다.

지나친 궁핍 속에서는 인간적인 삶과 자존감을 갖기 어렵다. 그리고 사회적인 위세를 갖추려면 어느 정도의 물질적 잉여가 있어야 한다. 그

---

[42] 한국문화인류학회 편, 『낯선 곳에서 나를 만나다』, 일조각, 2006, pp. 44~45.

런데 '위세威勢'에는 두 측면이 있다. 하나는 '위엄威嚴'이고 다른 하나는 '허세虛勢'다. 그 둘은 동전의 양면처럼 미묘하게 공존하지만, 명백하게 다른 내용이다. 허세는 자신의 지불능력을 뽐내면서 타인과의 구별 짓기에 몰두하는 것이다. 그에 비해 위엄은 그런 외형적인 차이에 의존하지 않는다. 스스로 품위를 갖추고 안으로부터 우러나오는 기세가 있어야 한다. 자신의 인격과 역량으로 타인의 모자란 것들을 메워주고 남몰래 베풀어주는 너그러움이 거기에 있다. 그러한 덕망의 문화 유전자가 재생될 때, '돈만 있는 삶'이 아니라 '돈도 있는 삶'이 가능하다.

제 13 장

우리가 진정으로
원하는 것

1. 타인에게 종속된 욕망

위의 사진들을 들여다보라. 자신이 그 공간에 실제로 들어가 있다고 상상해보라. 그 각각의 느낌은 어떤가. 당신은 이 장소들 가운데 어디

에 머물고 싶은가. 어느 길을 걷고 싶은가. 위의 사진들 중에서 한 장을 골라 달력이나 액자로 방 안에 걸어놓거나 컴퓨터 배경화면에 집어넣는다면 어느 쪽을 선택할까. 이 질문에 'A' 쪽이라고 대답하는 사람은 거의 없을 것이다. 사람은 직선보다는 곡선, 콘크리트보다는 숲, 자동차 엔진 소리보다는 새의 지저귀는 소리를 더 좋아한다. 그것이 인간의 보편적인 성향이다. 시대가 아무리 바뀌어도 마음의 프로그램은 거의 그대로다.

이제 다른 질문을 던져본다. 이 공간들 가운데 100평 정도를 누군가가 당신에게 증여하겠다고 한다. 자, 어느 곳을 선택할 것인가? 물론 그 땅을 곧바로 팔아넘겨도 무방하다. 그렇다면 어느 장소를 원하는가? 이제는 'A' 쪽으로도 답들이 꽤 나오지 않을까 싶다. 거기에 집이나 별장을 짓고 살겠다면 'B' 쪽의 장소들이 여전히 선호될 수 있겠지만, 그냥 재산으로 소유한다면, 더구나 그것을 양도할 수 있다면 이야기는 달라진다. 이제 문제가 되는 것은 부동산 가격이다. 그래서 머물고 싶은 공간은 'B' 쪽이 많은데, 갖고 싶은 공간은 'A' 쪽이 많이 나온다. 가격과 가치 사이에 괴리 내지 충돌이 생긴다. 이 모순을 어떻게 설명해야 할까.

경제적인 가격과 삶의 가치 사이의 모순이 유난히 두드러지는 것이 바로 부동산이다. 그것을 극명하게 보여주는 사례 하나를 들어보겠다. 2010년 3월, 서울시는 아파트의 동棟 간 거리(이격거리)를 완화하는 건축조례 개정안을 입법예고했다. 개정안에 따르면 높은 건물을 기준으로 한 이격거리는 건물 높이의 0.8배 이상에서 0.6배 이상으로 줄어든다. 그렇게 되면 설계할 때 건물 배치를 유연하게 할 수 있고, 높이 제한 등의 이유로 용적률을 다 채우지 못하는 단지의 사업성을 높일 수 있는 등의 이점이 있다.

하지만 거주자의 입장에서는 일조권이 악화되고 가까워진 거리 때문에 사생활을 침해받을 수 있는 문제가 발생한다. 서울시 관계자도 그 점을 인정하면서 "이격거리 완화는 건축주로서는 규제가 완화되는 혜택이, 거주자로서는 생활여건이 나빠지는 상반되는 측면이 있다"며 "규제 완화를 통한 경기 활성화에 정책 비중을 더 둔 것으로 보면 된다"고 말했다.[43]

생활여건은 분명하게 나빠지는데 경제적인 이익이 발생하는 것, 그래서 기꺼이 그런 방향으로 정책이 세워지는 것, 그리고 그에 대해 주민들이 반발하지 않는 것. 아니, 일부는 그러한 조례 개정을 환영한다는 것. 생활의 희생 위에 경제가 성장해온 한국 사회의 자화상을 압축해서 보여주는 단적인 예다. 제4장에서 2010년 9월 부산에서 있었던 주상복합 빌딩의 화재 사건을 언급했지만, 고급 아파트에 화재 대비 대피공간이나 소방시설이 부족한 점들을 확충하라고 권고해도 추가 비용 때문에 건축주나 입주민들이 반발하는 경우가 종종 있다고 한다.

한국의 부동산을 다 팔면 캐나다를 두 번 사고도 남고, 미국 땅의 절반정도나 사들일 수 있다고 한다. 수도권의 집값은 세계 최고 수준이다. 우리는 그렇게 비싼 집에서 살면서도 그만한 행복을 누리지 못하는 듯하다.

> **Tip**
>
> 통계청이 발표한 '2007년 말 기준 국가자산통계 추계결과'에 따르면, 2007년 말 한국의 명목GDP 대비 토지자산 배율은 3.7배로 프랑스의 3.0배, 미국의 2.8배, 일본의 2.4배, 캐나다의 1.1배에 비해 높았다. 그리고 한국의 토지자산 가격은 3조 5천780억 달러로 캐나다의 2.3배, 호주의 1.4배에 달했다. 한국의 토지자산 가격을 공시지가로 계산했는데도 그 정도이니, 대다수 선진국처럼 실제 거래가격으로 계산하면 거품은 몇 배나 클 것으로 추산된다.

---

43 · 「서울 아파트 동간 거리 좁아진다」, 경향신문, 2010년 3월 5일자.

지금 사는 집이나 동네에서 돌아가실 때까지 살고 싶으세요? 여러 강의 자리에서 이 질문을 던져보았는데, 그렇다고 대답하는 사람들은 지극히 일부에 불과했다. 부자 동네에 사는 분들도 마찬가지였다. 모두가 부동산을 간절하게 원하지만, 삶의 뿌리를 내리는 터전은 아닌 듯하다. 엄청나게 비싼 가격으로 거래되지만, 거기에서 얻고 누리는 가치가 무엇인지 실체가 모호한 것이다.

도시 바깥에서 새롭게 개발되는 공간들도 다르지 않다. 한국에 주재하는 영국 언론인의 말을 들어보자.

> 참 추하다. 도심 중심부만이 이렇게 추한 것이 아니다. 한국의 들쭉날쭉한 산봉우리들과 드넓은 골짜기, 조각보 같은 논밭은 한때 아시아에서 가장 사랑스러운 풍경 중 하나였다. 하지만 더 이상은 아니다. 휴식을 찾기 위해 도심을 벗어난다 해도, 당신이 사는 박스 모양 아파트와 전혀 다를 바 없는 판에 박힌 콘도들만이 당신을 맞이할 뿐이다. 거기서 내려다보는 풍광은 논밭들 사이 번쩍거리는 형광빛 파란색, 주황색 지붕들이다. 〔……〕 더욱이 한국인들은 세계 곳곳에 굉장히 멋진 건물들을 지으면서 유독 모국에서만 혐오스러운 대량생산품을 양산한다. 〔……〕 한국은 세계에서 가장 부유한 나라 중 하나다. 한국인들은 고급 식품·의류·생필품 등에 엄청 비싼 가격을 지불한다. 그런데 그 볼썽사나운 집들에마저 터무니없는 가격을 치르며 구입 경쟁을 하는데 거리낌없다니, 알 수 없다.[44]

인터넷을 뒤지다가 '토지 사랑'이라는 카페를 우연히 발견했다. 아, 박경리 선생의 『토지』를 읽고 감명받은 독자들의 모임이겠거니 생각했다. 회원수가 26,000여 명을 넘는다. 문학을 사랑하는 사람들이 아직 이렇게 많다니. 그런데 클릭해보니 그 짐작이 완전히 빗나갔다. 그 카페는 부동산 투자 정보를 나누는 네트워크였다. 혹시나 해서 그와 비슷한 다른 사이트가 있는지 찾아보니 똑같은 이름의 홈페이지도 있고, '충주 사랑'처럼 아예 지명을 담은 카페도 있었다. 역시 부동산 정보를 제공하고 있었다.

그런 취지로 만든 카페나 홈페이지의 이름에 '사랑'이라는 말을 붙이는 것은 타당한가. 그 회원들은 토지를 정말로 사랑하는가. 이렇게 말할 수 있다. 그들은 토지를 좋아하는 것이지 사랑하는 것은 아니다. 좋아한다는 말과 사랑한다는 말은 대개 동의어로 사용하지만, 문맥에 따라서는 엄밀하게 구별될 수도 있다. 이어령 선생의 어느 수필에서 고양이와 쥐의 관계를 예로 들어서 그 개념을 대비시킨 것을 읽은 적이 있다. 고양이는 쥐를 무척 좋아한다. 그러나 사랑하는가? 전혀 그렇지 않다. 이렇게 대비시키면 그 두 단어의 뜻이 완전히 반대가 될 수도 있다.

그렇다면 그 카페의 회원들이 토지를 좋아하는지 사랑하는지 분간하는 것은 어렵지 않다. 만일 그들이 진정으로 토지를 사랑한다면 그 공간과 장소 자체를 귀하게 여길 것이다. 대지에서 피어나는 나무와 꽃 그리고 거기에 날아드는 나비와 새들로 기쁨을 누릴 것이다. 그것은 땅값의 오르내림과 아무런 상관이 없어야 마땅하다.

---

44 • 앤드루 새먼(영국『더 타임스』지 서울특파원), 「어글리 코리아, 어글리 코리안」, 조선일보, 2009년 2월 7일자.

하지만 지금 많은 사람들에게 땅은 그런 대상이 아니다. 그것은 어디까지나 돈을 증식시키기 위한 수단에 불과하다. 내게는 그 땅이 필요하지 않다. 그런데도 왜 원하는가. 그것은 다른 사람들이 그 땅을 원하고 있거나 장차 원할 것이라고 기대하기 때문이다. 다른 사람들의 욕망에 비례해서 그 가치가 올라가고 나도 그만큼 욕망한다. 실질적으로 그 땅에 어떤 가치가 깃들어 있는지는 따지지 않는다. 어느 예비 신부가 결혼 이후의 가계 운영에 참고할까 해서 재테크 강연에 참석했는데, 강사가 조언하기를, 집안에 결혼사진 대신 전국의 부동산 정보가 표기된 지도를 걸어놓으라고 했다고 한다. 언제부터인가 '땅'이라는 글씨를 보거나 말을 들으면 당연히 부동산으로 등식화되었다. 그래서 '고향 땅이 여기서 얼마나 되나'라는 노랫말을 '고향 땅이 한 평에 얼마나 되나'라고 부르는 것이 자연스러울 지경이다.

내가 원하는 것이 아니라 타인이 원하기 때문에 가치가 발생하는 것은 화폐의 핵심적인 속성으로서, 제5장에서 논의한 바 있다. 그런데 화폐뿐만 아니라 수많은 사물이 그 대상으로 들어올 수 있다. 그리고 아주 사소한 일상의 경험 속에서도 그것이 종종 발견된다. 예를 들어 지하철을 탈 때 승객들이 자리에 연연해하지 않는 경우에는 나도 별로 자리에 집착하지 않는다. 반면에 주변 사람들이 서로 앉으려고 눈에 불을 켜고 있으면, 몸이 별로 피곤하지 않아도 빈자리가 생기면 먼저 차지하고 싶어진다. 정신분석학적으로 말하자면 나의 욕망이 타인의 욕망에 종속되는 것이다. 서로 잘 모르는 사람들일수록 그 사이에 욕망의 상승작용이 쉽게 일어난다. 돈으로 매개되는 시장에서 욕망은 강력하게 증폭된다.

투기는 그 대표적인 사례라고 할 수 있다. 17세기 네덜란드에 튤립 투기 바람이 불어 한 뿌리의 가격이 집 한 채 값만큼 치솟았다가 폭락한 일을 돌이켜보면 황당하기 짝이 없다. 하지만 인간은 언제든지 엉뚱한 것에 지고의 가치를 부여하면서 그것을 향해 맹목적으로 달려갈 수 있는 동물이다. 먼 훗날, 사람들은 21세기의 글로벌 금융위기, 두바이의 몰락, 한국의 뉴타운 열풍 등을 역사책에서 읽으면서 어떤 표정을 지을까. 조금만 냉정하게 따져보면 불합리하다는 것을 알 수 있을 텐데도 인간은 어이없는 주술에 사로잡히기 일쑤다. 원래 자신이 그다지 원했던 것이 아닌데 남들이 원하니까 덩달아 원하게 되는 심리가 발동한다. 타자의 영향을 많이 받는 사람의 마음은 서로 전염되고 요동치면서 일종의 마법 같은 것에 걸려든다.

2. 돈이 아무리 많아도, 돈이 하나도 없어도

"이 원수엣 돈! 이 육시를 할 돈!" 현진건의 단편소설 「운수 좋은 날」에서 주인공 김 첨지는 인력거꾼인데, 하루 종일 힘들게 번 돈을 술김에 집어던지면서 그렇게 외친다. 그는 병을 앓고 있는 아내가 자신이 너무 아프니 곁에서 돌보아달라는 애원을 뿌리치고 돈을 벌기 위해 나왔다. 그런데 그렇게 애써 번 돈으로 설렁탕을 사 들고 집에 왔을 때 아내는 이미 죽어 있었다. 돈이 없어서 아내에게 설렁탕 한 그릇 먹여주지 못하다가, 모처럼 벌이가 잘 되어서 소원을 풀어주려 했는데 이제는 먹을 사람이 없어져버린 상황이다. 돈이 생겼다는 행운은 참혹한 불행을 잉태했고, '운수 좋은 날'은 비통한 운명의 반어적 표현이 되어버린 셈이다.

돈이 지닌 그런 상극의 가치는 수많은 문학 작품에서 다뤄져왔고, 현실 속에서 숱하게 경험되는 일이다. 축복을 가져다주리라 기대한 돈이 엉뚱한 재앙을 몰고 오는 사례는 끝없이 열거할 수 있다. 갑작스럽게 큰돈이 생겨 가족이나 친척들 사이에 골이 생기고 원수지간까지 되는 경우는 숱하다. 부모의 유산, 토지보상금, 복권당첨금, 사망보험금, 재해 보상금 등은 행복보다 불행을 가져다주는 경우가 훨씬 많은 듯하다. 그래서 '이유 없이 생긴 큰돈처럼 위험한 것도 없다'는 말이 있다. 돈만 있으면 무엇이든 가능하다는 믿음이 강할수록 그 위험은 더 커지는 것이리라.

박완서 선생은 단편소설 「옥상 위의 민들레꽃」에서 돈에 대한 과대망상에 부풀어 있는 한국 사회를 꼬집고 있다. 어느 아파트에서 연달아 두 명의 할머니가 투신자살을 했다. 적지 않게 충격을 받은 주민들이 뭔가 크게 잘못되었다는 생각에 반상회에서 이 문제를 놓고 토론을 하게 된다. 그런 불미스러운 일이 자꾸 생겨나면 아파트 값이 떨어질 것이라는 걱정도 깔려 있으리라. 돌아가신 할머니들은 각기 딸과 아들네 집에 살고 있었는데, 그 유가족인 딸과 며느리도 반상회에 참석하였다. 논의의 초점은 결국 왜 그 노인들이 목숨을 끊었는가 하는 것이었다. 회의를 이끄는 교수는 "어머니에게 무엇을 부족하게 해드리지 않았느냐"고 딸에게 따지듯이 묻는다. 이에 대한 답변과 그 뒤에 이어지는 이야기는 아래와 같이 진행된다.

> **Tip**
>
> 한 리서치 연구에서 나온 발표가 흥미를 끈다. '로또 당첨자 세 명 중 한 명은 5년 내 파산'이라는 것이다. 기사는 이어 아래와 같이 설명한다. "헴스포드 재정 카운셀러인 지프라 버크 씨에 따르면, 약 3분의 1의 복권 당첨자들이 복권 당첨 4~5년 이내에 심각한 재정 상태에 빠지거나 심한 경우 파산자로 몰락하는 경우가 통계로 나타난다고 밝히고, 이러한 경우에 대해서 아래와 같이 설명한다. '그것이 복권 당첨이든 유산 상속이든 아니면 보험금을 받아서이건 상관없이 하루 아침에 거액의 금액이 생길 경우 그들이 이전부터 자금에 대한 올바른 사용 기술을 습득하지 못한 경우 아주 흔히 곤궁에 빠지거나 어리석은 결정을 하게 되며, 이것이 바로 그들이 재정적 파국으로 치닫게 되는 궁극적 이유입니다.'"

"아니요, 그런 일 없습니다. 저의 어머니의 방 냉장고에는 늘 그분이 즐기시는 음식으로 가득 채워졌고, 옷장엔 사시장철 충분히 갈아입을 수 있는 비단옷으로 가득 차 있었습니다. 그분이 돌아가신 후 그걸 다 양로원에 기부했는데, 열 사람의 노인네가 돌아가실 때까지 입을 수 있을 거라고 했습니다. 필요하시다면 그분들을 증인으로 부를 수도 있습니다."

"아, 알겠습니다. 이번엔 며느님에게 변명할 기회를 드리겠습니다."

"저도 마찬가지입니다. 지금도 그분의 방이 그대로 증거로 보존돼 있습니다만, 부족한 건 아무것도 없습니다. 제 방과 똑같은 크기의 방에 제 방에 있는 건 그분의 방에도 다 있습니다. 그분이 한 번도 듣지 않은 전축이나 녹음기도 제 방에 있는 것이기 때문에 그분 방에도 들여놓았었습니다. 그랬건만 그분은 늘 불만이셨습니다."

"바로 그겁니다. 그걸 말씀해주셔야 합니다."

교수님이 마침내 유도 심문에 성공한 형사처럼 좋아하며 그 아주머니 앞으로 한 발 다가갔습니다.

"그분은 손자를 업어서 기르고 싶어 하셨어요."

"그건 안 되죠. 안짱다리가 되니까."

"그분은 바느질을 좋아해서 뭐든지 깁고 싶어 하셨어요. 특히 버선을 깁고 싶어 하셨죠."

"점점 더 어렵군요. 요새 버선이라니? 더군다나 기워서 신는 버선을 어디 가서 구하겠소?"

"그분은 또 흙에다 뭘 심고, 거름을 주고, 김을 매고 싶어 하셨어요. 그분은 시골에서 자란 분이거든요."

"참으로, 참으로 어려운 분이셨군요."

교수님이 낙담을 합니다. 이때 젊은 아저씨가 또 나섭니다.

"이제야 알겠습니다. 그분은 고향이 그리워서 돌아가셨군요."

"저희 어머니는 이 도시가 고향인데도 어느 날 베란다에서 떨어지셨어요."

먼저 돌아가신 할머니의 딸이 젊은 아저씨에게 대들었습니다.

"고향이 시골이 아니어도 마찬가지일 겁니다. 도시에서도 사람 살아가는 모습이 예전보다 너무 많이 달라졌으니까요. 노인들은 예전의 사람 사는 모습이 그리워서 더 이상 살고 싶지가 않았을 겁니다. 그렇지만 제아무리 효자라도 세월을 거꾸로 흐르게 할 수는 없습니다. 이렇게 문명된 세상에 돈 가지고 안 되는 일이 아직도 남아 있다는 건 참으로 통탄할 일입니다."[45]

여기에서 두 가지 질문을 던져본다. 독자 여러분께서는 다음 페이지의 문제만 읽고 책 읽기를 잠시 멈춰주시기 바란다. 두 가지 물음을 머릿속에 담고 곰곰이 답들을 생각해보시라. 각각 다섯 개 정도씩 적어보자. 필자가 정리한 답을 빨리 보고 싶으시겠지만, 성급한 마음을 내려놓고 스스로 생각을 정리해보자. 약 5분 정도면 충분할 것이다. 비슷한 것들은 한 데 묶어서 좀 커다란 개념으로 답을 하는 것이 좋겠다.

---

[45] 박완서, 『자전거 도둑』, 다림, 1999, p. 117~19.

(1) 이 세상에 돈이 아무리 많아도 얻기 어려운 것은 무엇인가?

_____

(2) 이 세상에 돈이 한 푼도 없어도 얻을 수 있는 것은 무엇인가?

_____

위 두 가지 질문은 완전히 반대의 내용을 담고 있다. 그런데 답들이 어떻게 나왔는가? 써놓고 보니까 묘하게도 비슷하지 않은가? 대충 다음과 같은 답들이 나오지 않았을까 짐작된다. 지혜, 사랑, 우정, 배려, 용기, 열정, 존경, 보람, 추억, 희망, 햇빛, 바람, 빗물, 건강, 지식, 화술, 매력, 시간…… 그런데 이 가운데는 논쟁이 될 만한 것들이 있다. 몇 가지는 돈과 어느 정도 관련된다고 볼 수 있기 때문이다.

예를 들어 건강 같은 것이다. 가난한 사람들은 영양 상태가 부실하고, 불결한 환경에서 힘든 일을 하며, 병이 나도 제때 치료를 받지 못한다. 계층과 수명의 상관관계는 이미 밝혀졌다. "돈 있으면 얼마든지 오래 살 수 있는 병, 암"이라는 보험회사 광고 문구도 있다. 그러나 한국 최고의 갑부 이건희 씨보다 훨씬 건강한 노숙인들을 쉽게 만날 수 있다. 돈이 있다고 건강한 것이 아니고 돈이 없다고 병약한 것도 아니다.

시간은 어떤가. 돈이 있는 사람들은 자기가 할 일 가운데 일부를 타인의 노동력으로 해결할 수 있다는 점에서 경제력과 시간적 여유는 비례한다. 그러나 수명을 억지로 연장하거나 하루를 30시간으로 늘이는 것은 불가능하다. 지식이나 화술 같은 문화 자본 그리고 인간적인 매력 같은 품성도 부유하면 더 쉽게 갖출 수 있다. 그러나 가난한 사람들도 타고났거나 노력에 의해서 상당한 수준으로 체득할 수 있다.

　반면에 돈과 전혀 상관이 없는 항목들이 있다. 지혜, 사랑, 우정, 배려, 존경 같은 것이다. 주로 마음에 관련된 덕목들로서 사람과 사람 사이에 늘 주고받는 것들이다. 이러한 덕목들은 돈으로 살 수 없을 뿐 아니라, 돈 한 푼 들이지 않고 거저 얻을 수도 있다. 가격으로 측정되기 어려운 가치들이기 때문이다(이에 대해서는 다음 장에서 더 자세히 논의할 것이다). 그래서 앞서 던졌던 질문을 아래와 같이 바꿔도 똑같은 대답들이 나온다.

(1) 돈을 아무리 많이 준다고 해도 마음이 없으면 줄 수 없는 것들은 무엇인가?

────────────────────────

(2) 돈을 한 푼도 받지 못한다 해도 기꺼이 줄 수 있는 것들은 무엇인가?

────────────────────────

　좀더 깊이 생각해보면, 이 덕목들은 돈과 관계가 없는 정도가 아니다. 돈과 아예 섞일 수 없거나 상극이다. 그래서 돈으로 계산되고 거래되면 그 순간 그 본질이 부정되어버린다. 예를 들어 내게 위로와 격려의 말을 해준 친구에게 그 대가로 돈을 지불하면 어떻게 될까. 가족의 마음에 상처를 입혀놓고 그 잘못을 돈으로 용서받으려 한다면 어떻게 될까. 광기와 욕망으로 파멸해간 미국 어느 상류층 가정의 실화를 담아낸 영화 「세비지 그레이스Savage Grace」(톰 칼린 감독, 2007)에서 주인공은 다음과 같이 독백한다. "돈이 있으면 실수의 결과를 책임질 필요가 없다고 외할아버지가 말씀하셨다. 그러나 실제로는 그렇지 않았다."

다른 한편 용기, 목표, 열정, 보람, 희망 등은 어떤가. 이러한 덕목들은 타인과의 관계에서 생겨나기보다는(그런 측면이 전혀 없는 것은 아니다) 스스로 찾거나 만들어내야 한다. 돈으로 그것들을 살 수는 없다. 돈은 많은데 그러한 에너지가 없다면 그 삶은 결코 행복할 수 없다. 만일 당신에게 평생 필요한 돈을 모두 줄 테니 그 조건으로 앞으로 아무 일도 하지 말라고 하면 그렇게 하겠는가. 엄청난 돈을 이미 벌어들인 스포츠 선수들이 운동을 그만두지 않는 까닭은 무엇인가. 돈만이 행복의 원천이라면 부상의 위험을 무릅쓰고 그 고생을 계속할 리가 없다. 백만장자가 목숨을 걸고 열기구나 뗏목으로 대서양을 횡단하는 모험에 나서는 것도 설명하기 어렵다.

"당신은 돈이 인생 최고의 성공 증표라고 생각하십니까?" 영국 로이터통신과 여론조사 기관 입소스가 2009년 세계 23개국 24,000여 명에게 던진 질문이다. 이에 대해 한국인은 무려 69퍼센트가 '그렇다'고 답하여 중국과 공동 1위를 차지했다. 이어 인도인과 일본인이 각각 67퍼센트와 63퍼센트로 그 뒤를 이었다. 반면 캐나다(27퍼센트), 스웨덴(28퍼센트), 네덜란드(29퍼센트), 프랑스(32퍼센트), 미국(33퍼센트) 등 서

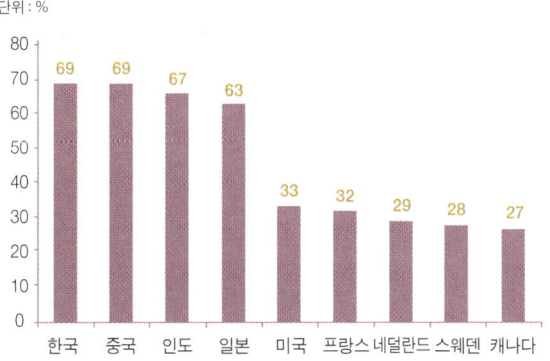

"당신은 돈이 인생 최고의 성공 증표라고 생각하십니까?"
로이터통신 · 입소스 공동 여론조사(2009년)

구 선진국 응답자들은 돈을 상대적으로 덜 중요한 성공 증표로 여기는 것으로 조사됐다. 한국인들이 곧잘 늘어놓는 돈 자랑은 그러한 인식에서 비롯된다고 볼 수 있다.

1989년 해외여행 자유화가 이뤄진 직후에 많은 한국인들이 세계를 누비고 다녔다. 그전까지 열심히 일해서 벌어들인 달러가 충분히 비축되어 있었기에, 한국 관광객들의 씀씀이는 대단했다. 우리는 낯선 곳에 나가면 들뜬 기분에 씀씀이가 커지고 '관대'해지는 경향이 있다. 그런데 그 오만함이 도를 넘어 손가락질을 받는 경우도 많았다. 그 가운데 일부 관광객들은 가난한 나라에서 팁을 뿌려대며 '이 정도면 너희들 한 달치 월급이지?'라는 너스레로 으스대기도 했다. 이런 모습을 지켜본 러시아인들 사이에서 유행했던 말이 있다. "한국인들은 돈만 있고, 러시아인들은 돈만 없다."

많은 것을 생각하게 하는 흥미로운 표현이다. 지금 여기에 '돈만 있는(많은) 사람'과 '돈만 없는(부족한) 사람'이 있다고 가정해보자. 너무 극단적인 이분법이기는 하지만, 현실에 전혀 존재하지 않는 것은 아니다. 그 두 사람 가운데 누가 더 행복할까. 당신이 어느 한 가지 운명에 처해야 한다면 어느 쪽을 선택하겠는가.

'돈만 있는 사람'이 놓여 있을 수 있는 정황을 상상해보자. 말 그대로 돈만 많을 뿐, 친구도 없고 애인도 없다. 가족들과는 원수처럼 지내고 사회에서 만나는 사람들과는 늘 피 말리는 경쟁을 해야 한다. 좋아하는 취미도, 자기에 대한 애정과 삶에 대한 긍지도 없다. 엄청난 재산을 소유하고 있지만 불치병에 걸려 있거나, 허무의 늪에 빠져 자살을 꿈꾸고 있을 수도 있다.

그에 비해 '돈만 없는 사람'은 돈 빼놓고 모든 것을 다 가지고 있다. 튼튼한 몸과 활달한 마음, 가슴을 뛰게 하는 일, 내일은 오늘보다 더 나아지리라는 믿음이 있다. 그리고 주변에는 자신을 진심으로 아끼는 가족과 친구가 있다. 그 가운데는 만일 내게 급한 돈이 필요하면 언제라도 기꺼이 도와줄 부자 친구도 있어서 경제적 궁핍이 삶 전체를 뒤흔드는 공포로 다가오지는 않는다.

물론 그렇듯 극단적인 처지에 놓인 사람들은 많지 않다. 그러나 그 두 유형의 삶을 양극으로 놓고 자신의 지향을 가늠해보는 것은 의미가 있다. 두 극단 가운데 굳이 하나를 선택한다면 어느 쪽이 좋겠는가. 차분하게 따져보면 '돈만 없는 삶'이 행복하다는 것을 알 수 있다. 그런데 실제로는 무엇을 선택하는가. '돈만 있는 삶'을 향해 질주하고 있지 않은가. 주변을 살펴보면 돈만 많을 뿐, 다른 면에서는 극도의 결핍 증세에 시달리는 사람들이 적지 않다. 그 결핍을 돈으로 메우려 하기에 삶은 점점 더 쪼들린다.

톨스토이 Lev Nikolaevich Tolstoi의 단편 「사람은 무엇으로 사는가」에는 인간의 모습으로 잠시 세상에 내려온 천사 미하일이 자신을 추위에서 구해준 구두 수선공의 집에서 먹고 자며 일하게 된다. 어느 날 한 부자가 고급 가죽을 가지고 와서 으스대면서 그것으로 자기의 장화를 만들어달라고 주문한다. 구두 수선공은 그 일을 미하일에게 맡겼다. 그런데 그가 만든 것은 엉뚱하게도 굽 없는 슬리퍼였다. 그것을 본 구두 수선공이 놀라서 당황하고 있을 때 부자의 하인이 황급하게 문을 두드렸다. 주인 나리가 집으로 돌아가던 중 마차 안에서 갑자기 숨을 거두었다는 전갈이었다. 그래서 이제 장화는 필요 없고 죽은 사람에게 신기는 슬리퍼를 만들어달라고 다시 주문했다. 미하일은 이미 완성해놓은 슬리퍼를 툭툭 털어서 하인에게 건네주었다.

부자는 왜 고급 가죽으로 된 장화를 원했을까. 마차를 타고 다니기 때문에 굳이 튼튼한 재질의 신발이 없어도 될 텐데 말이다. 구두 수선공에게까지 이런 가죽 아무 데서나 볼 수 있는 게 아니라고 뽐낼 정도라면, 완성된 장화를 신고 다니면서 얼마나 티를 낼지 짐작이 된다. 말하자면 '과시적 소비 Conspicuous consumption'다. 다른 사람들에게 보여주기 위해 보통 사람들이 감히 소지할 수 없는 '명품' 장화에 집착한 것이다. 그런 사람이라면 다른 사람들의 선망에 종속된 욕망을 채우기 위해 장화 이외에도 여러 가지 희소한 물건들을 사 모았을 듯하다. 그러나 그에게 정작 필요했던 것은 슬리퍼였다.

톨스토이는 그 소설에서 말한다. "그 부유한 손님은 자기 자신에게 무엇이 필요한지를 알지 못했다. 사실 자신에게 필요한 것이 살아서 신을 장화인지 아니면 죽어서 신을 슬리퍼인지, 그것을 아는 것은 누구에게도 허락되지 않는다."[46] 이 말을 화두로 삼아 우리는 스스로에게 묻는다. 내가 지금 원하는 것이 정말로 내게 필요한 것인가. 아니면 다른 사람들이 원하기 때문에 내가 원하는 것인가. 설령 다른 사람들의 욕망에 종속된 것이 아니라 해도 그 욕망은 나에게 정당한가. 그것은 삶의 필요를 배반하지 않는가. 재물의 외피로 환원되지 않는 자아를 직면할 때, 우리는 자신이 정말로 누구인지 질문하기 시작한다. 김광림 시인은 「0」이라는 작품에서 돈을 넘어선 존재의 바탕을 다음과 같이 더듬고 있다.

예금을 모두 꺼내고 나서
사람들은 말한다
빈 통장이라고
무심코 저버린다
그래도 남아 있는
0이라는 수치

긍정하는 듯
부정하는 듯
그 어느 것도 아닌
남아 있는 비어 있는 세계
살아 있는 것도 아니요
죽어 있는 것도 아닌

---

[46] 톨스토이, 권윤정 옮김, 『사람은 무엇으로 사는가』, 꿈꾸는 아이들, 2003, p. 53.

그것들마저 홀가분히 벗어버린
이 조용한 허탈

그래도 0을 꺼내려고
은행 창구를 찾아들지만
추심할 곳이 없는 현세
끝내 무결할 수 없는
이 통장

분명 모두 꺼냈는데도
아직 남아 있는 수치가 있다
버려도 버려지지 않는
세계가 있다

—김광림, 「0」 전문

3. 유능함과 무능함의 다른 기준

"우리는 돈으로 물질세계를 정복했는지는 모르지만 그것을 우리 편으로 만드는 데 실패했다."

—안드레 밴던브뤼크

외출하면서 지갑을 집에 두고 나온 적이 있다. 그 사실을 버스 타기 직전에 알았다. 재빨리 주머니를 뒤져보니 동전이 조금 있었는데, 한

번만 승차할 수 있는 액수였다. 그러니까 귀가할 버스 요금은 없는 것이었다. 탈까 말까 망설이다가 그냥 버스에 올랐다. 돌아올 때는 어떻게 하려고? 휴대폰을 가지고 있었기 때문이다. 행선지 근처에서 근무하는 몇몇 사람들에게 연락하고 찾아가 차비를 얻을 수 있겠다는 판단이었다. 실제로 그렇게 했고, 결과적으로 지갑을 가지러 집으로 되돌아가는 시간을 아낄 수 있었다. 지갑보다 휴대폰이 더욱 긴요할 수도 있음을 확인했다. 휴대폰이라는 기계가 아니라, 그것을 통해 접속할 수 있는 관계망이 중요했던 것이다.

당신의 자산은 얼마나 되십니까? 이런 질문을 받으면 대개 두 가지를 계산한다. 부동산과 금융자산이다. 우리는 돈으로 명확하게 환산되는 것만을 재산으로 생각한다. 그러나 그것뿐일까? 세상 경험이 조금이라도 있다면 인맥人脈이 얼마나 중요한지를 절감한다. 알음알이를 통해 얻는 정보나 기회가 돈으로 환산할 수 없는 이익을 가져다주는 경우가 적지 않다. 어려움에 처했을 때 내밀어준 손길 하나가 돈으로 환산할 수 없는 손실에서 나를 구해주기도 한다. 돈이 많지 않다 해도 내가 경제적으로 궁지에 처했을 때 도움을 줄 수 있는 지인들이 많다면, 그것을 자산 목록에 포함시켜야 할 것이다. 반대로 내 소유의 부동산과 현찰은 많지만 믿을 만한 친구가 없다면, 가난한 사람일 수 있다.

바로 그것이 사회적 관계가 지니는 가치다. 그것은 돈으로 따지기 어려운 것이지만, 굳이 환산한다면 액수를 뽑아볼 수도 있겠다. 예를 들어 내가 중한 병에 걸려 큰돈이 필요한데 형편이 어려운 상황이라면, 주변 지인들로부터 십시일반으로 도움을 받을 수 있을 것이다. 그 액수는 얼마쯤 될까? 셈하기가 어렵다면 이렇게 계산해보자. 내가 아는 사람들 가운데 그 사람이 같은 위기에 처했을 경우 그에게 얼마 정도 도움을 줄 용의가 있는가? 누구라면 100만 원, 누구라면 500만 원…… 이런 식으로 자신의 솔직한 의향을 적어나가보자. 그리고 그 모두를 합해보자. 바로 그만큼이 내가 잠재적으로 받을 수 있는 경제적 원조라고 할 수 있다. 왜냐하면 내가 그 사람에게 100만 원 정도 도움을 줄 의향이 있다면, 그 사람도 나에게 그 정도 도움을 줄 의향이 있다고 짐작해도 될 것이기 때문이다.

그러나 굳이 돈으로 따지자니 그런 것이고, 관계라는 것은 그 이상의 가치를 지닌다. 중한 병에 걸린 다음에 금전적 도움을 주는 친구도 있지만, 나의 삶과 마음을 세심하게 헤아려주고 힘을 불어넣어줌으로써 건강을 지탱하게 해주는 친구도 있다. 퇴직금으로 어떤 사업을 새로 시작하려고 할 때 돈을 빌려주거나 보태주는 친구도 있지만, 결정적인 조언이나 정보를 제공함으로써 돌이킬 수 없는 실패를 막아주는 친구도 있다. 후자들의 경우에서 친구로부터 받는 도움의 값어치는 엄청난 것이다. 비록 돈이 많지 않아도 그런 친구들을 많이 사귀고 있다면 대단한 부자라고 해야 하지 않을까.

나 자신이 타인에게 발휘할 수 있는 가치도 따져볼 필요가 있다. 누구나 자신 그리고 타인의 필요나 욕구를 충족시킬 수 있는 무엇인가를 갖고 있다. 지식, 지혜, 경험, 성의, 관심, 시간…… 이것들 역시 돈으로 쉽게 환산되지 않는다. 그래서 그 가치를 쉽게 간과한다. 소중하다고 여기지 않기에 발휘하지 않고, 그래서 자꾸만 고갈되어간다. 그리고 그 부족한 부분을 돈으로만 채우려 한다. 돈 말고는 다른 사람에게 줄 것이 별로 없다고 생각한다. 생각이 그렇게 굳어지면서 실제로 무능한 사람이 된다.

어떤 주부에게 들은 이야기이다. 자기 아파트에 사는 어느 아이가 바로 그러한 '반응성 애착 장애'를 갖고 있는데, 그 엄마는 프리랜서로 삽화 그리는 일을 하고 있다. 그런데 아이에게서 그러한 증세가 드러나자 그 아이에게 특수한 치료를 해주기 위해 온갖 병원과 전문가를 찾아다니고, 그 비용을 벌기 위해 엄청난 그림을 그린다. 그러다 보니 아이와 놀아줄 시간이 없다. 아이와 몸을 부대끼면서 교감하고 애정을 쌓아가야 하는데, 거꾸로 관계가 더욱 소원해지는 것이다. 아이에게 가장 필요한 것은 엄마와의 직접적인 소통인데, 엄마는 그 모든 치료를 외부의 전문가 시스템에게 맡기면서 자신은 그 비용을 버는 도구적인 역할에 묶어두고 있다. 누가 보아도 어리석은 대응이라고 할 수 있다.

그런데 정도의 차이가 있을 뿐, 그러한 일은 대다수 가정에서 벌어지고 있다. 사교육비를 충당하기 위해 부모들은 허리가 휜다. 아버지의 수입이 모자라 어머니들도 부업 전선에 나선다. 그렇게 해서 벌어온 돈으로 아이들을 학원에 보낸다. 아이들은 새벽부터 밤늦게까지 학교와 학원을 전전하느라 집에 없고, 부모는 그 뒷바라지를 하느라 밤늦게 귀가한다. 가족들이 오순도순 저녁식사 한번 함께하기가 어렵다.

그 결과 병적인 수준은 아니지만 경미한 반응성 애착 장애는 한국의 가족들 사이에서 흔히 나타난다. 대다수 가정이 비슷한 상태이고 그러려니 하면서 넘어가기 때문에 문제라고 느끼지 못할 뿐이다. 예를 들어 부모와 자녀가 집에 함께 있거나 외출을 하는 경우 완전히 남남인 듯 전혀 상호작용이 없는 경우가 허다하다. 집에서도 저마다 휴대폰이나 인터넷이나 텔레비전 등 자기만의 세계에 빠져 가족과 아무 소통을 하

지 않는 모습을 흔히 볼 수 있다.[47]

자신에게 필요한 모든 것을 돈으로 확보할 수 있다고 생각하면서 돈벌이에 전력투구하는 동안, 우리는 정작 스스로 지니고 있는 능력을 퇴화시켜왔다. 상품에 의존하지 않고 가족끼리 또는 친구들끼리 넉넉하게 채워줄 수 있는 에너지를 망각해왔다. 그 결과 사람의 가치를 평가하는 기준도 지극히 획일화되었다. 결혼 상대를 보는 눈도 그렇다. '그 친구, 의사랑 결혼했대'라는 말을 들으면 흔히 '와, 시집 잘 갔네'라고 반응한다. 그런데 의사가 좋은 신랑감이라는 평가는 돈을 많이 벌어온다는 이유 하나 때문이리라. 예를 들어 '의사 남편이랑 사니까 이러이러한 대화를 나눌 수 있겠구나' '무슨 여가를 함께 즐기겠구나'라는 식의 상상을 하지 않는다. 하다못해 '가족 건강만큼은 확실하게 챙기겠구나'라는 기대도 하지 않는다.

여기에서 우리는 유능함에 대한 정의를 새삼 검토해볼 필요가 있다. 예를 들어 '그 남자 능력 있어'라고 하면, 대개 돈을 잘 번다는 뜻으로 해석된다. 그런데 사람의 능력이 돈벌이뿐인가. 다음과 같은 말이 성립될 수 있을까. '그 남자는 돈을 참 잘 벌어. 그런데 너무 무능해.' 왠지 어불성설로 들린다. 돈만 잘 벌어오면 됐지 뭘 더 원해? 그러나 고소득 전문직 종사자이지만 '무능한' 사람들은 참으로 많다. 1년에 수억 원을 벌지만 자녀에게 아무런 영향을 끼치지 못한다. 집안에 갈등이 생길 때에도 속수무책이다. 부부 사이에도 소통이 '꽝'이다. '정서적인 무능함'이라는 표현을 붙여볼 수 있겠다. 또한 무엇보다도 자기 자신에 대

---

47 · 김찬호, 『교육의 상상력』, 지식의날개, 2008, p. 75~76.

해 무지하고 인생의 위기 국면에서 돌파하지 못하고 주저앉아버리는 것도 무능함의 극치다. 이러한 무능함은 사회에서 별로 노출되지 않거나, 드러나더라도 크게 문제시되지 않는다. 그런데 사적 영역으로 들어오면 결정적인 약점이 되고, 노후에 심각한 질곡이 되어버린다.

투자 전략에서 '포트폴리오portfolio'라는 것이 있다. 한 군데에 올인하지 말고 몇몇 군데에 분산하여 투자하는 것을 말한다. 그런데 포트폴리오 전략은 더 확대 적용되어야 하지 않을까 싶다. 돈벌이에 전력투구하지 말고, 다른 쪽으로도 관심과 에너지를 골고루 투입해야 하는 것이다. 꾸준한 학습을 통해 두뇌의 성능 업그레이드, 믿음 속에서 서로를 지지하고 성장시켜주는 인간관계, 가족과의 친밀한 경험, 몸과 마음의 건강 유지…… 이 모든 것은 돈으로 얻기 어려운 가치들이다. 자기가 지니고 있거나 장차 지닐 수 있는 자산의 목록을 폭넓게 인식하면서 균형 있게 투자하고 관리하는 것이 필요하다.

인생에서 성공한다는 것은 과연 무엇인가. 거기에서 돈은 어떻게 맞물리는가. 디팩 초프라Deepak Chopra는 다음과 같이 간결하게 풀어낸다. "성공에는 여러 측면들이 있다. 예컨대 물질적인 부는 성공의 한 요소에 불과하며, 성공은 최종 종착지가 아니라 하나의 여정일 뿐이다. 물질적 풍요는 이 여정을 보다 즐겁게 만드는 하나의 요소일 뿐이다. 건강과 활력, 삶에 대한 열정, 만족스러운 인간관계, 창조적인 자유, 정서적 심리적 안정, 넉넉하고 평화로운 마음…… 이 모두가 성공에 포함된다."[48]

---

[48] 디팩 초프라, 박윤정 옮김, 『풍요로운 삶을 위한 일곱 가지 지혜』, 더난출판사, 2003, p. 7.

제14장

돈과 나,
관계의 리모델링

1. 결핍과 풍요의 역설

> 캘빈 클라인이 나를 입고
> 니나리치가 나를 뿌린다
> CNN이 나를 시청한다
> 타임즈가 나를 구독한다
> 신발이 나를 신는다
> 길이 나를 걸어간다
> 신용카드가 나를 소비하고
> 신용카드가 나를 분실 신고한다
>
> ―김승희, 「식탁이 밥을 차린다」 중에서

길을 걷다 1억 원을 줍게 된다면 어떡할까. 너무 하고 싶은 게 많아. 이태리제 구두와 예쁜 옷에 시계 악어백 모두 사서 입고 차고 신고 할 거야.

길을 걷다 1억 원을 줍게 된다면 어떡할까. 너무 하고 싶은 게 많아. 뚜껑 열리는 스포츠카 금이 박힌 최신 휴대폰, 예쁜 여자들과 밤새 파티할 거야.

이 험한 세상 힘들지만 돈만 있으면 살 만하구나. 어딜 가든 대접받고 무엇이든 할 수가 있어. 제발 꿈이면 깨지 마오, 이대로 살게 해줘.

—더 자두,「1억 원」중에서

1억 원이 갑자기 생기면 무엇을 할 수 있을까. 위 노래에 가사를 계속 이어 붙여간다면 끝없는 창작이 가능할 것이다. 우리가 갖고 싶어 하는 것의 목록은 거의 무한에 가깝다. 밀집된 도시에 살면서 조금만 발걸음을 옮기면 온갖 가게들이 즐비하게 늘어서 있다. 지나가다 보면 견물생심見物生心이다. 그리고 이제는 힘들게 발품을 팔지 않아도 원하는 상품들을 손에 넣을 수 있다. 고도의 정보 시스템 덕분에 구매의 절차가 점점 간편해지고 있기 때문이다. 책상이나 소파에 앉아 모니터로 물건을 고르고 클릭 몇 번 하면서 몇 가지 정보를 입력하면 며칠 후에 집으로 배달된다. 이러한 환경에서 소비 욕망은 계속 부풀어간다.

그런데 인간이 돈을 좋아하는 것은 그렇게 무엇인가 꼭 사고 싶어서만이 아니다. 소비는 단지 상품이 주는 기능적인 편리함만을 추구하는 것이 아니다. '소비사회론'에서 기본적으로 분석하듯이 이제 소비는 사회적인 소통의 회로로서 작동하고 있다. 무엇을 얼마나 소비하는가에 따라 정체성이 규정된다. 미디어를 통해 쏟아지는 각종 광고들에는 우리 시대의 삶과 사회적 관계를 구성하는 문법이 잘 함축되어 있다. '당신이 사는 곳이 당신을 말해줍니다.' '당신은 세상에서 가장 소중한 한 분입니다. 품격과 가치를 인정하는 당신의 안목, 시대를 이끌어가는 당신의 스타일, 당신의 인생은 **클럽과 함께 완성됩니다.'

이런 식의 광고 문구에서 알 수 있듯이 사람으로서 존귀한 대접을 받을 수 있기 위해서는 지갑이 두둑해야 한다. 직장에서는 아무리 열심히 일해도 칭찬을 받기 어렵지만, 신용카드를 열심히 사용하면 '실적'이 좋다며 '우수 고객'으로 분류해 특혜를 베풀어준다. 금융상품이나 신용카드에 등장하는 '프라임론Prime loan' 'VIP' '프레스티지Prestige' 등의 표현도 소비의 급수로 인간의 격格을 가늠하는 패러다임을 반영한다. 공항의 휴게실 등 멤버십을 가진 고객들만 드나들 수 있는 장소, 나이 든 여성들이 20대 꽃미남의 깍듯한 시중을 받으면서 음식을 즐길 수 있는 레스토랑 등은 경제력에 따른 구별 짓기의 확실한 표상이다.

소비는 외형적인 생활양식만을 디자인하는 것이 아니다. 삶의 다채로운 경험과 거기에서 묻어나는 마음의 애환도 상품에 의해 채워지는

듯하다. 앞에서 인용한 시인의 표현대로 "켈빈 클라인이 나를 입고, 신용카드가 나를 소비"한다. 일찍이 마르크스Karl H. Marx도 "돈으로 살 수 있는 것은 바로 나 자신"이라고 말한 바 있다. 사람이 상품을 위해 존재하고, 삶이 소비에 의해 영위된다. 다음의 광고들을 보자.

"요즘 어떻게 지내냐는 친구의 말에 그랜저로 대답했습니다. 당신의 오늘을 말해줍니다. 그랜저 뉴 럭셔리."

남자아이가 좋아하는 여자아이를 집에 초대해서 재밌게 논다. 여자아이가 "내일 또 와도 돼?"라고 말한다. 이 말을 들은 남자아이는 좋아한다. 이어지는 멘트, "창준이네 집은 '래미안'입니다."

소비사회에서 광고는 세상을 들여다보는 창窓이자 자아를 비춰보는 거울이다. 우리가 공유하는 지각과 감성의 상당 부분이 그것을 통해서 빚어진다. 그렇다면 광고가 자아내는 사회문화적인 효과는 무엇인가. 쓰지 신이치辻信一 교수는 『행복의 경제학』이라는 책에서 그 핵심을 다음과 같이 짚어내고 있다. "광고는 우리를 단순한 소비자로 만들 뿐만 아니라 '소비주의자'로 만들고 있다. 미국의 소매점연합회의 회장이 '우리들의 일은 여성들이 현재 가지고 있는 물건에 불만을 품도록 만드는 것이다'라고 말한 것은 반세기도 전의 일이지만, 〔……〕 소비사회는 '현재의 자신에 만족하는 것'을 허락지 않는다. 생각해보면 그것은 너무나도 아이러니한 일이 아닐 수 없다. '부'의 무한성장을 약속해야 할 사회가 사실은 사람들의 일상적인 불만 위에 성립되어 있다니!"[49]

우리는 지금 그 어느 시대에도 경험하지 못한 물질의 풍요를 구가하고 있지만, 그 어느 시대에도 경험하지 못한 결핍감에 시달리며 살아간다. 과거에 상상도 하지 못한 행복의 이미지들이 현란하게 진열되고 있지만, 그에 비례해서 아니 그 이상으로 온갖 불행의 시나리오들이 옥죄어온다. 정보의 폭발 속에서 환상과 두려움은 동전의 양면을 이뤄 사람들의 마음을 사로잡는다.

단지 상상계에서만 극과 극을 오가는 것이 아니다. 사회의 현실 자체가 불안한 구조로 변하고 있다. 세상 최고의 부자라도 한순간에 무일푼 바닥으로 떨어질 수 있는 것이 인생이지만, 생존의 언덕이 가파르게 기울어지는 현대사회에서 탈락과 가난에 대한 공포는 점점 커진다. 경쟁에서 도태되고 그나마 가지고 있던 것마저 잃어버릴지 모른다는 염려 때문에 악착같이 돈을 모으고 불려나간다. 그러한 집착이 상승작용을 일으켜 빈익빈 부익부의 구조를 만들고 그것은 다시 삶에 대한 두려움으로 악순환된다. 지구촌의 기아 문제 해결을 위해 활동하는 기금 조달 전문가 린 트위스트 Lynne Twist 씨는 다음과 같이 말한다.

"일단 세상을 무언가가 결핍된 곳으로 정의하고 나면 우리의 생각과 말과 행동은 부족함을 채우는 데만 집중한다. 자기 자신을 책임진다는 것은 고귀한 일이다. 하지만 사람이 자기 자신을 책임질 수 있을 만큼 자원이 넉넉하지 않은 상황이라면, 남의 희생을 요구해서라도 살아남을 수밖에 없다. 안타까운 일이기는 하

---

49 · 쓰지 신이치, 장석진 옮김, 『행복의 경제학』, 서해문집, 2009, pp. 126~27.

지만 어쩔 수 없는 일이다. 심지어는 정당한 것으로 인정받기도 한다. 이것은 어린이들이 즐겨하는 의자 뺏기 놀이와 비슷하다. 사람 수에 비해 의자 수가 하나 모자라는 상황이다. 그러면 자리를 차지하지 못해 우두커니 서 있어야 하는 신세가 되지 않기 위해 정신을 바짝 차리지 않을 수 없다. 기를 쓰고 경쟁에 뛰어들지 않으면 안 되는 상황이 되는 것이다. 결핍에 대한 두려움으로 인해 우리는 소중하다고 혹은 한정되어 있다고 생각하는 자원을 독점적으로 확보하기 위해 필요한 제도와 시스템을 만들어낸다."[50]

Banksy, Jesus With Shopping Bags(2005).
그림 출처: http://phoenixrenovatio.wordpress.com

물질적 풍요가 심리적 결핍감을 불러일으키는 딜레마에서 어떻게 탈출할 수 있을까. 행복에 대한 환상과 불행에 대한 두려움이 공존하는 상황을 창조적으로 해체하는 길은 어디에 있는가. 모순과 역설의 이면을 탐구하면서 삶의 새로운 존재 방식을 모색해야 한다. 종교철학자 파니카르는 어느 인터뷰에서 과학기술이 우리에게 많은 자유를 안겨주지 않았느냐는 질문에 이렇게 대답한다.

---

50 • 린 트위스트, 안종설 옮김, 『돈 걱정 없이 행복하게 꿈을 이루는 법 The Soul of Money』, 랜덤하우스코리아, 2005, p. 59.

그런 자유는 자유가 아닙니다. 슈퍼마켓에서 서로 다른 10개의 상품을 놓고 선택할 수 있다고 해서 그것이 자유일까요? 이미 결정된 제안들 사이에서 선택하는 자유는 진정한 자유가 아닙니다. 만일 그것이 진정한 자유라면 제안이 많아질수록 자유도 많아진다는 논리가 성립합니다. 소비는 자유가 아닙니다. 부처는 '바라는 것이 많아질수록 자유롭지 않다'고 말했습니다.[51]

풍요의 원천은 나 자신이다. 릴케Rainer Maria Rilke는 이렇게 말했다. "너의 일상이 초라해 보인다고 탓하지 말라. 풍요를 불러낼 만한 힘이 없는 너 자신을 탓하라." 행복이라는 것도 자신의 소유를 어떤 기준에서 바라보느냐에 달려 있다. 에반 에사르Evan Esar는 말했다. "당신이 갖고 있는 것과 갖고 싶은 것을 비교하면 불행해진다. 당신이 갖고 있는 것과 가져 마땅한 것(what you deserve)을 비교하면 행복해진다." 법정法頂 스님도 "행복의 비결은 필요한 것을 얼마나 갖고 있는가가 아니라, 불필요한 것에서 얼마나 자유로워져 있는가에 있다"고 했다. 조선의 시인 송익필宋翼弼은 「족부족足不足」이란 글에서 부족함과 넉넉함에 대해 이렇게 썼다. "부족하나 만족하면 늘 남음이 있고, 족한데도 부족하다 하면 언제나 부족하네. 즐거움이 넉넉함에 있으면 족하지 않음 없지만, 근심이 부족함에 있으면 언제나 만족할까."[52]

물론 절대빈곤에 처해 있는 사람들에게 이런 잠언은 공허하거나 더

---

51 · 콘스탄틴 폰 바를뢰벤, 강주헌 옮김, 『휴머니스트를 위하여』, 사계절, 2010, p. 22.
52 · 원문은 다음과 같다: "不足之足每有餘 足而不足常不足, 樂在有餘無不足 憂在不足何時足."

나아가 폭언이 될 수 있다. '돈이 전부가 아니다'라는 말을 함부로 해서는 안 된다. 당장 끼니 잇기가 어렵고 빚이나 병원비에 쫓기는 이들에게 돈은 전부다. 절대빈곤층에게는 우선 돈이 필요하다. 그들에게 돈에 대해 성찰해보자는 제안은 사치에 불과하다.

문제는 객관적으로 여유가 있는 사람들이 결핍감에 시달리며 끝없는 소유를 추구하는 것이다. 그만하면 넉넉한데도 계속 허기를 느끼면서 한없이 움켜쥐려 하고, 그 경쟁이 집단의 상승 작용 속에 더욱 치열한 '쩐의 전쟁'으로 증폭된다. 그러한 강박을 여과하고 완충하면서 생의 보람과 부가가치의 원천을 되짚어볼 수 있는 의미의 공간이 절실하다. 그것은 새로운 사회적 관계의 건설을 요구한다.

2. 노후 준비 자금, 얼마면 될까?

"잠이, 옵니까?" 버스를 기다리다가 정류장 승강대에 크게 붙어 있는 광고의 카피 문구가 눈에 들어왔다. 어떤 남자가 침대에서 잠을 자는 사진이 붙어 있다. 수면제나 침구류 광고일 거라고 짐작했다. 그런데 내 추측은 빗나갔다. 가까이 다가가 보니 조금 작은 글씨로 이런 문구가 씌어 있었다. "늙지도, 아프지도 않을 자신이 있으신가 봅니다. 아니면, 노후 의료비를 2배로 준비해놓으셨군요." 보험회사 광고였다. 수명이 점점 길어지고 퇴직은 점점 빨라지는 세상에서 당신의 노후는 위태롭다. 그런데 도대체 무엇을 믿고 그렇게 평안하냐는 경고였다. 자녀 교육이나 노후 준비에 관한 상품에서 곧잘 등장하는 공포 마케팅의 전형이다.

공포의 근거는 분명해 보인다. 재무설계사나 전문기관들에 따르면, 60세 무렵 은퇴할 때 확보해두어야 할 노후자금이 적게는 6억 많게는 10억 원까지 이른다. 전문가들의 복잡한 분석에 기대지 않더라도 기대수명을 85세로 잡아(실제로는 90세까지도 많이 산다) 매달 2인 가구의 생활비 200만 원 정도에 병원비 등을 합치면 5억 원 이상이 산출된다. 대도시에서 노부부의 생활비로 월 200만 원이면 보통 수준이다. 병원비는 예상보다 훨씬 많이 들 수도 있다. 거기에 몸이 힘들 때 가사도우미를 부르고, 문화생활이나 해외여행도 즐기며, 손주들의 교육비도 가끔 보탤 요량이라면 훨씬 더 많은 돈이 필요할 것이다.

> **Tip**
> 2008년 국민연금관리공단에 따르면 월소득 400만 원 맞벌이 부부가 마련해야 할 노후 자금은 6억 5400만 원이다. 그리고 2007년 삼성금융연구소가 7대 도시 거주 4,000가구를 대상으로 조사한 결과, 근로소득자가 60세에 은퇴했을 때 원하는 생활수준을 유지하기 위해서는 은퇴 시점에 평균 8억 1000만 원이 필요한 것으로 나타났다.

가능할까. 40~50대에 자녀의 대학 교육과 결혼 그리고 부모의 병원비 등으로 돈이 바닥이 나거나 마이너스가 되는 현실에서 그러한 거금을 마련할 수 있는 사람은 매우 드물다. 그런데도 그러한 기준 내지 목표는 수많은 중년들에게 당연하게 여겨진다. 그래서 엄청난 압박과 불안에 시달리면서, 젊은 시절부터 돈을 끌어 모으는 데 전력투구한다. 보통 사람들의 처지에 아무리 열심히 일을 한다고 해도 도저히 그 돈을 마련할 수 없기 때문에 온갖 재테크에 너도나도 뛰어든다. 노후 준비는 곧 자금 비축으로 등식화된다.

노후 준비에 대해 다시 생각해보자. 왜 그토록 많은 돈이 한꺼번에 필요한가. 우선 자신이 노후에 아무런 경제활동을 할 수 없고 오로지 소비만 한다고 전제하기 때문이다. 지레 스스로를 예비 무능력자로 규정해버리는 것이다. 반면에 지출의 예상 목록과 부피는 자꾸만 늘어난다. 어떤 삶을 영위하고 싶은지에 대한 그림이 분명치 않기 때문이다. 자기도 모르게 불어난 씀씀이 규모를 노후에 그대로 연장하여 적용하면서 막대한 돈을 한꺼번에 마련해두어야 한다는 압박에 시달린다. 대도시에서 직장생활을 하는 것을 경제활동의 표준으로 생각하면 대안이 떠오르지 않을 것이다.

그러나 몸이 아직 건강하고 일할 의욕도 있으며 인간관계도 여전히 살아있는데 왜 소비만 하고 살아야 하는가. 농촌 관광과 도농 교류를 연구하면서 다양한 현장에서 컨설팅을 해온 유상오 박사에 따르면 3천만 원으로 노후생활을 시작하는 길이 있다고 한다.[53] 일단 생활비가 많이 드는 도시를 떠나, 나이 들어서도 일할 수 있는 농촌으로 삶터를 옮겨야 한다. 귀농과 귀촌은 많은 직장인들이 갖고 있는 로망이다. 그러나 실행에 옮기는 사람은 많지 않고, 그 가운데 성공적으로 정착한 사람은 드물다. 유상오 박사가 보기에 그 원인은 두 가지인데, 하나는 충분한 공부와 준비 없이 성급하게 시작하기 때문이고, 다른 하나는 돈을 많이 벌겠다고 크게 사업을 벌이기 때문이다.

시골에서 제2의 인생을 시작하겠다면, 자신의 생각과 습관 그리고 경험까지도 모두 유보하고 겸손한 마음으로 전혀 새로운 사회와 문화에 적응할 각오를 해야 한다. 그렇게 하려면 어느 날 갑자기 농촌으로 내려가는 것이 아니라, 젊을 때부터 수시로 오가면서 현지의 정서와 풍토를 익히고 인간관계도 맺어두면서 자신의 체질을 바꿔가야 한다. 그리고 정착 이후에 하는 농사와 민박 사업 같은 것은 기본적으로 자신의

---

[53] · 유상오, 『3천만 원으로 은퇴 후 40년 사는 법』, 나무와숲, 2009.

취미 생활을 한다는 느낌으로 하면서 그 가운데 일부를 도시에서 맺었던 인간관계를 활용해 판매하는 정도에서 머물러야 한다고 유 박사는 조언한다. 그렇지 않고 농업에 본격적으로 뛰어들어 크게 일을 벌이고 돈을 벌겠다고 하면 실패하기 십상이다. 젊을 때부터 농사를 전업으로 해온 이들과 비교해서 체력이나 노하우에서 너무 뒤지고, 자신이 잘 정착해야 할 동네 주민들과 경쟁관계에 들어가 견제를 당하여 일들이 꼬이기 때문이다.

농사를 짓되 장사가 아니라 지인들의 안전한 먹거리를 책임진다는 차원에서 규모와 내용을 설계하라는 것이 유 박사가 조언하는 핵심이다. 그렇게 볼 때 무엇보다 중요한 것은 인맥이다. 신뢰라는 사회적 자산에 충분히 투자해둔 사람은 그 연줄망을 이용하여 잉여 농산물을 꾸준하게 판매하면서 생활비를 벌 수 있는 것이다. 그러니 너무 돈에만 매달릴 것이 아니라, 인간관계에도 적절하게 시간과 정성을 쏟는 것이 균형 있는 포트폴리오 투자 전략이라고 할 수 있다.

친구나 동료와의 인간관계만이 아니라 가족관계도 잘 유지하는 것이 노후에 무척 중요하다. 숭실대 정보사회학과 정재기 교수가 2008년 발표한 「한국의 가족 및 친족 간의 접촉빈도와 사회적 지원의 양상: 국제간 비교의 맥락에서」라는 논문에 따르면 한국에서는 부모 소득이 1퍼센트 높아질 때 부모와 자녀가 일주일에 한 번 이상 직접 만날 가능성이 2.07배나 커지는 것으로 나타났다. 반면에 미국, 영국, 일본 등 경제협력개발기구OECD 14개 회원국들의 경우에는 대부분 소득과 접촉빈도는 '반비례'했다. 부모의 경제적 지위가 낮을수록 자식들이 부모와 더 자주 만나는 것이다. 사회경제적 지위가 높을수록 친족 이외의 인적 네트워크가 커져 상대적으로 친족과의 접촉빈도가 낮아지기 때문이다. 부모가 가난할수록 자녀의 방문 횟수가 줄어드는 나라는 조사 대상 15개국 중에서 우리나라가 유일했다.

이 조사 결과를 놓고, 역시 노후에는 돈이 넉넉히 있어야 한다고 결론을 내릴 수도 있을 것이다. 그러나 세계에서 가장 유교문화가 확실하게 남아 있고 '효孝'의 가치와 가족주의 문화가 뿌리 깊게 남아 있는 한국에서 자녀 방문의 빈도가 경제력에 비례한다는 것은 무엇을 의미하는가. 급속한 경제성장과 사회변동 속에서 우리는 오로지 돈만을 향해 질주하는 동안 가장 가까운 혈육과의 인연조차 빈껍데기로 만들어버렸다. 그런 상황을 어쩔 수 없다고 체념하면서 돈으로 더욱 매진할 것인가, 아니면 비록 경제력이 조금 떨어져도 자녀들이 외면하지 않도록 가족관계를 돈독하게 해두는 쪽으로도 관심을 기울일 것인가.

노후에 필요한 자금은 천차만별일 수 있다. 노년을 맞는 사람의 건강, 경험과 기술, 인맥, 학습 능력, 평소의 씀씀이, 인생에 대한 궁극적인 소망, 행복관 등이 그것을 좌우한다. 유 박사의 책을 읽어보면 알겠지만, 누구나 3천만 원으로 노후 준비에 들어갈 수 있는 것은 아니다. 농촌이 체질에 맞지 않는 사람도 많다.

그러나 꼭 귀농을 해야만 하는 것은 아니다. 도시에 살면서도 지속가능한 노년의 라이프스타일은 얼마든지 있을 수 있다. 자신이 가지고 있는 자원을 잘 헤아리고 그것을 발휘해 사회에 기여할 수 있는 길을 찾기 위해서는 폭넓은 상상력과 창의성이 요구될 것이다. 무엇보다도 인생관을 리모델링해야 한다. 권세나 재력으로 타인에 꿀리지 않아야 한다는 고정관념을 버리고 새로운 삶의 보람을 찾는 즐거운 탐험에 입문해야 한다.

3. 부(富)의 원천을 찾아서

유대교 랍비와 가톨릭 신부와 개신교 목사가 논쟁을 벌이게 되었다. 신도들이 교회에 낸 헌금 가운데 얼마만큼이 하나님의 몫이고 얼마만큼이 성직자의 몫인가 하는 문제 때문이었다. 첫번째로 랍비가 의견을 제시했다. 땅바닥에 둥그렇게 원을 그려놓고 몇 발짝 떨어진 곳에서 돈을 던진다. 원 안으로 들어가는 것은 하나님의 돈, 바깥으로 나가는 것은 성직자의 돈이다. 가톨릭 신부는 정반대였다. 원 안으로 들어가는 것이 성직자의 돈, 바깥으로 나가는 것이 하나님의 돈이라는 것이다. 마지막으로 개신교 목사가 의견을 내놓았다. 하나님은 하늘에 계신다. 그러니 돈을 하늘로 던져서 위로 올라가는 것은 하나님의 몫이고, 땅으로 떨어지는 것은 성직자의 몫이다.

무엇을 먹을까 무엇을 입을까 염려하지 말고 오직 하나님의 나라와 그 의(義)를 구하라, 자신의 소유를 아낌없이 나누어주면서 하늘에 보화를 쌓으라는 예수의 메시지는 그리스도교 경제관의 핵심이다. 하지만 현실에서 교회는 그러한 가르침을 쉽게 배반한다. 중세교회의 면죄부는 종교의 타락상을 극명하게 드러냈지만, 신의 형상이 금전으로 얼룩지고 뒤틀리는 일들은 지금도 계속 벌어진다. 기독교만이 아니다. 무소유와 해탈을 위해 정진하는 불교에서 재산을 둘러싼 갈등은 종종 폭력으로까지 비화된다.

돈을 좇는 종교는 신자들의 물욕과 맞물려 있다. 기복 신앙은 많은 종교의 태생적인 속성이다. 어느 교회당에서 늦은 밤에 한 신자가 간절히 기도를 올리고 있었다. 주식에 투자했는데 대박을 터뜨려 큰돈을 벌 수 있게 해달라고 하나님께 매달리는 중이었다. 그런데 바로 뒤에서 어느 노숙인이 끼니를 걱정하면서 만 원만 손에 쥐게 해달라고 애절하게 기도하고 있었다. 앞에서 기도하던 신자는 그의 중얼거리는 목소리에 신경이 쓰였는지 갑자기 뒤로 돌아 그에게 만 원을 건네주면서 이렇게 말했다고 한다. "이봐요, 하나님이 헷갈리시겠어요. 이 돈 드릴 테니까 이제 그만 돌아가시지요."

개인만이 아니라 조직의 차원에서도 주술적인 기복이 이뤄진다. 기독교적 가치를 경영 이념으로 내세우는 어느 기업은 매장에 휴게실을 없애가면서까지 기도실을 만들어 직원들이 일정한 시간 기도하도록 했다. 그곳에는 다음과 같은 기도의 제목들이 붙어 있다고 한다. '우리 회사를 더 성장하게 해주소서' '세후稅後 이익 6퍼센트 달성' '매출 10억 달성' '총 매출 1억 달성'……

물질적 축복의 희구 자체가 잘못된 것은 아니다. 다만 그것이 실현되는 방식이 문제다. 무엇이 중요한가.「마가복음」 6장에 나오는 오병이어(다섯 개의 떡과 물고기 두 마리)의 기적은 그 실마리를 제공하고 있다. 군중들이 예수에게 몰려들어 말씀을 듣다 보니 날이 어둑해졌다. 제자들이 예수에게 다가와 "이곳은 들판이고 때도 저물어가니 무리를 보내어 마을에 가서 무엇을 사먹게 하십시오"라고 했다. 이에 예수는 "너희들이 먹을 것을 주어라"라고 대답한다. 이에 제자들은 "그러면 우리가 가서 2백 데나리온의 떡을 사다가 그들을 먹일까요?"라고 되묻는다. 예수는 제자들에게 지금 먹을 것이 얼마나 있는지 물었고, 제자들이 수소문하니 한 어린아이가 보리떡 다섯 개와 물고기 두 마리를 꺼내놓았다. 예수는 5천 명의 군중을 50명에서 백 명 단위의 소그룹들로 나눠 앉게 하고 그 음식에 축사한 다음 모두에게 나눠주도록 했다. 모두 만족스럽게 먹고 남은 분량이 열두 바구니였다.

먹을 것이 없는 상황에서 제자들이 내놓은 해결책은 각자 허기를 채우고 돌아오게 하는 것이었다. 그리고 그 방법은 구매였다. 그것이 가장 간편하지만 예수가 보기에는 문제가 있었다. 돈이 있는 사람들은 배불리 먹고 오겠지만, 돈이 없는 이들은 굶어야 하는 것이다. 그래서 제자들로 하여금 그들에게 먹을 것을 주도록 지시한다. 그런데 제자들은 여전히 돈으로 해결하는 발상을 벗어나지 못하고, 자기들이 그 많은 떡을 사다 먹여야 하느냐고 반문한다. 아마도 약간의 반항기와 짜증이 섞인 어조였으리라. 그런데 예수는 바깥에서 답을 구하지 않았다. '우리들' 안에 이미 있는 것을 찾아보자고 제안했다. 각자 가지고 있는 것들을 꺼내어 모으고 나누면 얼마든지 먹을 수 있으리라고 믿었던 것이다.

예수가 베푼 기적은 마술이 아니다. 만일 그가 초능력을 발휘해 순식간에 음식을 대량 복제해냈다면 인간은 항상 그런 구원자에게 기댈 수밖에 없다. 그러나 기적이 마음의 변화에서 비롯된다면 언제나 스스로 일으킬 수 있다. 예수 일행은 자기들이 먹기에도 모자랄 만큼 적은 음식이지만 그것을 모두의 것으로 내어놓고 나누기 시작했다. 이에 군중들도 가지고 있던 음식을 내어놓았다. 여기에서 흥미로운 것은 군중들을 소그룹으로 나눠서 앉도록 했다는 점이다. 5천 명이 한 무리로 있었을 때와 달리 작은 단위로 분할되면 그 안에 얼굴과 얼굴이 마주치면서 서로를 알아볼 수 있는 공동체가 생겨나는 것이다.

극도의 굶주림에 시달리는 아우슈비츠에서도 빵조각을 건네는 손길이 있었다. 어떤 수감자가 자기보다 더 배가 고플 것이라 여겨 옆 사람에게 준 빵조각이 그 갸륵함을 싣고 여러 동료들을 돌고 돌아서 결국 자신의 손에 다시 오게 되자 감격의 눈물을 흘렸다는 이야기도 있다. 내가 내놓으면 저 사람도 내놓을 것이라는 계산에서가 아니라, 순수하게 나누는 미덕이 기적을 낳는다. 결핍된 상황에서 오히려 풍요를 경험한다. 결핍과 풍요의 역설은 사람과 사람의 관계 속에서 창조된다.

루소는 사람을 부자로 만드는 방법은 두 가지라고 생각했다. 더 많은 돈을 주거나 욕망을 억제하는 것이다. 근대사회는 첫번째 방법에서는 엄청난 성공을 거두었지만, 욕망에 줄기차게 부채질을 하여 자신의 가장 뛰어난 성취의 한 부분을 스스로 부정하고 있다. 부유하다고 느끼는 가장 효과적인 방법은 돈을 벌려고 노력하는 것이 아닐지도 모른다. 우리와 같다고 여겼지만 우리보다 더 큰 부자가 된 사람과 실제로나 감정적으로나 거리를 두면 된다. 더 큰 물고기가 되려고 노력하는 대신, 옆에 있어도 우리 자신의 크기를 의식하며 괴로울 일이 없는 작은 벗들을 주위에 모으는 데 에너지를 집중하면 된다.

—알랭 드 보통, 「불안」 중에서

저마다 원자화된 채 고립되어 경쟁만 할 때는 결핍감과 강박에서 벗어나지 못한다. 저 멀리에 있는 커다란 돈과 지위를 쟁취해야 한다는 집착에 시달리면서, 자신이 이미 가지고 있는 것들의 소중함을 알아차리지 못한다. 자신을 든든하게 감싸고 지탱해주어야 할 생활세계나 인간관계가 점점 해체된다. 그럴수록 마음은 무력해지고 외부의 평가 기준이 절대화된다. 불특정 다수인 익명의 타자들에게 인정받기 위해서는 돈과 제도에 의존해야 한다. 단절된 개인들이 서로를 비교의 대상으로만 바라볼 때, 아무리 물질이 풍족해도 한없이 부족하다고 느끼게 된다.

사람과 사람 사이를 잇는 마음에 초점을 맞출 때 풍요로움이 눈에 들어온다. 우리에게 필요한 것은 이 세상에 충분하게 주어져 있다. 유한한 것을 차지하려 다투는 대신, 무한한 것을 모으고 넓혀갈 때 우주의 신비를 만난다. 물질 그 자체는 한정된 것이지만, 그것이 지니는 가치는 얼마든지 부풀릴 수 있다. 이것은 특정 종교를 넘어서 누구나 체험하고 깨달을 수 있는 진실이다. 여유는 객관적인 잉여와 비례하는 것이 아니다. 사람들과 어울리면서 그 안에서 만들어내는 기쁨은 의외의 시공간에 스며들 수 있다. 안도현 시인의 말을 빌리자면, "잘 산다는 것은 세상 안에서 더불어 출렁거리는 일"이다.

지금 한국의 경제가 몹시 위태롭다. 일자리는 줄어들고 빚만 늘어간다. 부실과 방만 속에 키워온 거품의 대가를 피할 길이 없어 보인다. 이 혹독한 과정을 치르면서 무엇을 학습해야 하는가. 경제는 어떤 방향으로 리모델링되어야 하는가. 그 핵심은 '사회'의 복원이다. 인간의 삶은 사회 속에서만 존립할 수 있다. 돈도 마찬가지다. 돈이 없는 사회는 있을 수 있어도, 사회 없는(관계가 완전히 해체되었다는 의미) 돈은 무용지물이다. 돈은 언어와 마찬가지로 사람들 사이의 약속이고 신용이기 때문이다. 말로는 무엇이든 약속할 수 있지만, 감당할 수 없는 약속은 결국 거짓말이 되고 만다. 돈에 대한 믿음도 마찬가지다. 돈의 무한증식에 대한 맹신이 거품을 낳고 파국을 초래한다.

"다 잘될 거라고 했으니까 30여 개 투자사들이 다 들어왔고, 3~4년 뒤에 이런 상황이 올 거라고 아무도 예측 못했죠." 사업 규모 31조 원, 단군 이래 최대 개발 프로젝트였던 용산 역세권 개발이 2010년 좌초되어 무려 1조 원의 투자금액이 사라졌을 때, 최대 투자 지분을 가지고 있던 삼성물산 관계자가 한 말이다. 압축성장으로 갑자기 늘어난 돈이 갈 곳을 찾지 못해 부동산으로 계속 몰려들면서 이룩한 '불패의 신화'는 이제 끝났다. 경제 자체도 고도 성장기가 막을 내렸다.

이제 성장 자체의 개념을 바꿔야 한다. 적어도 외형적인 수치로 드러나는 경제성장에만 매달리지 않아야 한다. 그러한 '성장' 개념은 과학이 아니라 주술에 가깝다. 그동안 우리는 성장이 끊임없이 지속되어야 한다는 전제를 신앙처럼 붙들고 있었다. 오죽하면 '마이너스 성장'이라는 말까지 나왔겠는가. '마이너스 프리미엄'이라는 말도 어불성설이긴 마찬가지다. 만일 성적을 물어보는 엄마에게 아이가 "이번에 내 점수 마이너스로 향상되었어"라고 말하면 난감할 것이다. 도박에서 돈을 잃고 "마이너스로 땄어"라고 진지하게 말한다면 제정신이 아니라 할 것이다.

경제의 본질은 '돈'이 아니라 '가치'다. 복잡한 눈치 작전과 통제 불가능한 변수들이 얽히는 시스템 속에 끊임없이 요동치는 머니게임의 소모전으로부터 빠져나와, 삶을 풍요롭게 빚어내고 키워가는 살림살이에 정성을 기울이자. 불가해한 시장에 운명을 맡기는 대신, 알아볼 수 있는 규모와 얼개로 삶을 재구성해야 한다. 가치는 자명한 것이 아니라, 내가 또는 우리가 궁극적으로 무엇을 원하는가에 대한 질문에 따라 여러 가지 모습으로 구성된다. 당신이 진정으로 바라는 '좋은 삶'은 과연 무엇인가. 그리고 그것을 실현하기 위해 어떤 자원이 필요한지 질문하고 탐색해나가자. 그 과정에서 서로를 고마운 벗이나 이웃으로 발견하고, 자신의 존재 가치와 잠재력을 만날 수 있다. 그리고 스스로 삶을 풍요롭게 할 수 있다는 믿음도 자라날 것이다.

부富의 원천은 무엇인가. 하나는 자연이고 다른 하나는 사람이다. 자연을 가치의 근원으로 보지 않고 돈벌이의 수단으로 전락시킬 때 파멸과 고갈을 피할 수 없다. 사람을 노동의 도구 또는 마케팅의 대상으로만 취급할 때 사회는 난폭하고 경박해진다. 결국에 경제도 쇠퇴하기 마련이다. 부의 원천이 경색되기 때문이다. 마음의 힘과 창조성 그리고 사람 사이의 협동에서 가치가 생성된다. 그 가치를 인식할 때 우리는 돈과 새롭게 관계를 맺을 수 있다. 돈은 사회적 유대를 북돋우는 방향에서 새롭게 자리매김될 수 있다. 이제 화폐는 불특정 다수의 욕망을 끝없이 증폭시키는 장치가 아니라, 나의 필요와 타인의 능력을 이어주는 가교가 되어야 한다. 그때 비로소 우리는 돈의 주인 노릇을 할 수 있다. 철학자 베이컨Francis Bacon은 말했다. "돈은 최상의 종(하인)이고, 최악의 주인이다."

• 후기

우리는 다시 존귀해질 수 있다

돈을 가리키는 한자 '전錢' 자를 살펴보면 '쇠 금金' 변에 창을 뜻하는 '과戈' 자 두 개가 붙어 있다. 쇠로 만들어진 창과 창이 맹렬하게 대결하는 형상이다. 돌아보면 세상에서 벌어지는 크고 작은 분쟁들은 대부분 돈에 관련되어 있다. 돈을 둘러싼 다툼은 점점 격렬해진다. 국가들 사이의 환율 전쟁, 예산을 둘러싼 여야 대립, 권력에서 파생되는 무수한 비리와 유착, 기업들의 피 말리는 인수 합병M&A, 재개발 과정에서 생겨나는 주민들의 적대 관계, 잊을 만하면 터져 나오는 종교집단의 내분, 사회 각 분야에서 발생하는 손해배상 청구 소송, 사채업자들의 빚 독촉, 가족들 사이의 재산 상속 싸움……

돈이란 무엇인가? 너무나 싱거운 질문이다. 돈이 그냥 돈이지 무엇이란 말인가? 어쩌면 돈은 자명한 것으로 여겨진다. 아무리 못 배운 사람도 돈이 무엇인지를 잘 안다. 아이들은 자라나면서 돈의 효능을 자연스럽게 터득한다. 그러나 우리가 돈을 정말로 잘 알고 있다고 할 수 있는가. 고상하거나 관념적인 이야기가 아니다. 무섭게 늘어나는 가계 부채가 한국 경제의 전망을 어둡게 한다. 돈에 그렇게 밝다면 어떻게 이런 일이 벌어질까. 월급이 들어와도 마이너스 잔고가 조금 줄어드는 정도여서 월말의 여유로움을 전혀 맛보지 못하는 샐러리맨들은 돈에 대해 잘 아는 것일까.

돈에 대한 지식에는 여러 가지 차원이 있다. 돈의 흐름을 잘 읽어내는 안목, 여러 투자처들을 섭렵하면서 돈을 불리는 감각, 돈벌이가 될 만한 일을 식별해내는 직관, 들어온 돈을 알뜰하게 관리하는 수완 등이 그것이다. 이 가운데 하나라도 제대로 갖추고 있다면 경제적으로 윤택해질 것이다. 그러나 그런 것들은 돈에 대한 지식의 절반에 지나지 않는다. 더욱 중요하고 본질적인 차원이 있다. 돈이 사람에게 어떠한 영향을 끼치는가 하는 점이다.

우리는 그동안 돈을 최대한 획득하는 방법에만 골몰하느라, 그 돈으로 삶의 가치를 높이는 일에는 소홀했던 편이다. 그 배경에는 한국의 급속한 경제성장이 있다. 많은 사람들이 절대빈곤을 벗어난 것은 커다란 축복임에 틀림없다. 그것은 근면과 성실로 이뤄낸 자랑스러운 성취다. 그러나 너무 짧은 시간 동안에 부富가 막대하게 불어나면서 삶의 균형이 무너졌다. 상승 이동의 기회가 무한히 열리는 듯한 상황에서, 우리는 한 푼이라도 더 벌기 위해 악착같이 일에 매달려왔다. 그 결과 한국인의 노동 시간은 세계 최고가 되었다. 한강의 기적은 개발도상국의 귀감이지만, 그로 인해 치러야 하는 대가가 적지 않다. 직장인들의 스트레스는 세계 최고 수준이고, 식구들끼리 대면하는 시간이 부족하여 가족관계가 서먹하다.

그보다 더욱 심각한 대가가 있다. 삶과 사람의 가치가 점점 돈으로만 환산되고 평가된다는 것이다. 그나마 노동을 통해 부富를 창출하는 상황에서는 사람을 어느 정도 귀하게 여겼다. 그런데 냉전 해체 이후 1990년대에 접어들어 발흥한 '금융자본주의'가 범지구적인 지배력을 강화하고, IMF 금융위기 이후 2000년대에 그 위세가 한국에서도 맹렬해지면서 패러다임의 전환이 일어났다. 돈이 돈을 낳는 세상에서, 부가가치의 원천은 사람이 아니라 돈으로 여겨진다. 사람의 가치는 점점 희미해진다.

제10장에서 언급했던 통계를 다시 꺼내보자. 한국의 대학생들에게 '아버지에게 무엇을 원하는가?' 하고 물어본 설문에 44%가 '재력뿐'이라고 답했다. 누구의 책임인가. 아버지들은 섭섭한 감정을 잠시 접어두고 자문해볼 일이다. "나는 자녀에게 어떤 것을 줄 수 있는가? 또는 실제로 주고 있는가?" 재산 이외에 증여할 수 있거나 증여하고 있는 것이 있는가. 그리고 그것을 자녀도 비슷하게 인지하고 있는가. 이 질문에 한 가지라도 자신 있게 대답할 수 있는 아버지는 행복하다. 그러나 많지는 않을 듯하다. 돈 버는 기계로 살면서 가족관계에서 소외된 아버지의 모습은 자주 지적되어온 바다. 일에만 매달렸지 자녀에게 별다른 영향력을 갖지 못하고, 가족의 갈등 상황에도 속수무책인 처지 말이다.

그런데 그러한 소외와 무능은 비단 아버지에게만 해당하는 문제가 아니다. 그리고 가족관계에 국한된 상황도 아니다. 위에서 던진 질문을 이렇게 바꿔보자. "나는, '누구'에게, '무엇'을 줄 수 있는가? 내가 가진 어떤 것을 필요로 하는 이는 누구인가?" 여기에서 돈은 빼놓고서 따져보아야 한다. '내가 줄 수 있는 것'과 '그것을 원하는 사람'이 선명하게 떠오른다면 행복한 사람이다. 그 목록이 길게 나올수록 유능한 사람이다. 타인이 필요한 것을 제공할 수 있기 때문이다.

그렇다면 우리는 다른 사람에게 돈 이외에 구체적으로 어떤 것들을 줄 수 있을까? 상대방이 갖고 싶어 하는 어떤 물건을 선사할 수도 있다. 맛있는 음식을 요리해줄 수도 있다. 그러나 사람이 사람에게 줄 수 있는 것은 물질만이 아니다. 예를 들어 어떤 사람에게 나의 지식이나 지혜를 전해줄 수 있다. 배움의 즐거움을 구하는 사람에게 세상과 인생에 대한 깨우침을 나눌 수 있고, 어떤 고민이나 어려움에 빠진 친구에게 조언을 건넬 수 있다. 누군가는 나의 시간을 필요로 할지도 모른다. 자기의 이야기를 귀담아 들어달라거나 그냥 자기와 함께 있어주기를 바라는 것이다. 나의 몸을 원하는 사람도 있으리라. 튼튼한 근력, 능란한 손재주, 뛰어난 운동 실력, 성적인 매력 등이 상대방의 어떤 욕망을 충족시켜주는 것이다.

위에 나열한 것들은 내가 타인에게 줄 수도 있고, 타인이 내게 줄 수도 있다. 실제로 관계를 맺고 있는 사람들과 그러한 것들을 넉넉하게 주고받는다면 삶은 기쁨으로 충만해질 것이다. 그런데 우리의 삶은 별로 그렇지 못하다. 내게 뭔가를 원하는 사람도 많지 않고, 나 또한 다른 사람들에게서 바라는 것이 별로 없다. 서로가 서로에게 별 볼일 없는 것이다. 왜 그렇게 되었는가. 한 가지 중요한 원인으로 돈이 지목된다. 가치를 돈으로 환산해버릴수록 사람의 가치는 평가절하된다. 돈에 매달릴수록 우리는 무능해진다. 통장의 잔고로 측정되는 삶은 초라하다.

'개처럼 벌어서 정승처럼 쓴다'는 말이 있다. 우리는 어쩌면 개처럼 벌기만 하다가, 정승 노릇을 어떻게 하는지 잊어버렸는지도 모른다. 경제 규모로 세계 십 몇 위에 오를 만큼 풍요로워졌는데도, 여전히 개처럼 돈벌이에만 골몰한다. 돈은 참으로 좋은 것이다. 인류의 위대한 발명품이다. 그러나 그것이 정말로 좋은 것이 되려면 '좋은 삶'이라는 지향과 맞물려야 한다. 돈의 힘을 사회적으로 제어하면서, 이로움과 의로움이 양립되는 벡터를 끊임없이 모색할 때 진정한 부富를 향유할 수 있다.

데이비드 쉬플러David K. Shipler의 『워킹 푸어Working Poor』라는 책에 미국의 어느 빈곤 여성이 가난으로 고생하다가 일자리를 얻게 되면서 이렇게 말하는 장면이 나온다. "나는 매우 부자입니다. 물질적인 것만이 빈곤을 결정하지 않기 때문이죠. 나는 내가 누구인지 알고 지금 어디를 향해 가는지를 알고 있어요." 경제의 궁극적인 목적은 삶의 윤택함이다. 사람은 일을 통해 당당해지고 타인과 사회에 의미 있게 연결되어야 한다. 돈은 그러한 경제의 촉매제가 되어야 한다. 그를 위해서 거시적인 정책의 차원에서 올바른 제도를 수립하는 것은 매우 중요한 과제다. 사람의 가치가 충분히 인정되고 실현되는 조건이 마련되어야 한다.

맹신하던 시스템을 의심하고 불신하던 사람을 신뢰하기 시작할 때, 돈으로 매개되지 않고도 이어지는 관계의 회로가 열린다. 거기에서 타자의 숨겨진 욕망과 나의 잠재된 능력이 접속하여 멋진 신세계를 빚어갈 수 있다. 금융공학이 거는 마법의 주문에 속절없이 휘둘리지 않는 삶의 연금술이 거기에서 터득된다. 우리는 서로에게서 존재의 위대함을 배우며 '정승'이 될 수 있을 것이다.

'왜 돈의 인문학인가. 나를 끊임없이 모독하는 힘에 굴복하지 않는 얼은 어디에 있는가. 천박함과 난폭함으로 치닫는 세계로부터 마음을 지키는 항체를 갖고 싶다. 생애의 드넓은 기쁨을 누리는 시공간을 만나고 싶다.' 나는 이 책에서 그러한 소망을 더듬으며 질문하고 상상했다. 경제의 숫자와 시인의 언어가 닿는 접점을 모색했다. "가난한 사람은 책의 힘으로 부유해질 수 있고, 부자는 책의 힘으로 귀해질 수 있다." 타이완의 어느 서점에 붙어 있는 문구다. 인문학은 삶의 부유함과 존귀함을 발견하는 공부다. 돈과 사람의 관계를 되묻는 작업을 통해 우리는 가치의 근원에 다가갈 수 있다. 그리고 인생을 상품이 아닌 작품으로 살아가는 길을 찾아 나설 수 있다.